Oliver Pfohlmann

Literaturkritik und literarische Wertung

Bange Verlag

Über den Autor
Oliver Pfohlmann, geboren 1971 in Bamberg, Studium der Germanistik und Psychologie an der Universität Bamberg, Promotion zum Dr. phil. im Fach Neuere deutsche Literaturwissenschaft, Lehraufträge an der Universität Marburg (2001–2003), Mitautor des von Thomas Anz und Rainer Baasner herausgegebenen Bandes *Literaturkritik. Geschichte – Theorie – Praxis* (C.H. Beck Verlag 2004) und wissenschaftlicher Mitarbeiter an dem gleichnamigen, BMBF geförderten multimedialen Informations- und Lernsystems (2001–2004), langjährige Tätigkeit als freischaffender Literaturkritiker für zahlreiche Rundfunk- und Printmedien (u.a. *WDR, Frankfurter Allgemeine, Neue Zürcher Zeitung, Frankfurter Rundschau, die tageszeitung, der Tagesspiegel*). Weitere Informationen und Kontakt unter: www.oliverpfohlmann.de.

Impressum:
1. Auflage 2008
ISBN 978-3-8044-1521-8

Lektorat: Michael Banse, Leipzig
Umschlagfoto: Fotostudio Maurer, Bamberg
Herstellung: Arnold & Domnick, Leipzig
Druck und Weiterverarbeitung: Finidr, s. r. o., Český Těšín

Inhalt

Vorwort

Die Wertung von literarischen Werken ist etwas, das nicht nur den prominenten Literaturkritikern im Fernsehen wie Marcel Reich-Ranicki oder Elke Heidenreich vorbehalten ist. Vielmehr gilt: **Jeder, der mit Literatur zu tun hat, wertet**. Jeder, der ein Buch kauft, liest, ausleiht, verschenkt, anderen empfiehlt, sich für ein Referatsthema aussucht usw., wählt zwangsläufig aus der Unmenge der geschriebenen Bücher eines aus. Er entscheidet sich für dieses Buch und gegen alle anderen – und hat damit eine Wertung vorgenommen. Umso wichtiger ist es, zu verstehen, **wie literarische Werturteile „funktionieren"**, in welchen Formen sie vorkommen können, welche typischen Regeln und Merkmale sie bestimmen und auf welche Weise sie andere Leser von ihrer Richtigkeit überzeugen wollen.

Aber keine Angst, mit dieser Lernhilfe sollen Sie nicht zum Literaturkritiker ausgebildet werden. Die vorliegende Lernhilfe führt auf prägnante, leicht verständliche Weise in die Wertung von Literatur ein und ebenso in die wichtigsten Aspekte der Vermittlung von Literatur in den Massenmedien durch die professionelle Literaturkritik. Außerdem gibt sie einen Einblick in den „Literaturbetrieb" innerhalb des kulturellen Geschehens im Land. Die hier näher untersuchten Aspekte und das Wissen über Rezeption von Literatur spielen bei allen Themen der Kurse im Deutschunterricht der Oberstufe eine immer wichtigere Rolle.

Im **ersten Teil** des Buches wird ein Verständnis für literarische Wertung entwickelt. Die Einsicht in die „Logik" literarischer Werturteile ist Teil einer allgemeinen **Medienkompetenz** im Umgang mit solchen informierenden (faktualen) Textsorten, die wie die Form des Kommentars meinungs- und wertungsdominiert sind und Leser, Zuhörer oder Zuschauer in ihrer Meinungsbildung beeinflussen wollen.
Der zugrunde liegende Ansatz ist dabei ein analytisch-beschreibender. Das heißt, die Frage, was gute oder gelungene Literatur von schlechter oder misslungener unterscheidet, kann und soll hier nicht beantwortet werden, auch wenn sich diese Frage angesichts eines immer vielfältigeren Buchangebots immer drängender stellt. Aber die Einsicht in die **Geschichtlichkeit (Historizität) literarischer Wertmaßstäbe**, die im vorliegenden Buch am Beispiel der Epoche der literarischen Moderne (1890–1933) veranschaulicht wird, ließ bislang alle Versuche, allgemein gültige, überzeitliche Kriterien für „gute" Literatur aufzustellen, scheitern.
Stattdessen zeigt dieses Buch, wie Kritiker und Leser Literatur früher gewertet haben bzw. heute werten – als **Grundlage für einen eigenständigen, individuellen, reflektierten Umgang mit literarischen Kriterien und Wertmaßstäben**.

Der **zweite Teil** ist der professionellen Literaturkritik in den Medien gewidmet und erklärt u.a. die Funktion und Stellung dieser Institution im Literatur- und Medienbetrieb, die Rollenbilder von Rezensenten, **literaturkritische Formen bzw. Textsorten,** typische Bestandteile von Rezensionen sowie den Alltag eines Kritikers.

Damit ist für den dritten Teil die Voraussetzung für die Erarbeitung eines **analytischen Fragenrasters** gegeben, mit dessen Hilfe sich literaturkritische Texte leicht, übersichtlich und umfassend untersuchen lassen. Anhand von vier **Musteranalysen** ausgewählter (teils historischer) Rezensionen wird der Nutzen dieses Rasters exemplarisch vorgeführt – als Vorbild oder Hilfestellung für einen eigenständigen oder unterrichtlichen Umgang mit Texten der Literaturkritik.

Kästen mit Blitzlichtsymbol lenken den Blick auf ein Detail des Kapitelthemas oder heben ein originelles Zitat oder eine bemerkenswerte Kritik bzw. einen bedeutenden Kritiker hervor. Informationskästen fassen Wichtiges zusammen. Überblicke vermitteln raschen Zugriff auf die Definitionen von Kriterien und Wertmaßstäben im laufenden Text. Ein **ausführlicher Anmerkungsapparat** lädt zur Vertiefung des Themas ein. Wichtige, darin ausgewiesene Rezensionen und Kritiken sind in der **Textsammlung**, dem **vierten Teil** des Buches, abgedruckt. Diese Textsammlung kann darüber hinaus zur selbstständigen Anwendung des Fragenrasters zur Analyse der Rezensionen genutzt werden.

Legende

Diese Logos helfen dir, dich besser im Übungsbuch zurechtzufinden.

Lesetext   Info   Blitzlicht   Überblick

▶ Querverweis auf Lösungen

1. Literarische Wertung

1.1 Auswahl (Selektion) als Grundprinzip

Mit „Literarischer Wertung" ist das **Bewerten und Beurteilen von Literatur** gemeint, das Zu- oder Absprechen von künstlerischer Qualität.[1] Bewertet werden können einzelne Texte oder Bücher, aber auch Autoren, Gesamtwerke oder ganze literarische Strömungen und Epochen.

Mögliche Gegenstände von literarischen Werturteilen:
- einzelne Texte oder Bücher
- Theaterinszenierungen
- das Gesamtwerk eines Autors
- Autoren
- Autorengruppen (z. B. Gruppe 47)
- literarische Strömungen oder Epochen
- Programme bzw. Profile von Verlagen
- Ereignisse im Literaturbetrieb (Wechsel eines Verlegers oder Lektors, Literaturskandale, Wettbewerbe usw.)
- literarische Institutionen (Literaturwissenschaft, Literaturkritik usw.)
- ästhetische Konzepte
- literarische Techniken, Gattungen, Stoffe, Motive

Im Literaturbetrieb gibt es für die Bewertung neu erschienener literarischer Werke eine **eigene Institution: die Literaturkritik**. Literaturkritiker werden dafür bezahlt, ihre Urteile über neue Bücher in den Medien, also in Zeitungen und Zeitschriften, Fernsehen, Rundfunk und Internet, zu veröffentlichen. Ihre wichtigste Aufgabe ist es, dem Leser zu sagen, welche Bücher sie für gut, d. h. lesenswert, halten und welche nicht. Kritiker wie Marcel Reich-Ranicki oder Elke Heidenreich sind, wie man zunächst vereinfacht sagen kann, so etwas wie **„Vorkoster"**. Sie wollen mit ihrer Arbeit den Leser davor bewahren, dass er von einem Buch enttäuscht wird, dass er sich langweilen muss oder die Lektüre als Zeitverschwendung empfindet. (Zur Literaturkritik und ihren Funktionen vgl. Teil 2.)

Literarisches Werten ist jedoch nicht etwas, das nur Literaturkritiker tun. Im Gegenteil: **Jeder, der mit Literatur zu tun hat, wertet.** Jeder, d. h. jeder Autor, Verleger, Lektor, Buchhändler, Bibliothekar, Deutschlehrer und nicht zuletzt jeder Leser. Denn in seiner einfachsten Form vollzieht sich Werten bereits bei einer **Auswahl (Selektion)**. Auswählen muss man im Umgang mit Literatur ebenso wie in allen anderen Bereichen des Lebens. Zum Beispiel im Kino: Niemand kann zwei Filme gleichzeitig ansehen. An einem bestimmten Abend

muss man sich entscheiden, ob man nun in *Fluch der Karibik* oder lieber in den neuen *Spider-Man* gehen will – und muss damit eine Unterscheidung treffen und den einen Film zumindest zu diesem Zeitpunkt (aus welchen Gründen auch immer) dem anderen vorziehen.
Genauso kann man im Umgang mit Literatur gar nicht anders als werten, schließlich kann man zu einem bestimmten Zeitpunkt immer nur ein Buch lesen. Und hat damit bereits eine Wertung getroffen, auch wenn diese selbst gar nicht bewusst geworden sein mag. Diese Wertung, würde man sie aussprechen, muss nicht unbedingt lauten: „Dieses Buch ist das Beste von allen; alle anderen lohnen der Lektüre nicht." Aber vielleicht lautete sie: „Ich möchte mich heute mal wieder so richtig gruseln, daher lese ich den neuen Stephen King – und nicht den komisch-spirituellen Reiseführer *Ich bin dann mal weg* von Hape Kerkeling, auf das ich vielleicht morgen Lust habe."

Info

Mögliche Einflussfaktoren auf das Werturteil eines Lesers:

- Alter
- soziale Herkunft
- Geschlecht
- Persönlichkeitstyp
- Bildung
- Literaturkenntnis
- aktuelle allgemeine literarische Normen und Maßstäbe (historisch-kultureller Kontext)
- bevorzugte eigene literarische Wertmaßstäbe
- moralische Überzeugungen
- religiöse bzw. spirituelle Überzeugungen
- politische Einstellungen
- Normen und Rollen in bestimmten Handlungssituationen (z. B. Schulunterricht im Unterschied zum Pausengespräch mit Klassenkameraden)
- tagesaktuelle Faktoren (psychische Verfassung)
- Kenntnis der Werturteile anderer Leser (z. B. Rezensionen)

Blitzlicht

Auch Kritiker haben nicht die Zeit, alles zu lesen und zu besprechen, sondern müssen auswählen. Unter seinem Pseudonym Peter Panter klagte einmal **Kurt Tucholsky** (1890–1935), einer der bedeutendsten Rezensenten in der Weimarer Republik: „Es muss aussortiert werden. Es erscheinen in Deutschland täglich [1931] ungefähr 10 (zehn) belletristische Werke; die Fachliteratur steht auf einem andern Blatt der Statistik. Täglich auch nur eines dieser zehn Bücher zu lesen, so zu lesen, wie ein Kritiker zu lesen hat: aufmerksam, die zur Sache gehörige Literatur suchend oder kennend ... das dürfte nicht gut möglich sein. Deshalb muss aussortiert werden."[2]
Heute erscheinen jährlich über 11.000 belletristische Neuerscheinungen.[3]

Beispiele für Selektionen:

- Die Entscheidung einer Autorin für oder gegen einen Stoff, eine Gattung, eine Figur,
- die Entscheidung eines Lektors für oder gegen ein Manuskript, einen Autor,
- die Entscheidung eines Bibliothekars für oder gegen den Ankauf eines bestimmten Buches,
- die Entscheidung eines Intendanten, welche Stücke an seinem Schauspielhaus in der kommenden Saison inszeniert werden sollen,
- die Entscheidung eines Literaturhauses oder einer Buchhandlung, welche Autoren in den kommenden Monaten zu Lesungen eingeladen werden,
- die Auswahl eines Herausgebers, welche Gedichte in seiner Anthologie enthalten sein sollen,
- die Entscheidung einer Universitätsdozentin, über welchen Autor oder welche Epoche sie im kommenden Semester ein Seminar halten will,
- die Entscheidung eines Buchhändlers, welche Titel er aus den neuen Verlagsprogrammen bei den Verlagsvertretern für sein Geschäft bestellt,
- die Entscheidung einer Studierenden der Germanistik, welches Thema sie in ihrer Abschlussarbeit bearbeitet,
- die Entscheidung einer Deutschlehrerin, welches Buch sie mit ihrer Klasse im neuen Schuljahr lesen wird.

Alle, die mit Literatur zu tun haben, werten also, bewusst oder unbewusst, und alle beziehen sich dabei, bewusst oder unbewusst, auf bestimmte Maßstäbe und Kriterien, die sie für wichtig oder gültig halten (oder in bestimmten Situationen und sozialen Zusammenhängen bzw. aus beruflichen Gründen für wichtig halten müssen). Der **Autor** oder die **Autorin** z. B. wählt für seinen neuen Roman vielleicht ein Thema, das ihn gerade besonders fasziniert oder von dem er glaubt, dass sich dafür viele Leser interessieren (und daher sein Buch kaufen) werden. Der **Lektor** entscheidet nicht (nur) nach seinem privaten Literaturgeschmack, sondern in erster Linie nach dem Profil, das der Verlag, für den der Lektor tätig ist, für sein literarisches Programm vorgesehen hat sowie nach dem Gesichtspunkt der (erwarteten) Verkäuflichkeit eines Buches. Die **Bibliothek** hat sich vielleicht darauf spezialisiert, alle Neuerscheinungen aus der Region zu sammeln und würde daher alle anderen neuen Titel nicht kaufen. Der **Buchhändler** hat nur begrenzte Mittel und Räumlichkeiten und muss sich fragen, für welche Bücher sich seine Kundschaft am meisten interessiert. Auch die **Deutschlehrerin** wählt (idealerweise zusammen mit der Klasse) ein Buch nach bestimmten Kriterien aus: Vielleicht weil der Autor gerade im Gespräch ist, weil er auf dem Lehrplan steht, weil sich der Stoff des betreffenden Romans gut mit dem Geschichtsunterricht verbinden lässt oder weil dieses Buch repräsentativ für eine literarische Epoche ist.

1.2 Theorie und Anschauung

1.2.1 Literarische Werturteile

Karin weiß nicht, was sie als Lektüre für die Klassenfahrt einpacken soll. Sie fragt ihre beste Freundin Susanne um Rat. Susanne hat auch gleich einen Tipp für sie: „Dan Browns Roman *Sakrileg* ist irre spannend, ich konnte es gar nicht mehr aus der Hand legen! Darin geht es um mysteriöse Botschaften in berühmten Kunstwerken von Leonardo da Vinci, eine Riesenverschwörung in der Kirchengeschichte und eine Geheimgesellschaft, die Menschen umbringt, damit niemand die Wahrheit über Jesus und seine Nachkommen erfährt!"
Will Susanne mit dieser Äußerung nur sachlich und neutral über den Inhalt und die Wirkung dieses Romans informieren? Sicherlich nicht! Vielmehr wird Karin die Äußerung ihrer Freundin zugleich als ein Werturteil verstehen, und zwar als ein positives. Susanne hätte auch sagen können: „Browns Roman ist gut, die Lektüre lohnt sich." Allerdings hätte sich Karin dann gefragt, *warum* dieser Roman gut sein soll und *warum* sie ihn lesen soll. So weiß sie, dass es die spannende Wirkung ist, die diesen Roman ausmacht, und sie weiß, worum es in ihm inhaltlich geht. Das positive Urteil ist somit begründet, und ihm liegt ein Kriterium (Spannung) zugrunde. Jetzt kann sich Karin entscheiden, ob sie überhaupt Lust auf einen spannenden Thriller hat (und nicht auf einen anrührenden Liebesroman) und ob sie von Verschwörungen und historischen Rätseln lesen will (oder lieber von komplizierten Dreieckskonstellationen, Untreue oder Liebesschmerz).

Info

Der 1964 geborene US-amerikanische Thrillerautor **Dan Brown** landete mit *Illuminati* (2000) , *Meteor* (2001) und *Sakrileg* (2003) internationale Bestseller.

Sprachlich formulierte literarische Wertungen[4] wie die Susannes sind aus Sicht der Sprechakttheorie eine eigene Art von kommunikativer Äußerung. Man nennt sie **Wertungshandlungen**.

Die **Sprechakttheorie** wurde in der zweiten Hälfte des 20. Jahrhunderts von den amerikanischen Philosophen John Austin und John Searle entwickelt. Diese Theorie behauptet, dass alle sprachlichen Äußerungen nicht nur Informationen übermitteln, sondern immer auch eine Form von Handlung darstellen. Das widerspricht der üblichen Vorstellung, die zwischen **Sprechen und Handeln** unterscheidet. „Hör auf zu reden, tu endlich was!", heißt es dann. Diese Unterscheidung lehnen die Sprechakttheoretiker ab. Denn auch wer sagt: „Schließ das Fenster!", anstatt es selbst zu schließen, handelt, denn er fordert jemanden auf, etwas zu tun. Auch Aufforderungen, Bitten oder Befehle lassen sich als Handlungen verstehen. Ebenso kann man mit der Sprache informieren, behaupten, verspotten, versprechen, gratulieren, lügen, erzählen usw., kurz: auf vielerlei Weise handeln.

Susanne will also mit ihrer Äußerung zugleich eine Wertung abgeben. Sehen wir uns ihr Werturteil noch einmal an: Susanne schreibt darin dem Roman *Sakrileg* eine Eigenschaft zu, und zwar aufgrund eines Wertmaßstabes. In diesem Beispiel lautet der Wertmaßstab natürlich „Spannung". Aber die „Spannung" ist auch in der zugeschriebenen Eigenschaft zu finden („ist spannend"), sie kommt also zweimal vor. Man kann demnach unterscheiden zwischen einem

- **(allgemeinen) Wertmaßstab** (z. B. „Spannung"), der sich auch auf andere Bücher beziehen lässt (oder eben nicht), und einer
- **(konkreten) Werteigenschaft,** die die spezifischen Spannungsqualitäten eines bestimmten Buches ausmachen.

Für Susanne hat Spannung etwas mit Verschwörungen und historischen Rätseln zu tun. Dem würden zwar vermutlich viele Leser zustimmen, aber bestimmt nicht alle. Denn als spannend können ganz verschiedene inhaltliche oder sprachliche Merkmale eines Buches empfunden werden. Für den einen Leser mag nichts aufregender sein als die Frage, ob aus den beiden Hauptfiguren am Ende ein Liebespaar wird, für den anderen müssen in einem spannenden Buch mindestens fünf Leichen vorkommen, besser noch das Schicksal der ganzen Menschheit auf dem Spiel stehen. Und dann gibt es noch Leser, die es spannend finden, so lange ein rätselhaftes Gedicht von, sagen wir, Paul Celan zu lesen, bis sie es verstehen (oder zu verstehen glauben).
Unter einem abstrakten Wertmaßstab wie „Spannung" lässt sich vieles verstehen, und das gilt für andere Werte genauso. Zum Beispiel für „Schönheit": Darunter versteht ja auch außerhalb der Literatur jeder etwas anderes.
Damit aber ein Leser einen abstrakten und für ihn wichtigen Wertmaßstab einem bestimmten Text zuordnen kann (damit Susanne sagen kann: „*Dieser* Roman ist spannend!"), müssen für diesen Leser bestimmte, individuelle Voraussetzungen erfüllt sein. Man spricht deshalb von **Zuordnungsvoraussetzungen**.

Info

Mit den drei Bestandteilen Wertmaßstab, Werteigenschaft und Zuordnungsvoraussetzung lässt sich jetzt das Phänomen der literarischen Wertung genauer definieren: **Literarische Wertung bezeichnet demnach eine Handlung, in der ein Subjekt (ein Leser) einem Objekt (einem Text, einem Buch, einem Autor) aufgrund von Wertmaßstäben und bestimmten Zuordnungsvoraussetzungen positive oder negative Werteigenschaften zu schreibt.** Literarische Texte sind nicht an sich wertvoll oder wertlos, sondern werden es erst, indem man sie auf einen Maßstab bezieht und fragt, ob und in welchem Umfang sie diesem Maßstab entsprechen.[5]

Das klingt zunächst komplizierter, als es tatsächlich ist. Sehen wir uns drei Komponenten noch einmal an:

- **Wertmaßstäbe**: Damit sind alle die Werte gemeint, die im Lauf der Literaturgeschichte bis heute zur Begründung der Qualität (oder Nicht-Qualität) eines Werkes angeführt wurden und werden, also z. B. „Schönheit", „Harmonie", „Gesundheit", „Komplexität" oder eben „Spannung".[6]
- **Werteigenschaften:** Auf Grundlage eines solchen Wertmaßstabes wird einem Objekt eine Werteigenschaft zugeschrieben. Während die Wertmaßstäbe abstrakt sind („Schönheit"), sind die Werteigenschaften konkret („Rilkes *Duineser Elegien* sind schön"), sie treten nur in einer konkreten Wertungssituation in Bezug auf ein bewertetes Objekt auf.[7]
- **Zuordnungsvoraussetzungen:** Gemeint sind damit die Bedingungen, die für einen Leser realisiert sein müssen, damit er ein bestimmtes Werturteil fällen kann. Jeder Leser hat seine eigenen Zuordnungsvoraussetzungen, die darüber entscheiden, wann er in einem Text einen Wert für realisiert hält und wann nicht und wann aus einer solchen Zuordnung ein positives Werturteil folgt und wann ein negatives. Leider stehen diese Zuordnungsvoraussetzungen ebenso wie die Wertmaßstäbe nur selten wörtlich und präzise in einer Rezension. Sie sind aber eine Art notwendige Bedingung für die Wertungen in einer Besprechung, d. h., auch wenn sie nicht dastehen, muss man ihr Vorhandensein voraussetzen. Schließlich, so darf man annehmen, hat sich der Kritiker etwas dabei gedacht, als er den Roman als „spannend" beurteilte, und hat ihm nicht einfach willkürlich eine beliebige Eigenschaft zugeschrieben.

Info

Rainer Maria Rilke (1875–1926) war ein österreichischer Dichter. Zu seinen wichtigsten Werken gehören neben den *Duineser Elegien* (1923) die *Sonette an Orpheus* (1923) sowie der Roman *Die Aufzeichnungen des Malte Laurids Brigge* (1910).

Wer literarische Werturteile untersucht und beispielsweise eine Buchbesprechung analysiert, stößt jedoch auf Schwierigkeiten. Da ist zunächst die **Frage der Erkennbarkeit**. Denn rein sprachlich unterscheiden sich viele Wertungshandlungen wenig oder gar nicht von rein beschreibenden Äußerungen. Das erkennt man bereits an dem Beispiel „Dan Browns Roman *Sakrileg* ist irre spannend". Ist die Äußerung eine Beschreibung, eine Wertung oder irgendwie beides? Wohl noch undeutlicher wird dies, wenn Susanne gesagt hätte: „*Sakrileg* ist ein sehr dickes Buch." Das ist, bei über 600 Seiten Umfang, gewiss eine richtige Beschreibung. Dennoch hätten wohl viele das Gefühl, der Satz sei auch wertend gemeint. Vielleicht meint Susanne, das Buch sei *zu* umfangreich, allein die Länge schrecke schon vom Lesen ab? Was aber, wenn Susanne weiß, dass Karin gerade dicke Schmöker liebt? Dann wäre die Äußerung wohl positiv zu verstehen.

Dass „Dan Browns Roman *Sakrileg* ist irre spannend" von Karin als positives Werturteil (und nicht nur als neutrale Information) verstanden wird, liegt

- am **Kontext**[8]: Karin hat ja Susanne zuvor um einen Buchtipp gebeten, also um ein positives Werturteil über ein Buch. Ebenso darf ein Leser von einer Buchbesprechung erwarten, dass darin nicht nur neutral über ein neues Buch informiert, sondern dass dessen Qualität zugleich bewertet wird,
- häufig an unscheinbaren **sprachlichen Signalen**: In Susannes Äußerung kommt dem „irre" vor „spannend" eine große Bedeutung zu, weil es als ein Ausdruck der Begeisterung unmissverständlich macht, dass es sich um ein Lob handelt,
- in der mündlichen Gesprächssituation gewiss auch an zusätzlichen **gestischen und mimischen Signalen** Susannes, die Karin ihre Begeisterung bei der Erinnerung an eine atemlos durchlesene Nacht vermitteln sollen.

Eindeutig zu erkennen sind sprachliche Wertungshandlungen nur, wenn sie **„echte" Wertausdrücke** enthalten wie „gut", „toll", „geil", „genial", „gelungen", „geglückt" usw. (▶ vgl. Kap. 1.4, Seite 43).

Man unterscheidet daher auch zwischen **expliziten und impliziten** sprachlichen Wertungen:

- **explizit**: „Dan Browns Roman *Sakrileg* ist ein Meisterwerk!"
- **implizit**: „Dan Browns Roman *Sakrileg* ist spannend!"

„Normale" Leser, die sich über Bücher äußern, gebrauchen solche echten Wertausdrücke vergleichsweise häufig; oft beschränkt sich ihre Wertung sogar ausschließlich darauf, Wörter wie „genial", „toll" oder „wunderbar" anzuführen (wie sich an vielen „Kundenrezensionen" des Online-Buchhändlers *Amazon* sehen lässt).

Blitzlicht

„Mit Harry in eine andere Welt, so kann man das nennen, wenn man Harry Potter liest. Es ist einfach wunderbar und ich kann es jedem empfehlen. Ob alt oder jung, es ist für jeden etwas!!! (Marleen Janzen am 20. April 2006 für Amazon über Joanne K. Rowling: *Harry Potter und der Stein der Weisen*)

Professionelle Kritiker gehen mit ihnen dagegen eher sparsam um, und zwar deshalb, weil echte Wertausdrücke meist nur eine (positive oder negative) Wertung transportieren, ansonsten aber nahezu inhaltsleer sind und eine genauere Begründung des Urteils vermissen lassen. Wer einfach nur sagt, ein Buch sei „großartig", äußert zunächst nur ein (persönliches, unverbindliches) **Geschmacksurteil**, einem anderen Leser ist dieses Urteil aber keine große Hilfe. Wer sein Urteil dagegen begründet (oder es zumindest mit dem Anspruch äußert, es jederzeit begründen zu können), macht deutlich, dass sein Urteil nicht nur subjektiv, sondern auch **intersubjektiv gültig** sein will, also für mehrere, möglichst alle Leser nachvollziehbar sein soll. Nur ein begründetes, nachvollziehbares (plausibles) Urteil (wie man es gerade von Berufskritikern erwarten kann) ist ein **fundiertes Urteil** (▶ vgl. Kap. 1.2.4, Seite 18).

Blitzlicht

„Wenn manche mystische Kunstliebhaber, welche jede Kritik für Zergliederung, und jede Zergliederung für Zerstörung des Genusses halten, konsequent dächten: so wäre Potztausend das beste Kunsturteil über das würdigste Werk. Auch gibt's Kritiken, die nichts mehr sagen, nur viel weitläufiger." (Friedrich Schlegel)[9]

Info

Peter Handke (geb. 1942) zählt zu den bedeutendsten österreichischen Erzählern der Gegenwart. Zu seinen wichtigsten Werken gehören *Publikumsbeschimpfung* (1970), *Wunschloses Unglück* (1972) und *Mein Jahr in der Niemandsbucht* (1994).

In Buchbesprechungen finden sich daher neben echten Wertausdrücken verstärkt **Charakterisierungen, bei denen sich Beschreibung und Bewertung durchdringen**. Als Leser muss man dann oft sehr genau lesen, um zu verstehen, wie eine solche Äußerung gemeint ist. Manchmal muss man regelrecht interpretieren wie bei einem Gedicht. Das betrifft sogar eine Zuschreibung wie „spannend". Susannes Äußerung ist wie gesehen unmissverständlich als positives Urteil erkennbar, aber in einem anderen Kontext kann der Satz „Dan Browns *Sakrileg* ist spannend" durchaus auch ironisch als negatives Werturteil gemeint sein.

Denn „Spannung" gilt durchaus nicht für alle Leser als wichtiger Wertmaßstab. Unter professionellen Lesern wie etwa Germanisten oder unter Lesern, die sich vorrangig mit schwieriger, anspruchsvoller Kunst beschäftigen, gilt Spannung traditionell als ein Wertmaßstab von eher niederem Rang (ob zu Recht oder zu Unrecht, sei dahingestellt); andere Werte wie „formale Innovation" oder „sprachliche Komplexität" gelten hier als wichtiger. Für die Liebhaber „echter" Literatur ist „Spannung" häufig etwas, bei dem man die Nase rümpft, weil es als Charakteristikum der Unterhaltungs- oder Trivialliteratur angesehen wird. Wenn ein Literaturkritiker einen Roman als „spannend" bezeichnet, muss man sich daher fragen, ob er damit meint: „Tolles Buch, ich konnte gar nicht mehr aufhören zu lesen." Oder ob er damit meint: „Wer sich mit billiger Action zufrieden gibt und lieber einen Thriller liest als Peter Handke, ist bei diesem Buch richtig, alle anderen sollten davon die Finger lassen." Die richtige Deutung ist nur aufgrund des Kontextes, in dem eine Äußerung steht, möglich.

1.2.2 Positiv oder negativ? – Diskussion eines Beispiels

Nehmen wir an, in einer Besprechung des Romans *Der Herr der Ringe* von J. R. R. Tolkien findet sich der Satz: **„Tolkiens Roman ist realitätsfern."** Bei dieser Behauptung scheint es sich zunächst einmal (nur) um eine Beschreibung zu handeln. Der Eindruck wird dadurch verstärkt, dass wir der Behauptung, selbst wenn wir das Buch nur vom Hörensagen kennen oder nur seine Verfilmungen gesehen haben, sofort zustimmen können. Natürlich ist *Der Herr der Ringe* realitätsfern, schließlich spielt der Roman in einer rein fiktiven Welt, die mit erfundenen Geschöpfen wie Hobbits oder Orks bevölkert ist. Aber handelt es sich darüber hinaus vielleicht auch um eine Wertung? Und wenn ja, um was für eine, eine positive oder eine negative?
Ob es sich tatsächlich um eine Wertung handelt, kann letztlich nur entschieden werden, wenn man den Kontext mit einbezieht, in dem der Satz steht. Aber ein starkes Signal für eine Wertung ist, dass sich der Satz auf einen Wertmaßstab bezieht, nämlich „**Realismus**" (oder „Wirklichkeitsnähe"). Dies ist einer der ältesten und wichtigsten, aber auch umstrittensten Wertmaßstäbe. Fast könnte man die ganze Literaturgeschichte als Streit um diesen Maßstab verstehen: Mal galt er als positiver Wert, mal als negativer.
Es gab und gibt literarische Richtungen, für die gute Literatur möglichst realistisch sein, d. h., sich möglichst nahe an der (zum Beispiel gesellschaftlichen oder politischen) Realität bewegen muss. Gute Literatur wäre dann zum Beispiel jene, die gesellschaftliche Missstände zur Sprache bringt und durch Aufklärung des Lesers die Möglichkeit zu ihrer Veränderung schafft. Literatur, die dies nicht tut, die z. B. exotische Welten auf fernen Planeten oder in mythischen Vorzeiten erfindet, erscheint aus dieser Sicht als „Fluchtlektüre", nämlich als Möglichkeit zur Verdrängung oder Flucht vor der Wirklichkeit (Eskapismus), anstatt sie genau wahrzunehmen, als erster Schritt hin zu ihrer aktiven Veränderung und Verbesserung. Diese Position wurde zum Beispiel

um 1890 von den **Naturalisten** vertreten. Autoren wie Émile Zola (1840–1902) oder Gerhart Hauptmann (1862–1946) wollten mit ihren Texten die Wirklichkeit (und damit meinten sie nicht die schöne Natur, sondern z.B. das Elend der Arbeiterbevölkerung in den Großstädten) möglichst fotografisch genau abbilden, da das Bürgertum die Schattenseiten der Industrialisierung, so der Vorwurf, nicht wahrnehmen wollte. Die zitierte Äußerung wäre demnach, aus dem Munde eines Realisten oder Naturalisten, als negative Wertung, als Abwertung zu verstehen.
Die **Gegenposition** lautet in etwa, dass Literatur Ausdruck der grenzenlosen Fantasie und gedanklichen Freiheit des Menschen sei. Literatur ist daher keineswegs verpflichtet, die Realität getreu abzubilden, im Gegenteil: Ihre Aufgabe ist es, Gegenentwürfe (Utopien) zu ihr zu entwickeln. „Realismus" stellt von dieser Position aus einen negativen Wert dar: Nichts schlimmer als Literatur, die realistisch ist und bei der schnöden, tristen Wirklichkeit stehenbleibt, anstatt sie zu überschreiten, die nur von dem erzählt, was ist, statt von dem, was sein könnte, also auch vom Wunderbaren und Übernatürlichen, vom Märchen und von Fabelwesen; je fantastischer ein Text, desto besser. Diese Position wurde (vereinfacht gesagt) zum Beispiel um 1800 von den **Romantikern** vertreten. Autoren wie Novalis, Friedrich Schlegel oder E.T.A. Hoffmann wollten die Wirklichkeit „romantisieren", und moderne Fantasy-Autoren wie Tolkien, Michael Ende, Cornelia Funke oder Joanne K. Rowling stehen so gesehen in der Tradition der Romantik. Die zitierte Äußerung wäre demnach, aus dem Munde eines Romantikers, als positive Bewertung zu verstehen.

1.2.3 Rekonstruktion literarischer Werturteile

Das Beispiel zeigt, wie schwierig es sein kann, in literaturkritischen Texten literarische Wertungen zu erkennen und richtig zu deuten. Das Beispiel ermöglicht jedoch auch, den Zusammenhang zwischen Wertmaßstab, Werteigenschaft und den vermittelnden Zuordnungsvoraussetzungen deutlich zu machen. Wenn man versucht, die beiden Möglichkeiten, die negative wie die positive Wertung, an dem Beispiel „Tolkiens Roman ist realitätsfern" Schritt für Schritt zu rekonstruieren, kommt man zu folgenden Ergebnissen:

„Tolkiens Roman ist realitätsfern"

Rekonstruktion im Fall 1: Die Äußerung ist als Abwertung gemeint

1. Der Wertmaßstab „Realismus" (oder „Realitätsnähe") gilt als positiv bzw. wichtig und ist ein Qualitätsmerkmal. (Ausgangspunkt, Wertmaßstab)
2. Literatur soll möglichst realitätsnah sein. (Folgerung)
3. Realitätsnah sind literarische Texte, die z. B. ihre Handlung aus der gesellschaftlichen Gegenwart des Jahres 2008 nehmen. (Zuordnungsvoraussetzung)
4. Tolkiens Roman spielt in einer Fantasy-Welt in mythischer Vorzeit und ist somit nicht realitätsnah. (Zuordnung)
5. Dieser Roman ist daher schlecht. (Wertung, Urteil, Konklusion)

Rekonstruktion im Fall 2: Die Äußerung ist als Aufwertung gemeint

1. Der Wertmaßstab „Realismus" ist ein negativer Wert (Ausgangspunkt, Wertmaßstab)
2. Literatur soll möglichst realitätsfern sein. (Folgerung)
3. Realitätsfern sind literarische Texte, die z. B. in utopischen, mythischen, oder fantastischen Welten spielen. (Zuordnungsvoraussetzung)
4. Tolkiens Roman spielt in einer Fantasy-Welt in mythischer Vorzeit und ist somit nicht realitätsnah. (Zuordnung)
5. Dieser Roman ist daher gut. (Wertung, Urteil, Konklusion)

Norbert Mecklenburg beschreibt die **Logik literarischer Werturteile** so: „Das logische Grundmodell literarischer Wertung ist eine dem Gegenstand gemäße Abwandlung des Modells wertender Argumentation überhaupt: Es ist eine Verkettung logisch verschiedener Satztypen mit normativem Obersatz (Aufstellung einer Norm, eines allgemeinen Kriteriums), deskriptivem Untersatz (Beschreibung des Gegenstandes) und präskriptivem Schlusssatz (Bewertung des Gegenstandes). Ein Beispiel: Obersatz: „Eine gute Kurzgeschichte soll ein Stück Alltagswirklichkeit in erzählerischer Konzentration darstellen." Untersatz: „Die Kurzgeschichte XXX des Autors Y stellt folgendes Stück Alltagswirklichkeit ... mit folgenden Mitteln erzählerischer Konzentration ... dar." Schlusssatz: „Die Kurzgeschichte XXX des Autors Y ist eine gute Kurzgeschichte."[10] Zu ergänzen wäre an Mecklenburgs Darstellung die Bedeutung der Zuordnungsvoraussetzungen.

Die beiden Möglichkeiten Schritt für Schritt nachzuvollziehen, lässt die **Bedeutung der Zuordnungsvoraussetzungen** sichtbarer werden. Tatsächlich kommt ihnen in der literarischen Wertung eine Schlüsselrolle zu. Denn wie schon gesagt, können die Zuordnungsvoraussetzungen von Leser zu Leser (oder von Kritiker zu Kritiker) sehr unterschiedlich sein. So ist es durchaus denkbar, dass ein Kritiker zwar Realismus für einen positiven Wert hält, aber sein Begriff von Realismus so weit gefasst ist, dass darunter auch romantische bzw. fantastische Literatur fällt. Für einen Leser mit einer solchen Zuordnungsvoraussetzung werden in den Werken Tolkiens viel tiefere Wahrheiten und Einsichten (etwa darüber, was es heißt, Entscheidungen zu treffen oder Verantwortung zu tragen) vermittelt, als dies die sogenannte „realistische" Literatur im herkömmlichen Sinn je tun könnte. Mit Hilfe der Unterscheidung zwischen Wertmaßstäben, Werteigenschaften und Zuordnungsvoraussetzungen lassen sich daher nicht nur einzelne literarische Wertungen analysieren, sondern auch genau die Gründe dafür in den Blick bekommen, warum zwei oder mehr Kritiker unterschiedlicher Meinung sind.

1.2.4 Warum sich Kritiker streiten

Denn Leser oder Kritiker sind sich durchaus nicht immer in ihrem Urteil einig. Und wenn sie es sind, dann nicht immer aus denselben Gründen. Die Unterscheidung zwischen Wertmaßstab, Werteigenschaft und Zuordnungsvoraussetzungen erlaubt es aber, zu untersuchen, worin die Gründe für eine Meinungsverschiedenheit (Dissens) liegen. Und sie erlaubt es umgekehrt anzugeben, welches die Bedingungen dafür sind, dass die Urteile übereinstimmen (Konsens).

Überblick

Gründe für einen Dissens bzw. Bedingungen für einen Konsens

1. verschiedene bzw. gleiche Auffassung vom Wertungsobjekt
2. verschiedene bzw. gleiche Wertmaßstäbe
3. unterschiedliche bzw. gleiche Zuordnungsvoraussetzungen
4. unterschiedliche bzw. gleiche Gewichtung der Wertmaßstäbe

1. verschiedene bzw. gleiche Auffassung vom Wertungsobjekt

Dieses Phänomen kennt wohl jeder. Sobald man sich mit jemandem über ein Buch unterhält, merkt man schnell: „Der andere hat dieses Buch ja ganz anders wahrgenommen, ihn haben daran ganz andere Dinge interessiert als mich; das, was mir wichtig war, ist ihm gar nicht aufgefallen und umgekehrt." Der Grund liegt darin, dass literarische Texte sehr komplexe Objekte sind, die aus zahllosen (inhaltlichen und formalen) Elementen bestehen, die bei der Interpretation alle von Bedeutung sein könnten. Da ein Leser aber nicht alle Elemente berücksichtigen kann, muss er (das kennen wir schon) bei der Deutung auswählen. Natürlich wählt dabei jeder Leser etwas anders aus, je nach seinen Vorlieben, Interessen oder seinen Vermutungen über die Textbedeutung, die sich im Lauf der Lektüre ständig weiterentwickelt und verändert. Und deshalb liest man sogar selbst ein und dasselbe Buch stets etwas anders, wenn man es ein zweites (oder drittes usw.) Mal liest. Oft fallen einem dann andere Dinge auf oder werden bestimmte Details erst jetzt in ihrer Bedeutung kenntlich.

Für die literarische Wertung bedeutet dies, dass, wenn zwei Leser wirklich einer Meinung sein wollen, sie sich zunächst verständigen müssten, inwieweit sie vom bewerteten Objekt zumindest in etwa die gleiche Auffassung haben.

2. verschiedene bzw. gleiche Wertmaßstäbe

Dass eine Übereinstimmung im Urteil alles andere als selbstverständlich ist, liegt auch daran, dass jeder Leser oder Kritiker etwas andere Wertmaßstäbe hat, die ihm wichtig sind. Wenn der eine Leser z. B. komplexe formale Strukturen oder einen anspruchsvollen Stil à la Thomas Mann für wichtig hält, um ein Buch gut zu finden, der andere Leser dagegen von einem Roman vor allem Anstöße für die Emanzipation des Lesers (etwa bezüglich politischer Fragen) fordert, dann werden beide schon allein deshalb ein und denselben Roman anders lesen. Die Lektüre wird stets (bewusst oder unbewusst) gesteuert von den eigenen Vorlieben und Wertsetzungen. Es gibt heute eine Vielfalt von Wertmaßstäben, und jeder Leser hält je nach seinem eigenen Geschmack, seiner jeweiligen literarischen „Sozialisation" (Bildung, Erfahrung, Lesergeschichte), den gerade dominanten literarischen Wertmaßstab bzw. einige Werte für besonders wichtig oder sogar für allein gültig und andere für weniger wichtig oder gar für ungültig. Deshalb liegt der Grund für einen Dissens häufig darin, dass sich zwei Kritiker auf unterschiedliche Wertmaßstäbe beziehen. Eine Bedingung für einen Konsens wäre es also, dass sich beide auf dieselben Wertmaßstäbe beziehen, also sich z. B. beide auf „Spannung" berufen.

3. unterschiedliche Zuordnungsvoraussetzungen

Aber selbst wenn sich beide Leser auf „Spannung" berufen, können sie darunter ganz Verschiedenes verstehen, je nach ihren Zuordnungsvoraussetzungen. Wie gesehen: Der eine Leser versteht unter „spannender" Literatur rasante Handlungsstränge, unerwartete Überraschungen, Action, Verschwörungen, Rätsel usw. (und liebt daher die Thriller Dan Browns). Der andere findet nichts spannender als möglichst schwer verständliche Gedichte zu „knacken" und zu interpretieren (und liebt daher die „dunkle" Lyrik Celans). Oder: Zwei Kritiker stehen beide dem Expressionismus nahe und teilen die Wertmaßstäbe dieser Epoche, haben aber verschiedene Auffassungen darüber, wann diese Wertmaßstäbe realisiert sind. Der eine findet dann, dass die Werke Kafkas einen Höhepunkt des Expressionismus darstellen, der andere hält Kafkas Werk glatt für einen Verrat an den Zielen des Expressionismus. Solche Differenzen innerhalb einer Literaturströmung begegnen gerade bei der Untersuchung historischer Rezensionen häufig.[11]

4. unterschiedliche bzw. gleiche Gewichtung der Wertmaßstäbe

Literarische Werturteile in Rezensionen beziehen sich häufig nicht nur auf einen Wertmaßstab, sondern auf mehrere, die von einem Leser bzw. Kritiker unterschiedlich gewichtet werden. Ein Leser kann sich auf eine regelrechte Hierarchie von Wertmaßstäben beziehen, wenn er liest und wertet. Denn es wird nur wenige Leser geben, die allein „Spannung" für ein wichtiges Kriterium halten. Falls daher über die Werte, wie auch über die Zuordnungsvoraussetzungen, wie auch über das Objekt selbst Einigkeit besteht, könnte es immer noch sein, dass beide Kritiker ihre gemeinsamen Werte unterschiedlich gewichten: So mögen beide darin übereinstimmen, dass sowohl formale Qualitäten wie auch Spannung wichtig sind und dass beide Werte in einem bestimmten Roman realisiert sind. Aber der eine Kritiker hält Spannung für wichtiger, der andere die formalen Qualitäten. Während der eine Kritiker glaubt, dass der Roman zwar formal geglückt sei, aber die Spannung letztlich dagegen doch etwas zu kurz komme und ihn deshalb letztlich nur für halb geglückt hält, ist der anderer Kritiker der Ansicht, dass die formalen Qualitäten das Defizit an Spannung mehr als ausgleicht und der Roman trotzdem großartig ist.

Wie verbindlich sind literarische Werturteile?

Literarische Werturteile, sofern sie begründet oder zumindest begründbar sind, sind **nicht bloß subjektiv** (enthalten aber wohl immer auch subjektive Komponenten). Im strengen Sinn objektiv gültig und allgemein verbindlich sind sie aber auch nicht. Denn stets ließe sich die Gültigkeit/Angemessenheit des jeweils in Anspruch genommenen Wertmaßstabes ebenso bestreiten wie die Richtigkeit der Beschreibung des bewerteten Gegenstandes. Außerdem zeigt ein Blick in die Literaturgeschichte den geschichtlichen Wandel literarischer Wertmaßstäbe (► vgl. Kap. 1.3.3).

Dennoch treten literarische Werturteile, gerade in professionellen Buchbesprechungen, meist in **definitiver Formulierung** auf. Es heißt dann in der Regel nicht: „Ich glaube, der neue Roman von Hanns-Josef Ortheil ist nicht ganz geglückt ...", sondern: „Ortheils neuer Roman ist vollkommen missraten." Nach Stephan Porombka gilt für Rezensionen, was der Philosoph **Jürgen Habermas** für die Formulierung von Positionen in philosophischen Auseinandersetzungen gefordert hat. Philosophische Standpunkte oder Argumente sind idealerweise als eine Kombination von **starken Aussagen mit schwachen Statusansprüchen** formuliert, d. h., man formuliert seine Position so stark wie möglich, rechnet aber damit, sie jederzeit aufgrund neuer Argumente korrigieren zu müssen. „Kritiken müssen **definitiv** formuliert sein, weil sie behaupten müssen, nicht einfach beliebige Lektüren und beliebige Behauptungen zu bieten (...). Sie müssen aber zugleich durch ihre Signatur hindurch signalisieren, dass sie nur **vorläufige** Lektüren zur Diskussion stellen und lediglich einen Text als Teil eines großen, dynamischen Hypertextes vorstellen, den die literarische Öffentlichkeit fortschreibt."[12]

Es ist Aufgabe des Lesers, die Richtigkeit eines Urteils zu bestätigen oder zu widersprechen und sich von ihm gegebenenfalls **zu einem eigenen Urteil provozieren zu lassen.** Denn jedes Urteil appelliert unausdrücklich immer auch an die Zustimmung des Angesprochenen. Kant hat in seiner **Kritik der Urteilskraft** (1790) davon gesprochen, dass ich mein Urteil „jedermann als notwendig ansinnen darf." (§ 37).

1.2.5 Verbale und nonverbale Wertung

Bis hierhin wurden nur sprachliche Werturteile untersucht. Wie wir aber in Kap. 1.1 gesehen haben, finden im Literaturbetrieb auch Selektionen statt, die nicht sprachlich formuliert zu sein brauchen, die aber dennoch Werturteile darstellen. Man kann sagen „Ich finde dieses Buch Mist", man kann es aber auch wütend in die Ecke pfeffern. Man unterscheidet daher zwischen

- **verbaler** (sprachlicher) und
- **nonverbaler** (nichtsprachlicher) **literarischer Wertung**.

Funktion verbaler Werturteile
Sprachliche Wertungen dienen dazu:

- nichtsprachliche Wertungshandlungen bzw. Selektionen zu begründen oder zu rechtfertigen (z.B. warum man sich für oder gegen ein Manuskript, für oder gegen den Kauf entschieden hat),
- andere Leser auf gute Bücher hinzuweisen oder
- sie von seinem Urteil zu überzeugen.

Nonverbale literarische Wertungen finden viel häufiger statt als verbale. In der Regel handelt es sich dabei um Selektionsentscheidungen, wie sie oben exemplarisch aufgeführt wurden. Der einfachste und wohl häufigste Fall positiver nonverbaler literarischer Wertung ist der **Kauf (oder eben Nicht Kauf)** eines Buches bzw. der folgende **Akt der Lektüre**. Andere Formen wären das **Verleihen** oder **Verschenken** eines Buches. Eine drastische negative nichtsprachliche Wertung ist die **physische Zerstörung** des Buchexemplars. Der Begriff „Verriss" als Bezeichnung für eine Rezension, in der das besprochene Werk negativ bewertet wird, verweist bereits metaphorisch auf die Möglichkeit, ein Buch, das man als schlecht oder ärgerlich empfindet, zu zerreißen oder wegzuwerfen. In der Geschichte kam es immer wieder aus politischen, religiösen oder moralischen Gründen zur **materiellen Vernichtung missliebiger Bücher** – und ebenso durch staatliche oder kirchliche Institutionen zum Schreibverbot, Freiheitsentzug oder gar zur Tötung unerwünschter Autoren.[13] Es handelt sich dabei um extreme Formen der **Zensur**, also dem Versuch von Institutionen, Kirchen oder Regierungen, den Büchermarkt zu kontrollieren (▶ vgl. Kap. 1.5). Öffentliche **Bücherverbrennungen** sind seit der Antike überliefert. Als symbolische Machtdemonstration erlangten sie in Deutschland traurige Berühmtheit, als die Nationalsozialisten am **10. Mai 1933** die Werke „undeutscher", d.h. jüdischer, marxistischer oder pazifistischer Autoren öffentlich verbrannten. Viele der betroffenen Autoren mussten ins Exil gehen oder wurden später in Konzentrationslager verschleppt und ermordet.[14]

Blitzlicht

Der US-amerikanische Autor Ray Bradbury hat einen Roman geschrieben, der eine Zukunft ganz ohne Bücher beschreibt. Wer in dieser Welt lesen will und Bücher besitzt, bekommt Besuch von der Feuerwehr, die nicht mehr dazu da ist, Brände zu löschen, sondern Bücher zu verbrennen. Der Roman heißt *Fahrenheit 451*, nach der Temperatur, bei der Papier zu brennen beginnt.

In der Bundesrepublik Deutschland ist Zensur vom Grundgesetz verboten (Art. 5, Abs. 1: „Eine Zensur findet nicht statt."). Die Freiheit heute, lesen zu dürfen, was immer man lesen will, und auch seine Ansichten veröffentlichen zu dürfen, erscheint als guter Grund, Bücher nicht vorschnell wegzuwerfen.

1.3 Literarische Wertmaßstäbe

1.3.1 Autonome und heteronome Wertung

Inzwischen war schon so oft von Wertmaßstäben (oder Werten, Kriterien) die Rede, dass es Zeit wird, sie sich etwas genauer anzusehen.

Info

Ein **Wert** ist ein abstraktes Ideal, Gut oder Maßstab, auf das sich wertende Subjekte berufen und dessen genaue Bedeutung von (meist unausgesprochenen) Zuordnungsvoraussetzungen in konkreten Wertungssituationen abhängt.

Die Werte, nach denen Literatur im Lauf der Geschichte gemessen wurde, **änderten (und ändern) sich ständig**, und zwar schon seit dem 18. Jahrhundert. Vorher, zur Zeit des Barock, herrschte die **Regelpoetik** mit relativ festen Maßstäben, die allgemein gültig waren und die nur selten in Frage gestellt wurden. Verabschiedet wurden diese Regeln erst, als zwischen 1750 und 1800 der moderne Buchmarkt entstand. Damals brach ein regelrechtes Lesefieber aus, und anstelle von religiöser Literatur wollte das bürgerliche Publikum zunehmend neue Romane und Gedichte lesen (▶ vgl. Kap. 2.3.5). Seit dieser Zeit gibt es keine allgemein verbindlichen Wertmaßstäbe mehr, sondern nur eine fortwährende Diskussion darüber, welche Werte, Ziele, Intentionen usw. in der Literatur wichtig sein sollen und welche nicht. Die professionelle Literaturkritik ist die Institution, die diese Debatte öffentlich und explizit austrägt. Man könnte sogar sagen, sie tut dies stellvertretend für uns alle.

Die Literatur der Gegenwart zeichnet sich dadurch aus, dass es inzwischen einen **großen Pool an Werten** gibt, auf die sich Leser oder Kritiker berufen bzw. berufen können. Heute, in unserer sich zunehmend ausdifferenzierenden Gesellschaft mit all ihren Submilieus und unterschiedlichen Lesergruppen gibt es einen **Wertepluralismus**, sowohl unter den Autoren wie unter den Verlegern, bei der Leserschaft wie auch innerhalb der Literaturkritik. Allerdings gibt es zu jeder Zeit, also auch heute, Wertmaßstäbe, die gerade besonders aktuell sind, die also entweder in ihrer Bedeutung gerade wiederentdeckt werden oder die tatsächlich neu hinzugekommen sind und so den Pool vergrößern.
Dieses **Auf und Ab von Wertmaßstäben** erinnert auf den ersten Blick ein bisschen an die Mode, die mal kurze und mal lange Röcke für „in" erklärt. In der Literatur hängen solche Veränderung jedoch nur vordergründig von der Willkür einzelner „Modemacher", sprich Verleger, Autoren oder Kritiker, ab. Letztlich werden Veränderungen der ästhetischen Wertmaßstäbe von **Veränderungen in der Gesellschaft** bestimmt, die dazu führen, dass plötzlich bestimmte Themen in den Vordergrund rücken und andere dagegen wieder in Vergessenheit geraten. So galt in den 1970er Jahren im Zuge der Frauenbewegung erstmals auch Literatur als wichtig, die durch ihre Inhalte auf die Unterdrückung der Frauen durch das „Patriarchat", also die Herrschaft der Männer, aufmerksam machte; der zugehörige Wertmaßstab war „**Emanzipation** (der Frauen)". Im folgenden Jahrzehnt galt es dagegen verstärkt als wichtig, literarisch auf die zunehmende Zerstörung der Umwelt hinzuweisen. Damit galt erstmals „**ökologisches Engagement**" als literarischer Wertmaßstab. Nachdem dieser Wert in den 1990er Jahren kaum noch beansprucht wurde, ist es durchaus denkbar, dass er im Zuge der gegenwärtigen Debatte um globale Klimaveränderungen bald wieder eine neue Aufwertung in der Literatur erfahren wird. Vorhersagen kann das aber niemand.

> Literatur, die keine Wirkung oder Veränderung beim Leser erzielen will, sondern der es allein um Sprach- und Formexperimente geht, wird ***littérature pure*** genannt, „reine" Literatur. Für jene Literatur, die (politisch, gesellschaftlich) Stellung beziehen will, die anklagt, auf Missstände aufmerksam macht, zu einer Einstellungsveränderung beim Leser führen will, führte der französische Philosoph Jean-Paul Sartre (1905–1980) den Begriff ***littérature engagée,*** engagierte Literatur, ein (gebräuchlich sind auch politische Literatur, Tendenz- oder Zeitliteratur).

Allerdings lässt sich gerade an einem Wertmaßstab wie „ökologisches Engagement" auf einen wichtigen Gegensatz hinweisen. Das Kriterium „ökologisches Engagement" ist ein Beispiel dafür, dass einige Werte ihren Ursprung außerhalb der Literatur haben und gleichsam ins Reich der Kunst importiert wurden. Wer mit einem solchen Wertmaßstab argumentiert und z. B. den 1986 erschienenen Roman *Die Rättin* des Literaturnobelpreisträgers Günter Grass lobt (weil dieser eindringlich zeigt, wie eine ignorante Menschheit sich durch die Ausplünderung ihrer Lebensgrundlagen selbst vernichtet), schreibt der Literatur eine **Funktion zu, die außerhalb ihrer selbst liegt**. Die Gegenposition dazu würde lauten: „Dass ein Roman sich für Umweltschutz engagiert, kann kein Kriterium für seine ästhetische Qualität sein, denn für den Umweltschutz ist die Politik zuständig, aber nicht die Literatur. ‚Gut gemeint' bedeutet noch nicht automatisch ‚gut gemacht'."

Literarische Wertungen lassen sich deshalb grundsätzlich daraufhin unterscheiden, ob sie **selbstbestimmt (autonom) oder fremdbestimmt (heteronom)** argumentieren.

- Eine **autonome Wertung** behauptet, dass Literatur zweckfrei ist, sie ist „Zweck an sich". Sie wird um ihrer selbst willen geschrieben und gelesen. Diese These wurde erstmals um 1800 von Kant und den Autoren der Weimarer Klassik vertreten. Ihnen ging es darum, die Literatur und die Kunst von ihrer Indienstnahme durch Religion und Moral zu befreien, wie sie bis dahin üblich war. Literatur „soll" nach dieser Position gar nichts, außer (im ästhetischen Sinne) gut und gelungen sein. Autonome Wertungen beziehen sich primär auf formal-ästhetische Wertmaßstäbe („Schönheit", „Stimmigkeit", „Vieldeutigkeit" usw.).
- **Heteronome Wertungen** berufen sich dagegen auf außerliterarische Wertmaßstäbe. Literatur gilt nicht als Selbstzweck, sondern als „Mittel für …" (z. B. die moralische Erziehung des Lesers). Hierunter fallen sämtliche ideologischen, religiösen, politischen oder pädagogischen Literaturkonzeptionen. So sollte im Mittelalter und auch lange danach noch Literatur die Herrlichkeit Gottes verkünden, also der Religion dienen. In der Zeit der Aufklärung sollte die Literatur den bürgerlichen Leser moralisch bilden und erziehen. Im „Dritten Reich" sollte sie das nationalsozialistische Weltbild, in der DDR das sozialistische Weltbild verkünden und den Leser entsprechend erziehen, stand also beide Male im Dienst der Politik und musste um ihre Selbstständigkeit kämpfen.

Beide Positionen tragen, wenn sie zu einseitig angewandt werden, **Gefahren** in sich:

- Die **Gefahr einer rein autonomen Bewertung** besteht darin, dass die Literatur auf ein letztlich sinn- und bedeutungsleeres Formenspiel reduziert wird. Sie hat dann kein Anliegen mehr, sondern ist nur noch *l'art pour l'art,* Kunst für die Kunst. Die Folge: Vor lauter Begeisterung über die ästhetische Gelungenheit eines Gedichts werden bestimmte ethische oder gesellschaftliche Anliegen eines (z. B. expressionistischen) Dichters gar nicht mehr wahrgenommen.

- Umgekehrt besteht die **Gefahr einer rein heteronomen Bewertung** darin, dass die Literatur so sehr funktionalisiert wird, dass ihre ästhetischen Qualitäten gar nicht mehr von Belang sind. Literatur wird dann verwechselt mit politischen Manifesten, Moralfibeln oder Lehrbüchern. Ein Roman gilt dann allein deshalb schon für gelungen, nur weil er geschichtliche Wahrheiten vermittelt und z. B. die Schrecken des Holocaust schildert.

Blitzlicht

Vor dieser Gefahr warnt auch die ostdeutsche Autorin **Christa Wolf**, die als Vertreterin einer engagierten Literatur gilt und die oft erleben musste, wie ihre ästhetisch anspruchsvollen Werke von der Literaturkritik auf ihre (politisierbaren) Inhalte reduziert wurden: „Doch wird […] die ästhetische Seite der Literatur meist außer acht gelassen. Wozu nimmt man die Anstrengung der Form auf sich und schreibt nicht einfach Traktate? Mir scheint, man wundert sich auch in der Literaturwissenschaft zu wenig über die Existenz der ästhetische Seite der Literatur, der literarischen Formen."[15]

In der Praxis sind zahlreiche Kombinationsmöglichkeiten zwischen autonomen und heteronomen Wertmaßstäben denkbar.

1.3.2 Wertmaßstäbe im Überblick[16]

Man kann unterscheiden zwischen
- formalen,
- inhaltlichen,
- relationalen,
- wirkungsbezogenen und
- gesellschaftlichen Wertmaßstäben.

Viele Wertmaßstäbe sind miteinander verbunden bzw. verwandt oder bedingen einander. In den Wertehierarchien eines einzelnen Lesers oder Kritikers können sie vielfältige Verbindungen eingehen. Wichtig ist auch, dass viele dieser Maßstäbe nicht automatisch „positiv" sind. Entweder können sie auch negativ gewertet werden (wie bei den oben diskutierten Beispielen „Spannung" und „Realismus"), oder sie treten gleich als Bestandteil eines Gegensatzpaares auf (z. B. „Offenheit" ↔ „Geschlossenheit").

Überblick

1. **formale Wertmaßstäbe**
   - Selbstbezüglichkeit (Selbstreferenz)
   - Vieldeutigkeit (auch: Polyvalenz, Ambiguität) ↔ Eindeutigkeit
   - Offenheit ↔ Geschlossenheit
   - Schönheit ↔ Hässlichkeit
   - Stimmigkeit
   - Ganzheit ↔ Fragment
   - Komplexität ↔ Einfachheit
   - Intensität, Dichte
2. **inhaltliche Wertmaßstäbe**
   - Wahrheit
   - Moralität (das „Gute")
   - Gerechtigkeit, Humanität
   - Gesellschafts- und Kulturkritik
3. **relationale Wertmaßstäbe**
   - Abweichung, Normbruch
   - Originalität, Neuheit, Innovation ↔ Tradition, Bewährtes (Konventionaliät, Epigonalität, Kitsch)
   - Fortschritt, Emanzipation
   - Realismus, Wirklichkeitsnähe, Wahrscheinlichkeit
   - Authentizität
   - Zeitgemäßheit, dokumentarischer Wert, Repräsentativität
   - Aktualität
4. **wirkungsbezogene Wertmaßstäbe**
   - Erkenntnisbedeutsamkeit
   - Reflexion
   - Entautomatisierung, Revision von Vorurteilen
   - Lebensbedeutsamkeit
   - Betroffenheit
   - Handlungsorientierung
   - Sinnstiftung
   - Rührung, Mitleid
   - Identifikation ↔ Distanz
   - Lust ↔ Unlust
   - Unterhaltung ↔ Langeweile
   - Spannung ↔ Ruhe, Harmonie
   - Sinnliche Befriedigung
   - (angenehmes) Grauen
   - Gesundheit ↔ Krankheit
5. **gesellschaftliche Wertmaßstäbe**
   - Nützlichkeit
   - ökonomischer Wert
   - Prestigewert

1. formale Wertmaßstäbe

Formale Wertmaßstäbe beziehen sich auf die Form eines Textes, also seine formal-ästhetischen Eigenschaften. Wer ein Werk nach solchen Maßstäben beurteilt, könnte sich z. B. fragen: Welcher formalen Möglichkeiten bedient sich ein Autor? Hat ein Autor für das, was er ausdrücken wollte, die optimale Form gefunden? Stimmen Form und Inhalt überein?

Die wichtigsten formalen Wertmaßstäbe sind:

- **Selbstbezüglichkeit (Selbstreferenz)**
  Dieser Maßstab entspricht ganz der Vorstellung einer „autonomen" Kunst. Ein selbstbezügliches Kunstwerk verweist auf sich selbst und nicht auf die Realität, will ganz aus sich selbst heraus verstanden und beurteilt werden und nicht durch Vergleiche mit der Wirklichkeit. Dieser Wert wurde in der Romantik hoch geschätzt; wird dagegen von Vertretern realistischer oder

ideologischer Literaturvorstellungen als negativer Wert angesehen, so im „Sozialistischen Realismus", der offiziellen Literaturdoktrin in der DDR („Vorwurf des ‚Formalismus'").

- **Vieldeutigkeit (auch: Polyvalenz, Ambiguität) ↔ Eindeutigkeit**
  Vieldeutigkeit gilt jenen als positiver Wert, für die Literatur „offen" sein und zur Interpretation herausfordern soll. Vieldeutige Literatur ist rätselhaft, „dunkel", widersprüchlich und paradox, animiert jeden Leser sogar dazu, zu je eigenen Deutungen zu kommen wie die Gedichte Celans oder die Prosa Kafkas. Eindeutige Literatur ist dagegen bemüht, eine bestimmte Botschaft zu vermitteln und gilt dann als geglückt, wenn ihr das auch gelingt. Für die Vertreter einer sozialistischen Literaturauffassung etwa war Vieldeutigkeit Zeichen einer schlechten, „negativen" Kunst (weshalb sie Kafkas Werke abgelehnt haben); Kunst sollte die Werte des Sozialismus vermitteln (und nichts anderes) und das möglichst so, dass jeder Leser die Botschaft verstehen konnte, auch der Bauer oder Fabrikarbeiter. Eindeutigkeit impliziert daher Verständlichkeit, Vieldeutigkeit eher Un- oder Schwerverständlichkeit. Eindeutigkeit ist ein Wert einer heteronomen Literaturauffassung, Vieldeutigkeit ein Wert einer autonomen Literaturauffassung.

- **Offenheit ↔ Geschlossenheit**
  Die Maßstäbe hängen eng mit Vieldeutigkeit und Eindeutigkeit zusammen; offene Texte sind vieldeutig (sie sind für viele Deutungen „offen"), geschlossene eindeutig.

- **Schönheit ↔ Hässlichkeit**
  Die Geschichte dieses Wertes reicht bis zur griechischen Antike zurück. Traditionell ist der Wert „Schönheit" mit Ordnung, Harmonie, Vollendung, Maß und Proportion verknüpft. Das formal Vollkommene wurde auf-, das Unvollkommene abgewertet. Im 18. Jahrhundert wurde diese Vorstellung in Frage gestellt; die Romantiker entdeckten die Schönheit des Fragments, der Unordnung, des Zufalls, der Disharmonie. Seit dieser Zeit gibt es in der Kunst auch eine Ästhetik des Hässlichen, Schrecklichen, Bösen, Ekelhaften und Erhabenen. Auch das Banale, auch das Hässliche kann als „schön" wahrgenommen werden. Inzwischen sind sowohl „Schönheit" wie „Hässlichkeit" so offene Begriffe, dass beide sowohl als positiver wie als negativer Wert verwendet werden können.

- **Stimmigkeit**
  Mit „Stimmigkeit" wird meist die Übereinstimmung von Form und Inhalt bezeichnet. Lässt sich dies an einem Werk zeigen, gilt dies als Qualitätsmerkmal. In der modernen Kunst gibt es aber auch Konzeptionen, die ge-

zielt auf Unstimmigkeit, auf Disharmonie setzt und dies mit dem Hinweis auf die grundsätzlich nicht-stimmige Realität begründen.

- **Ganzheit ↔ Fragment**
„Ganzheit" als „klassischer" Wertmaßstab bezeichnet einerseits die formale Vollendung eines Werkes, andererseits, dass seine Teile ein größeres, organisches Ganzes ergeben, nach dem Grundsatz: Das Ganze ist mehr als die Summe seiner Teile. Dieser Wert ist eng mit „Stimmigkeit" und „Schönheit" (im traditionellen Sinn) verknüpft. Die (romantische, moderne) Gegenposition stellt dagegen das Teil über das Ganze: Im (unvollendeten) Teil (Fragment) komme bereits das Ganze zum Ausdruck; das Fragment enthalte eine besondere erregende Qualität, die nach seiner Ergänzung (im Betrachter, Leser) strebe; gerade die Kunst des Fragments entspreche der Erfahrung der modernen Realität.

- **Komplexität ↔ Einfachheit**
Mit „Komplexität" ist die Dichte und Quantität der formalen Mittel gemeint. Komplexität kann (ebenso wie Einfachheit) sowohl ein positiver wie ein negativer Wert sein. Im positiven Fall gilt die Komplexität eines Werkes einerseits als Ausweis für das Können des Autors, der eine solche Vielzahl an Elementen dennoch zu einem stimmigen Ganzen zusammenfügen konnte, andererseits als Herausforderung an den Leser, der sich diesem Schwierigkeitsgrad erst gewachsen zeigen muss. Im negativen Fall wertet man ein Werk damit ab, weil es „über-ambitioniert" ist, also zu viel will, zu viel auf einmal in einen Text hineinpackt, anstatt sich auf ein Thema zu beschränken; oder weil es sich von vornherein elitär ausschließlich an eine hochgebildete, akademische Leserschaft richtet anstatt an den „einfachen" Leser. Auch „Einfachheit" kann als negativer Maßstab dienen („Kinderkram") oder als positiver: Dem Autor glückt dann mit einfachsten Mitteln und geringstem Aufwand ein großes Werk.

- **Intensität, Dichte**
Dieser Wert ist mit „Komplexität" verwandt und bezeichnet die Qualität der formalen Mittel, durch die das Dargestellte intensiviert wird.

- **Ökonomie**
„Ökonomie" wird hier im Sinne von Sparsamkeit verstanden und ist mit dem Kriterium der „Einfachheit" eng verwandt: Stimmen bei einem Text Aufwand und Ergebnis überein? Oder hätte man das, was der Autor sagen oder erreichen wollte, auch viel knapper erreichen könne? Ist der Autor „geschwätzig" und findet kein Ende, obwohl er seinen Stoff längst erschöpfend behandelt hat? Wäre ein Roman, um 200 Seiten gekürzt, womöglich sogar besser? An einem wirklich vollendeten Text, so wird von

Kritikern oft gesagt, dürfen kein Wort und kein Satz verzichtbar sein. Ist dies doch der Fall, wären nach diesem Kriterium entsprechende Passagen vor der Drucklegung tatsächlich besser gestrichen worden.

2. inhaltliche Wertmaßstäbe
Inhaltliche Wertmaßstäbe können „aus allen Bereichen des menschlichen Lebens übertragen werden, für die überhaupt Werte ausgebildet werden"[17]. Weiter oben wurde schon auf so spezielle und konkrete Wertmaßstäbe wie „weibliche Emanzipation" oder „ökologisches Engagement" hingewiesen. Daher kann hier nur eine kleine Auswahl von inhaltlichen Werten aufgeführt werden, die traditionell als bedeutend gelten.

- **Wahrheit**
  Schon in der Antike wurde gefordert, dass Literatur Wahrheit vermitteln müsse. Was dabei unter „Wahrheit" verstanden wird, hängt von den Zuordnungsvoraussetzungen ab. Es kann dies z. B. eine religiöse, historische, gesellschaftliche, politische, philosophische oder anthropologische Wahrheit sein. Wahrheit ist heute beispielsweise ein Wertmaßstab im Umgang mit Holocaust-Literatur (historische Wahrheit). Wahrheit ist ein heteronomer Wertmaßstab, da er die Literatur von etwas abhängig macht, das „außerhalb" ihrer selbst liegt. Eine Problematik dieses Maßstabes ist: Wird ein Roman, der eine bis dahin allgemein als richtig angesehene Wahrheit vermittelt (z. B. eine naturwissenschaftliche), schlecht, wenn sich diese Wahrheit eines Tages aufgrund neuer wissenschaftlicher Erkenntnisse als falsch erweist?

- **Moralität (das „Gute")**
  Auch „Moralität" oder das moralisch Gute gehören zu den heteronomen Werten: Literatur soll diesen Auffassungen zufolge das moralisch Gute vermitteln; tut sie dies, ist sie auch im ästhetischen Sinn gut. Was dabei jeweils moralisch gut ist, entscheiden die jeweiligen Zuordnungsvoraussetzungen. Eine solche Auffassung wurde beispielsweise in der Aufklärung vertreten: Literatur sollte der Bildung und Erziehung des bürgerlichen Individuums zu einem sittlichen Subjekt dienen.

- **Gerechtigkeit, Humanität**
  Diese Werte sind eng mit „Moralität" verbunden. Was dabei jeweils unter Gerechtigkeit verstanden wird, entscheiden wiederum die Zuordnungsvoraussetzungen. So kann ein Roman positiv gewertet werden, weil er die Gerechtigkeit zwischen Mann und Frau, zwischen den Religionen oder zwischen den Rassen (Ethnien) einfordert.

- **Gesellschafts- und Kulturkritik**
  Diese Werte gehören ebenfalls zum ethischen Bereich. Meist wird dabei unterschieden zwischen einer (positiv gewerteten) „kritischen" und einer (negativ gewerteten) „affirmativen" (zustimmenden, bejahenden) Stellung, die ein Roman zur jeweiligen Gesellschaft oder Kultur einnimmt. Gefordert wird dabei meist, dass die Literatur die Gesellschaft in Frage stellt und so zu ihrer Veränderung beiträgt; abgelehnt wird dagegen häufig eine Literatur, die die jeweils herrschende Gesellschaft bestätigt oder bejaht (affirmiert).

3. relationale Wertmaßstäbe

Relationale Wertmaßstäbe messen den Wert eines literarischen Werkes im Verhältnis zu einer Bezugsgröße. Eine solche Bezugsgröße kann beispielsweise die allgemeine Qualität der Literatur sein, die nach Ansicht eines Kritikers zu einem bestimmten Zeitpunkt (heute oder während einer früheren Epoche) von den Autoren erreicht worden ist oder war. Ein Urteil könnte dann zum Beispiel lauten, dass ein neuer Roman im Vergleich zum heutigen literarischen Niveau eher schlecht ist. Oder dass er zwar auf den ersten Blick ganz gut zu sein scheint; vergleicht man ihn aber mit der Qualität, die etwa zur Zeit der literarischen Moderne (nach 1900) erreicht worden war, erkennt man erst seine Mängel.

- **Abweichung, Normbruch**
  Kunst und Literatur müssen diesem Wert zufolge die gültigen Normen durchbrechen, von unseren alltäglichen Wahrnehmungsroutinen abweichen, sich von der Alltagssprache durch Verfremdung oder Variation abheben. Würde die Sprache eines Autors die Alltagssprache nur nachahmen wäre der Text, dieser Auffassung zufolge, gar nicht als Literatur erkennbar. Dieser Maßstab ist vor allem in den Literaturtheorien der russischen Formalisten und der Strukturalisten wichtig.

- **Originalität, Neuheit, Innovation ↔ Tradition, Bewährtes (Konventionalität, Epigonalität, Kitsch)**
  Der Maßstab „Originalität" bzw. „Neuheit" besagt, dass sich Kunst nicht wiederholen darf. Positiv gewertet wird das Neue, Überraschende, Innovative im Verhältnis zu dem, was es schon gibt; negativ gewertet wird das Alte, Verbrauchte, Herkömmliche (das Konventionelle, Epigonale, das nur schlechte Kopien von schon Vorhandenem liefert). Das Neue muss nicht im absoluten Sinne neu sein, neu kann bereits eine überraschende Variation vorgegebener Muster sein. Kunst, die sich ganz darin erschöpft, die Bedürfnisse eines Massenpublikums zu befriedigen, wird auch als „Kitsch" bezeichnet (s. u.). Die Gegenposition wertet dagegen das Bestehende, „Bewährte", die Tradition positiv und wertet das Neue als bloß „modisch",

„vergänglich" ab. Das Neue ist ja nur für einen kurzen Moment neu und morgen schon veraltet; das, was seit jeher gut war, wird es auch in Zukunft sein.

Kitsch (wohl zu mundartl. veraltend kitschen = schmieren, eigtl. Geschmiertes): Disqualifizierender Wertbegriff der Kunst- und Literaturkritik für eine auf den Massengeschmack zielende, geschmacklose, wertlose **Scheinkunst**. Der Begriff tauchte um 1870 im Kunsthandel auf und bezeichnete schlechte Kunst, die allein Käuferbedürfnisse befriedigen sollte.
Als Charakteristika für Kitsch gelten:

- die Vermeidung wirklicher Konflikte,
- das Weltbild des Lesers wird nicht infrage gestellt,
- Schwarz-Weiß-Zeichnung der Charaktere,
- Schönfärberei,
- Effekthascherei,
- ein banales Happy-End, um beim Leser sentimentalen Selbstgenuss zu erzielen.

In der Literaturkritik gibt es kaum etwas Negativeres, als ein Werk als „Kitsch" zu bezeichnen.[18]

- **Fortschritt, Emanzipation**
  Dieser Wert ist eng mit „Gesellschafts- und Kulturkritik" verknüpft. Im Rahmen von sozialistischen, kommunistischen, ideologiekritischen oder feministischen Gesellschaftstheorien wird von einer fortschreitenden Veränderung der Gesellschaft ausgegangen: hin zu einem utopischen Zustand, in dem die (z. B. materiellen oder hierarchischen) Unterschiede zwischen den Menschen aufgehoben sind. Literatur wird danach gemessen, inwieweit sie diesen Zustand vorwegnimmt bzw. befördert.

- **Realismus, Wirklichkeitsnähe, Wahrscheinlichkeit**
  Einer der wichtigsten Wertmaßstäbe überhaupt: Literatur soll demnach möglich exakt die (z. B. gesellschaftliche) Wirklichkeit wiedergeben (▶ vgl. Kap. 1.2.2). „Realismus" ist häufig eng mit „Wahrheit" verknüpft. „Realistische" Literatur gilt diesem Maßstab zufolge als „wahre" Literatur (z. B. im Naturalismus), „unrealistische" als „unwahre" Literatur.

- **Authentizität**
  Dieser Wertmaßstab bezieht sich auf die Glaubwürdigkeit des Autors. Als authentisch gilt ein Text oder eine literarische Darstellung z. B. dann, wenn der Autor das, was er beschreibt, selbst erlebt hat. Der Text gilt dann nicht als bloßes „Fantasieprodukt", als bloße „Erfindung", sondern als „wahr" (Verbindung zum Wert „Wahrheit"). Dieser Wert spielt etwa im Umgang

mit Holocaust-Literatur eine große Rolle: Romane von Autoren, die selbst verfolgt oder in einem Konzentrationslager waren, werden praktisch immer (auch) über diesen Wert positiv beurteilt; dagegen hat es ein (fiktiver) KZ-Roman eines nach 1945 geborenen Autors automatisch schwer, da er diese Authentizität nicht vorweisen kann. „Authentizität" kann auch im Sinne von „Wahrhaftigkeit" verstanden werden (z. B. in der Poetik Christa Wolfs).

- **Zeitgemäßheit, dokumentarischer Wert, Repräsentativität**
  Dieser Wert ist eng verknüpft mit dem Wert „Realismus". Ein Text gilt demnach als gelungen, wenn er für eine bestimmte historische Situation oder Haltung oder Gruppe von Menschen zeitgemäß ist oder diese repräsentieren kann, d. h., wenn er sie angemessen darstellt. Ein Roman kann auch wertvoll sein, weil er etwas dokumentiert (z. B. der Roman eines an Schizophrenie Erkrankten, der Einblick in die Psyche seines Verfassers und den Krankheitsprozess erlaubt).

- **Aktualität**
  Mit diesem Wert ist etwas anderes als mit „Neuheit" gemeint: Neuheit bezieht sich auf etwas Neues relativ zur bisherigen Literaturgeschichte oder den bekannten literarischen Techniken. Aktuell ist dagegen etwas in Bezug auf die gesellschaftliche Wirklichkeit. So können auch ältere Romane aufgrund geschichtlicher Ereignisse plötzlich wieder aktuell werden. Die Aktualität eines literarischen Werkes hängt beinahe ausschließlich von seinen Inhalten oder Themen, selten von seiner ästhetischen Form ab.

4. wirkungsbezogene Wertmaßstäbe
Die Wertmaßstäbe dieser Gruppe beziehen sich nicht auf einen Text selbst, sondern auf die Wirkungen, die er (vermutlich) beim Leser auslöst oder auslösen kann. Man kann dabei unterscheiden zwischen kognitiven (verstandesbezogenen), praktischen (handlungsbezogenen), affektiven (gefühlsbezogenen) und hedonistischen (den Gefühlen von Lust oder Unlust folgenden) wirkungsbezogenen Werten.

- **Erkenntnisbedeutsamkeit**
  Nach diesem Wert ist ein Roman dann gut, wenn er Einsichten und Erkenntnisse vermittelt, die für den Leser bedeutsam sind.

- **Reflexion**
  Literatur soll zum Nachdenken anregen – diese zur Phrase gewordene Einsicht bezeichnet treffend den Wert „Reflexion".

- **Entautomatisierung, Revision von Vorurteilen**
  Dieser Wert ist eng mit dem Wert „Abweichung" verknüpft. Die Alltags-

wahrnehmung funktioniert gewöhnlich nach Routinen, erstarrten Mustern, Automatismen. Literatur, die von der gewohnten Wiedergabe der Realität abweicht, kann auf Seiten des Lesers eine Ent-Automatisierung seiner Wahrnehmung bewirken. Das Alltägliche, Banale wird durch diesen Effekt als etwas quasi Neues, Unbekanntes erfahren – wodurch ganz neue Seiten an ihm entdeckt werden können. Dies kann auch zur Revision von Vorurteilen führen.

- **Lebensbedeutsamkeit**
  Nach diesem Wert ist ein Roman dann gut, wenn er (positive) Folgen für das Leben des Lesers hat, etwa zu einer Veränderung von Gewohnheiten oder Einstellungen führt.

- **Betroffenheit**
  „Betroffenheit" gehört wie „Lebensbedeutsamkeit" zu den praktischen, wirkungsbezogenen Maßstäben. Durch die Darstellung von z.B. ungerechten Zuständen in der Gesellschaft soll der Leser betroffen gemacht, d.h. wachgerüttelt werden, in der Hoffnung, ihn so zum Eingreifen in der Realität zu veranlassen.

- **Handlungsorientierung**
  In Tendenz- oder politischer Literatur ist „Handlungsorientierung" ein positiver Wert: Literatur soll den Leser direkt zu einem bestimmten Handeln anstiften, ihn aktiv werten lassen (sich für oder gegen etwas zu engagieren). Auch dieser Wert ist somit als heteronom zu klassifizieren. In autonomen Literaturkonzeptionen gilt er als negativer Wertmaßstab, da Tendenzliteratur die Freiheit des Lesers zur Deutung einschränkt und die Literatur auf ein bestimmtes Parteibuch oder eine bestimmte Ideologie verpflichtet.

- **Sinnstiftung**
  Das Leben in der modernen Gesellschaft ist häufig von Erfahrungen des Sinnverlustes geprägt. Literatur kann die Aufgabe zugeschrieben werden, diesen verloren gegangenen Sinn neu zu erzeugen oder zum realen Sinnverlust ein Gegengewicht anzubieten. Wer sich auf diesen Wert beruft, beurteilt demnach Literatur dann als positiv, wenn sie Sinnentwürfe anbietet, die der Leser übernehmen kann.

- **Rührung, Mitleid**
  Dieser Wert gehört zu den affektiv wirkungsbezogenen Wertmaßstäben. Schon Aristoteles (und nach ihm der Dramatiker und Kritiker Gotthold Ephraim Lessing, 1729–1781) vertrat die Ansicht, dass es die Aufgabe der Tragödie sei, im Zuschauer „Mitleid" zu erzeugen, um so zu einer Reini-

gung der Affekte und damit zu einer inneren Läuterung beizutragen. Im heutigen Sprachgebrauch kann „Mitleid" auch als Synonym zu „Betroffenheit" verstanden werden.

- **Identifikation ↔ Distanz**
  Dass ein Text den Leser dazu verführt, sich mit seiner Hauptfigur zu identifizieren (wie es viele literarische Texte tun), kann sowohl positiv als auch negativ gewertet werden. Im Falle einer positiven Wertung erhöht die Identifikation die intensive oder spannende Wirkung eines Textes, oder sie führt zu einer zeitweiligen, spielerischen Übernahme fremder Identitäten (z. B. eine Opferrolle), was wiederum mit den Werten „Erkenntnis- oder Lebensbedeutsamkeit" verknüpft werden kann. Im Falle einer negativen Wertung führt die Identifikation dagegen zu einer unkritischen Übernahme von Handlungs- und Rollenmodellen (z. B. der lustvollen Identifikation mit einer Täterrolle); gefordert wird dann, dass der Text eher eine Distanzierung des Lesers von der Figur nahelegt.

- **Lust ↔ Unlust**
  „Lust" gehört seit Immanuel Kant (1724–1804) zu den hedonistischen wirkungsbezogenen Werten. Der Hedonismus ist eine philosophische Haltung, wonach der Mensch in seinem Handeln danach strebt, ein Maximum an Sinnenlust zu erzielen. Auf die Literatur übertragen, bedeutet dies, dass ein literarisches Werk dann positiv bewertet wird, wenn es dem Leser Lust bereitet. „Lust" selbst ist dabei ein – je nach Zuordnungsvoraussetzung – schillernder Begriff. Schon der Philosoph Kant grenzte die ästhetische Lust von einer bloß sinnlichen ab, genauer: Die ästhetische Lust sollte gänzlich frei sein von sinnlichen (z. B. erotischen) Bestandteilen. Nach Sigmund Freud (1856–1939), dem Begründer der Psychoanalyse, speist sich dagegen die Lust bei der Lektüre stets aus verschiedenen Quellen, darunter auch sinnlich-sexuellen. In der Moderne gibt es auch vereinzelt Literaturkonzeptionen, wonach Literatur beim Leser gerade keine Lust, sondern Unlust erzeugen soll. Kognitive Psychologen behaupten heute, dass gute Literatur sich dadurch auszeichnet, dass sie im Leser ein für ihn spannendes Wechselspiel aus Lust- und Unlustgefühle erzeugt.

- **Unterhaltung ↔ Langeweile**
  Auch „Unterhaltung" gehört als Wertmaßstab zu den hedonistischen wirkungsbezogenen Werten. Literatur soll (gut) unterhalten und nicht langweilen. In der Ästhetik wird „Unterhaltung" (ähnlich wie „Spannung") traditionell als Wert von niederem Rang eingestuft. Man spricht dann von „bloßer Unterhaltung", für die die Trivial- und Kitschliteratur zuständig ist.

- **Spannung ↔ Ruhe, Harmonie**
  „Spannung" kann beim Leser sowohl durch inhaltliche als auch durch formale Qualitäten eines Werkes erzeugt werden. Auch der gegenteilige Zustand, der einer durch die Lektüre erzeugten inneren Ruhe oder Harmonie, kann positiv bewertet werden.

- **Sinnliche Befriedigung**
  Dieser Maßstab zielt auf durch die Lektüre hervorgerufene angenehme Gefühle, die bis zu körperlichen Reaktionen führen können, etwa aufgrund erotischer Inhalte. Traditionell wird dieser Wert niedrig oder gar negativ eingestuft und die entsprechenden Werke zum Beispiel als Pornografie aus dem Bereich „echter" Literatur oder Kunst ausgegrenzt. Erst in der Gegenwart wird die Möglichkeit einer anspruchsvollen erotischen Literatur mit sinnlich befriedigenden Qualitäten zugestanden. „Ein erregend sinnlicher Roman" heißt es dann in einer Rezension.

- **(angenehmes) Grauen**
  Dieser Wert wurde erst in der Ästhetik des 18. Jahrhunderts im Zuge der Diskussion um das „Erhabene" entdeckt. Gemeint ist mit diesem Begriff ein Gefühl, das z. B. der Anblick gewaltiger Naturphänomene (Berge, Stürme) im Betrachter auslösen können. Trotz seines körperlichen Ausgeliefertseins empfindet der Betrachter dabei das Gefühl geistiger Überlegenheit. Auch die Literatur des Unheimlichen bezieht ihre Attraktivität aus der Konfrontation mit dem Übernatürlichen, Übermächtigen, von dem sich der Leser aus seiner sicheren Situation heraus zeitweilig überwältigen lassen kann, ohne dabei seine Überlegenheit wirklich einzubüßen.

- **Gesundheit ↔ Krankheit**
  Dieser Wertmaßstab geht von einer therapeutischen Wirkung von Literatur aus. Gute Literatur kann demnach physische oder psychische Wunden heilen, macht also gesund; schlechte hingegen kann krank machen. Welche Eigenschaften dies jeweils sind, hängt von den jeweiligen Zuordnungsvoraussetzungen ab, die sich im Lauf der Literaturgeschichte änderten. Waren für diese positiven gesundheitlichen Effekte in der Weimarer Klassik „Ruhe" und „Harmonie" verantwortlich, so schrieb man in der Moderne eher der „Disharmonie" eine stärkende, vitalisierende Wirkung zu. Um 1900 wurde die „Krankheit" sogar als positiver Wert gedeutet (bei Nietzsche etwa als Durchgangstadium hin zu einer größeren Gesundheit).

5. gesellschaftliche Wertmaßstäbe

- **Nützlichkeit**
  Schon Horaz war der Ansicht, dass Literatur nicht nur erfreuen, sondern auch nützlich sein solle (prodesse et delectare). Nützlichkeit ist ein hetero-

nomer Wertmaßstab, der z. B. in der Aufklärung vertreten wurde: Fiktive Texte und ihre Lektüre galten dann als gerechtfertigt, wenn dem Leser durch sie bürgerliche Tugenden vermittelt wurden wie Fleiß oder Sparsamkeit. „Nützlichkeit" ist meist verbunden mit Werten wie „Wahrheit" oder „Moralität".

- **ökonomischer Wert**
  Geld ist der gesellschaftliche Wertmaßstab schlechthin, beinah alle Güter sind über das Geld in ihrem Wert quantifizierbar und vor allem vergleichbar. Auch wenn im Literaturbetrieb gern das Gegenteil behauptet wird, spielt auch dort der ökonomische Wert eine große Rolle: ob es um die Auflagenzahlen eines Autors geht („Internationaler Bestseller!"), die Summe, die ein Verlag für die Übersetzungsrechte eines Buches zahlen musste, oder Preisgelder und Stipendien, die ein Autor erhält.

- **Prestigewert**
  Prestigewert wird auch als „symbolisches Kapital" bezeichnet (▶ vgl. Kap. 2.3). Gemeint kann damit das Ansehen sein, das sich ein Autor aufgrund seiner Werke erworben hat, oder das Prestige, das mit der Lektüre eines als besonders schwierig oder „intellektuell" geltenden Werkes verbunden ist („Was, du liest den ‚Mann ohne Eigenschaften'?").

1.3.3 Wandel der Wertmaßstäbe (Literarische Moderne)

Die Aktualität von literarischen Wertmaßstäben unterliegt, wie bereits gesagt, seit dem 18. Jahrhundert einem **ständigen Auf und Ab**. Manchmal gerät ein Wert nur vorübergehend in Vergessenheit und wird dann beinah schlagartig wieder aktuell, manchmal wird ein Wert aber auch dauerhaft verabschiedet. Literarische Wertmaßstäbe sind demnach nicht überzeitlich gültig, sondern haben ihre Geschichte (**Wertewandel**). In bestimmten historischen Kontexten werden sie als bedeutsam und wichtig anerkannt; ändern sich diese Kontexte, ändert sich auch die Bedeutung der Wertmaßstäbe. Die Historizität der Werte lässt sich z. B. erkennen an der

- **Geschichte einzelner Werke**: Viele einst hoch gerühmte Werke sind heute vergessen, und viele Werke, die zu Lebzeiten ihrer Autoren unbeachtet blieben, gelten heute als Meisterwerke. So waren um 1800 nicht etwa die Stücke Goethes oder Schillers die erfolgreichsten oder populärsten, sondern die eines gewissen August von Kotzebue (1761–1819) – die heute nur noch eine Handvoll Literaturhistoriker kennt. Die Bedeutung der Stücke des jung verstorbenen Sturm-und-Drang-Dichters und Jugendfreundes Goethes Jakob Michael Reinhold Lenz (1751–1792) wurde dagegen erst im 20. Jahrhundert erkannt.

- **Geschichte von Gattungen**: Auch die Wertschätzung von Gattungen änderte sich im Lauf der Literaturgeschichte. Die Prosa und v. a. die Gattung des Romans galten bis ins 18. Jahrhundert als minderwertig im Vergleich zur Lyrik oder zum Drama. Seit dem 20. Jahrhundert gilt der Roman dagegen als die wichtigste Gattung.

- **Wirkungsgeschichte von Autoren**: Der englische Dramatiker William Shakespeare (1564–1616) galt mit seinen vor Emotionalität und Leidenschaft schier berstenden Stücken in Deutschland zur Zeit des Barock (ca. 1600–1720) als Autor trivialer Unterhaltungsstücke. Der Grund: Die Kritiker und Dramatiker des Barock vertraten Werte wie Ordnung und Regelhaftigkeit, Shakespeares Stücke erschienen ihnen einfach nur zügellos. Als sich das Wertesystem änderte und Emotionalität immer wichtiger wurde, galt Shakespeare plötzlich als bedeutender Autor. Die Dichter des Sturm und Drang feierten ihn als Vorbild für den genialen, sich über alle Regeln hinwegsetzenden, leidenschaftlichen Dichter.

Als Beispiel für die **Dynamik dieser Historizität von Wertmaßstäben in der Literatur** dient hier ein besonders wechselvoller Zeitabschnitt, die Literarische Moderne. Sie beginnt um 1890 mit dem Naturalismus und endet Anfang der 1930er Jahre mit der Neuen Sachlichkeit, deren Autoren nach 1933 ins Exil oder in die „innere Emigration" gingen oder sich dem neuen Regime anpassten.

Naturalismus (1880–1900)
Ab Mitte der 1880er Jahre forderte eine neue Autorengeneration eine zeitgemäße deutschsprachige Literatur. Die jungen Naturalisten in Berlin und München wie die Brüder Heinrich und Julius Hart, Michael Georg Conrad, Karl Bleibtreu, Gerhart Hauptmann oder Conrad Alberti beriefen sich auf den Fortschritt in den Naturwissenschaften sowie auf literarische Entwicklungen im europäischen Ausland, v. a. in Frankreich, Russland und Skandinavien. Dort vertraten Autoren wie Zola, Dostojewski oder Ibsen einen **neuartigen „Realismus"** in der Literatur.[19]
Die Werke der älteren Autoren, die in der Gründerzeit nach 1871 mit ihrer „Goldschnitt-Lyrik"[20] berühmt geworden waren, wurden jetzt als schablonenhaft und betulich empfunden und abgelehnt. Im Umgang mit **brisanten gesellschaftlichen Themen** wie Sexualität oder der „sozialen Frage" (die von der Industriellen Revolution verursachten sozialen Missstände) warfen die Naturalisten den Gründerzeit-Autoren Feigheit und Heuchelei vor.

Blitzlicht

Von den Autoren und Kritikern wurde jetzt „männlicher" Mut gefordert. Exemplarisch für den **Männlichkeitskult** der Naturalisten ist das von **Michael Georg Conrad** verfasste Programm der Zeitschrift *Die Gesellschaft*: „Unsere *Gesellschaft* bezweckt zunächst die Emanzipation der periodischen schöngeistigen Literatur und Kritik von der Tyrannei der ‚höheren Töchter' und der ‚alten Weiber beiderlei Geschlechts' (...) Wir wollen die von der spekulativen Rücksichtsnehmerei auf den schöngeistigen Dusel, auf die gefühlvollen Lieblingstorheiten und moralischen Vorurteile der sogenannten ‚Familie' (im weibischen Sinne) arg gefährdete Mannhaftigkeit und Tapferkeit im Erkennen, Dichten und Kritisieren wieder zu Ehren bringen. / Fort, ruft unsere *Gesellschaft*, mit der geheiligten Backfisch-Literatur, mit der angestaunten phrasenseligen Altweiber-Kritik, mit der verehrten kastrierten Sozialwissenschaft! Wir brauchen ein Organ des ganzen, freien, humanen Gedankens, des unbeirrten Wahrheitssinnes, der resolut realistischen Weltauffassung!"[21]

Die wichtigsten ästhetische Werte der naturalistischen Autoren und Kritiker waren

- **Realismus/Naturalismus,**
- **Modernität,**
- **Aktualität,**
- **Neuheit,**
- **Originalität, Individualität**
- **Wahrheit** und
- **(Natur-)Wissenschaftlichkeit**.

„Realismus" und seine radikalisierte Variante „Naturalismus" wurden zu den obersten Werten dieser Literaturströmung. Die (gesellschaftliche) Wirklichkeit wie z. B. die sozialen Probleme in den Großstädten sollten möglichst **wirklichkeitsgetreu** und objektiv dargestellt werden. Von Arno Holz stammt die berühmte Formel: **„Kunst = Natur – X"**, wobei das X, der individuelle Anteil des Künstlers, möglichst gering gehalten werden sollte. Um diese quasi fotografische Abbildung der Realität zu erreichen, wurden neue literarische Techniken entwickelt wie der „Sekundenstil". Außerdem wollten die Naturalisten vor allem **modern und aktuell** sein. In seiner Programmschrift *Revolution der Literatur* formulierte Karl Bleibtreu prägnant: „Es ist (...) die erste und wichtigste Aufgabe der Poesie, sich der großen Zeitfragen zu bemächtigen."[22] Bleibtreu forderte auch: „Wozu die Kopien! *Neues, Neues* – das ist die gebieterische Forderung an jeden schöpferischen Geist."[23] Wie sehr die in weiten Kreisen des Bürgertums so beliebte Literatur der Gründerzeit von der jungen Generation als **„Lüge" und „Heuchelei"** empfunden wurde, zeigt Detlev von Liliencrons empathischer Ausruf: „Nach *Wahrheit* in der Literatur lechzen wir; nach dem Unter-die-Füße-Treten dieser ganzen Lügenbrut, die

uns die Alt-Weiberbücher ohne Gewissen vor uns auf den Tisch legen (...) Lieber, wenn's denn sein muss, durch Dreck und Jauche pantschen, als das gräuliche Zuckerwasser trinken ..."[24]
Diese Werte dienten als inhaltlich je unterschiedlich gefüllte Schlagwörter, deren Deutungsspektrum – je nach den individuellen Zuordnungsvoraussetzungen der einzelnen Naturalisten – sehr groß sein konnte. Häufig traten diese Werte im Verbund mit **politischen Ideologemen** und **Nationalismen** auf wie „Germanentum", „Deutschtum", „Volkstümlichkeit" und „Heimatverbundenheit".

Impressionismus (Fin de Siècle, Wiener Moderne, 1890–1920)
Die Bedeutung des um 1900 dominierenden Wertmaßstabs **„Wahrheit"** begann sich unter dem Einfluss neuer literarischer Entwicklungen vor allem in Frankreich rasch zu verändern. So wurde zwar noch immer von der Literatur „Wahrheit" gefordert, aber es ging nun nicht mehr um die Wahrheit einer äußeren Realität, sondern um **die innere, psychologische Wahrheit eines Individuums,** die subjektive, von den Sinnen vermittelte Innenwelt. Hinzu kam, dass erstmals die für die Moderne charakteristische Erfahrung der fortwährenden Stilwechsel und Innovation der Techniken und Themen (und damit der Historizität der Wertmaßstäbe) in der Kunst nachhaltig bewusst wurde. Diese Erkenntnis wurde zunächst als ein **Verlust an überzeitlich gültigen Wertmaßstäben** gedeutet, dann positiv zum Programm einer neuen Literaturkritik gemacht.

Blitzlicht

Für den Wiener Kritiker **Hermann Bahr** sollte der Kritiker ein **Verwandlungskünstler** sein, der sich in jede neue Ästhetik eines Autors einfühlen und sie bejahen sollte: „Die literarische Kritik, wofern sie modern werden will, muss sich an die Bewegung der Schönheit gewöhnen, an ihr Wachstum in unablässig wechselnder Erscheinung, und, um die Ursachen der Richtung zu begreifen, welche diese Bewegung jeweilig nimmt, ihren Zusammenhang mit ihrer Nachbarschaft suchen. Sie muss sich darein finden, dass, was das eine Geschlecht mit Begeisterung, Leidenschaft und Liebe erfüllte, das nächste langweilt und kalt lässt und dass man die Fassung der Trauerspiele wechselt wie den Schnitt der Beinkleider. (...) Sie hat nicht länger den Künstlern zu deklarieren, was ewig schön ist, sondern sie hat aus den Künstlern zu konstatieren, was derzeit schön ist. Sie hat nicht ihnen Lehren zu geben, sondern von ihnen Lehren zu empfangen."[25]

Die wichtigsten ästhetischen Werte der impressionistischen Autoren und Kritiker waren:

- **Leben,**
- **Schönheit,**
- **formal-ästhetische Qualitäten,**

- **Seele/Psychologie,**
- **Verfeinerung/Steigerung des Lebensgefühls** und
- **das Extraordinäre.**

Im Zeichen der sich nach Friedrich Nietzsche (1844–1900) ausbreitenden Lebensphilosophie wurde das „**Leben**" zum höchsten Wert, dem sogar die Kunst untergeordnet war. Hoch im Kurs der Kritik stand bei impressionistischen Kritikern und Autoren wie Hermann Bahr, Alfred Kerr oder Hugo von Hofmannsthal (der in seinen frühen Jahren auch beeindruckende Rezensionen schrieb) das Seltene, Extraordinäre, Feine, aber auch die **Darstellung sexueller, religiöser oder mystischer Grenzerlebnisse**, die Schilderung bewusstseinserweiternder Zustände oder Erlebnisse. Die Grenze zwischen Kunst und Leben galt als überwindbar; die Kunst hatte (unter Berufung auf Nietzsche) im Dienst des **Lebens** zu stehen. Kunst und Literatur waren nicht mehr, wie noch im Naturalismus, politisch-gesellschaftlich engagiert, sondern teils zweckfrei (autonom), teils dienten sie der **Steigerung des individuellen Lebensgefühls** (Wertmaßstab „Lebensbedeutsamkeit").
Im Unterschied zum Naturalismus, dem es zunächst vor allem um neue Inhalte in der Kunst ging, standen in der Literatur und Kritik der Jahrhundertwende die **formal-ästhetischen Qualitäten** von Kunstwerken im Mittelpunkt. Dies bezog sich auf Komposition und sprachliche Qualitäten der Texte, aber auch auf die **Gestaltung der Bücher**: Die Ästhetisierung und Stilisierung der Lebenswelt im Jugendstil führte zu einer Blüte der Buchkunst, der Kritiker wurde zum bibliophilen Genießer. So lobte Oscar Bie, der Herausgeber der *Neuen Rundschau*, 1906 die Bücher des Insel-Verlags als „Ornamente des Schrankes, Hochgefühle für die Hand, Erlesenheiten für den Geist"[26]. Anders als im Naturalismus spielten politisch-ideologische Werte wie „Deutschtum" keine Rolle mehr. Der Impressionismus vertrat ein **kosmopolitisch-europäisches Kunstverständnis**.

Expressionismus (1910–1925)
Unmittelbar vor dem Ersten Weltkrieg formierte sich bereits die nächste junge Autorengeneration. Sie lehnte die Wilhelminische Gesellschaft mit ihren starren Normen und Konventionen ebenso ab wie die Wertmaßstäbe der Impressionisten, die als L'art pour l'art disqualifiziert wurden. Die Kunst hatte wieder eine (heteronome) Aufgabe, nämlich den Menschen wachzurütteln; vom Dichter wurde jetzt **Aktivismus und Engagement** verlangt.

Blitzlicht

Auch die Rolle der Kritikers veränderte sich. Aus dem passiven Verwandlungskünstler und literarischen Feinschmecker des Impressionismus wurde der **unbarmherzige Agitator**: Kurt Pinthus forderte 1917, „dass der Kritiker nicht nur Propagator des geistigen Werks (anderer), sondern vorausstürmender Gebärer, Aufpeitscher, Verkörperer des Geistes selbst zu sein hat. (…) Er züchtigt den säumigen Künstler; wacht, dass der Bürger nicht triumphiere. Er hetzt den Geist aufs Publikum; beunruhigt, quält, reizt, lockt die Menschheit, indem er Wesen und Werk des Menschen zerlegt, prüft und wertet. Seine Aufgabe ist: Aufrüttelung! Aufrütteln zur Vervollkommnung!“[27]

Die wichtigsten ästhetischen Werte der expressionistischen Autoren und Kritiker waren:

- **Wirkungsaspekte (Erschütterung, Überwältigung),**
- **Veränderung, Engagement, Tat, Aktivismus**
- **Geist,**
- **Emotion,**
- **Subjektivismus,**
- **Vitalität, Dynamik,**
- **Bekenntnis/Authentizität,**
- **Anti-Bürgerlichkeit/Unkonventionalität** und
- **Anti-Psychologie.**

Die Expressionisten sahen sich als **Außenseiter der Gesellschaft**. In ihren Werken wollten sie den „Schrei“ der vom Elternhaus oder den bürgerlichen Institutionen (Schule, Militär, Beruf) **unterdrückten „Seele“ des Einzelnen zum Ausdruck bringen**. Ziel der expressionistischen Kunst war es, „**Geist**“ (so ein viel beschworenes Schlagwort), aber auch Gefühl und Intuition wieder in die als geistfeindlich, „tot“, „erstarrt“ oder „unlebendig“ empfundene Gesellschaft zu bringen und im Rezipienten eine Veränderung bzw. „**Wandlung**“ zu bewirken. Kunst sollte daher „erschüttern“, „ergreifen“, „überwältigen“. Das Ziel war die Geburt eines **„neuen Menschen“**, einer „neuen Gemeinschaft“. In expressionistischen Manifesten und Rezensionen wurde immer wieder der wirkungsbezogene Wert der „**Erschütterung**“ oder „Überwältigung“ des Rezipienten bestätigt. So lobte Paul Kraft an den Gedichten Franz Werfels: Werfel „weiß, dass der Dichter die Dinge weder so zeichnen soll, wie sie sind [= Ablehnung des Wertes „Realismus“], noch sie ins ‚Idealistische' übertragen soll, weiß, dass Dichtung und Kunst überhaupt weder niederdrücken müssen noch erheben, sondern, um es auf die kürzeste Formel zu bringen, überwältigen.“[28] Kunst und Literatur sollten aufhören, (wie im Naturalismus) der naturwissenschaftlichen Sachlichkeit und Objektivität zu huldigen, sondern einem radikalen **Subjektivismus** folgen, der dem individuellen Leiden der geschundenen Kreatur authentischen Ausdruck verleiht.

Neue Sachlichkeit (1925–1950)

Das „O-Mensch"-Pathos des Expressionismus, der während und unmittelbar nach dem Ersten Weltkrieg zur dominierenden Literaturströmung aufgestiegen war, verbrauchte sich schnell; die Appelle zur Veränderung und inneren Wandlung erstarrten für die zeitgenössische Kritik zu Phrasen und Klischees. Abgelöst wurde der Expressionismus in den 1920er Jahren von der **Neuen Sachlichkeit**, die in vielem wieder am Programm des Naturalismus anknüpfte. Auf den Gefühlssturm folgte die Ernüchterung, auf individuell-subjektivem Ausdruck wieder der „objektive" Blick auf die gesellschaftliche Realität.

Blitzlicht

Der Prager Journalist Egon Erwin Kisch formulierte 1925 das Credo der neuen Richtung: „Nichts ist verblüffender als die einfache Wahrheit, nichts ist exotischer als unsere Umwelt, nichts ist fantasievoller als die Sachlichkeit. / Und nichts Sensationelleres gibt es in der Welt, als die Zeit, in der man lebt."[29]

Die wichtigsten ästhetischen Werte der Autoren und Kritiker der neuen Sachlichkeit waren:

- **Sachlichkeit/Nüchternheit,**
- **Objektivität,**
- **Realismus,**
- **Aktualität,**
- **Nützlichkeit,**
- **Zeit- bzw. Gegenwartsnähe** und
- **Gesellschaftskritik.**

Die Literatur wurde mit heteronomen Wertmaßstäben bewertet: Literatur sollte sich durch ihren **Gebrauchswert** auszeichnen und **aktuelle Themen** aufgreifen und dabei Stellung beziehen. Autoren wollten keine zeitlose Kunst schaffen, sondern schrieben **Tendenz- oder Zeitstücke** oder **Zeitgedichte,** die gleichsam mit einem Verfallsdatum versehen waren. Solche aktuellen Themen waren etwa die Abtreibungsproblematik, die zunehmende Technisierung und Industrialisierung der Lebenswelt, Klassenkämpfe oder die politischen Spannungen der Weimarer Republik. Die Literatur sollte den Leser oder das Theaterpublikum zum Umdenken, Handeln oder Protestieren bewegen. Befriedigt stellte Erich Kästner 1929 aufgrund der durch die Aufführung von Friedrich Wolfs Stück *Cyankali. § 218* ausgelösten Zuschauerreaktionen und Diskussionen über den Abtreibungsparagrafen 218 in seiner Rezension fest: „Das Theater vermag es also, die Gesetzgebung und die innere Politik zu beeinflussen! Es gibt also Beispiele, dass die Literatur ins Leben und seine staatliche Organisation bessernd eingreift."[30]

1.4 Sprachliche Form und rhetorische Mittel[31]

Literaturkritiker können sich unterschiedlicher sprachlicher Mittel bei der Wertung von Literatur bedienen. Im Folgenden sollen einige wichtige dieser Formen und Mittel erläutert werden (▶ vgl. auch Kap. 2.2.2).

- **subjekt- und objektbezogene Argumentationen**
  Bei der Analyse von Werturteilen ist die Unterscheidung zwischen subjekt- und objektbezogener Argumentation nützlich.[32] Kritiker berufen sich häufig, wenn sie ihre Werturteile begründen, explizit oder implizit entweder auf Wirkungen, die ein Text bei ihnen auslöst, oder auf Eigenschaften des Textes.
  Ein Beispiel für eine subjektbezogene Argumentation wäre: „Der Roman ist gut, weil er spannend ist." Der Maßstab, auf den man sich hier beruft, Spannung, ist ein Gefühl, eine Wirkung, die das Lesen des Textes beim Kritiker ausgelöst haben soll. Subjektbezogene Argumentation war, wie oben gesehen, z. B. im Expressionismus dominant, weil es dort als Ziel von Literatur angesehen wurde, den Leser zu „überwältigen", „zu erschüttern", also möglichst große emotionale Wirkungen zu erzielen. Subjektbezogene Argumentation hat ihren Ursprung in der Ästhetik Kants, der in seiner *Kritik der Urteilskraft* (1790) den Kunstbetrachter zur Basis eines ästhetischen Urteils machte. Nach Kant ist das Gefühl der Lust oder Unlust bei der Rezeption für das Werturteil entscheidend.
  Eine objektbezogene Argumentation könnte so aussehen: „Der Roman ist gut, weil er eine abwechslungsreiche Handlung besitzt." Hier wird das positive Werturteil damit begründet, dass man bestimmte inhaltliche oder formale Merkmale im Text aufzeigt. Damit diese Wertung akzeptiert wird, ist es nötig, dass der Leser diese Merkmale ebenfalls für wichtige Werte hält und dass er sie ebenfalls im Text entdecken kann.
  In anspruchsvolleren Argumentationen werden diese beiden Möglichkeiten kombiniert: „Der Roman ist gut, weil er aufgrund seiner abwechslungsreichen Handlung und den vielen überraschenden Wendungen im Leser ein Gefühl von Spannung erzeugt."

  Beispiel aus den Beispieltexten in Teil 3:
  „Diese erschreckliche Virtuosität der Wirklichkeitsnachbildung in winzigen Ausschnitten, nur am Tragisch-Banalen geübt, macht den Leser auf die Dauer ganz nervös." (▶ s. Text 3.2.1, S. 115 f., Z. 10–12) Der Satz kombiniert objekt- und subjektbezogene Argumentation, Eigenschaften des Textes (Realitätsdarstellung in Ausschnitten) begründen die Wirkung (Nervosität beim Leser). Erst der Kontext zeigt übrigens, dass es sich hier um eine positive Wertung handelt, da der Kritiker den Wertmaßstab „Krankheit" positiv verwendet.

- **implizite Wertung: wertende Verwendung an sich beschreibender Ausdrücke**
  Bei der impliziten Wertung wird die Wertung mittels eines zunächst nur beschreibenden Ausdrucks vollzogen. Ein Beispiel dafür ist: „Dieser Roman ist spannend." Handelt es sich dabei um einen positiven Wert des Kritikers, vollzieht er mit dieser Beschreibung zugleich eine positive Wertung (▶ vgl. Kap. 1.2.1).

  Beispiel aus Beispieltexten in Teil 3:
  „Der vorliegende Text vermeidet jede Konkretion. Weder von Stasi ist die Rede noch von Berlin. Terror findet statt." (▶ s. Text 3.2.3, S. 128–131, Z. 51 f.) Für sich genommen, handelt es sich bei dieser Äußerung zunächst um eine neutrale Beschreibung. Im Kontext wird jedoch deutlich, dass der Kritiker wertet, und zwar negativ, da es gerade die fehlende Konkretion ist, die dem besprochenen Buch vorgeworfen wird (positiver Wertmaßstab „Eindeutigkeit" bzw. negativer Wertmaßstab „Vieldeutigkeit").

- **explizite Wertung: Verwendung eindeutig wertender Ausdrücke**
  Bei der explizite Wertung werden „echte", eindeutig wertende Ausdrücke verwendet. Ein Beispiel dafür ist: „Der Roman ist ein Meisterwerk!". Echte positive Wertausdrücke sind z. B.: „gelungen", „geglückt", „bezaubernd", „raffiniert", „verblüffend", „virtuos", „fulminant", „exzellent", „genial", „großartig", „überwältigend", „unübertroffen", „Glanzstück", „Kunststück" usw. Echte negative Wertausdrücke sind z. B.: „missraten", „missglückt", „schlecht", „desaströs" usw.

  Beispiel aus den Beispieltexten in Teil 3:
  „dieser versteinerte Kitsch" (▶ s. Text 3.2.4, S. 138–140, Z. 73 f.)

- **quantifizierende Vergleiche**
  Quantifizierende Vergleiche tun so, als ließe sich ästhetische Qualität gleichsam in Zahlen messen, als sei Goethes *Faust* doppelt so gut wie Schillers *Räuber* oder als ließen sich zum Beispiel alle Neuerscheinungen aufgrund ihrer jeweils erreichten Punkte in einer Rangliste hierarchisieren. In Rezensionen heißt es dann: „der beste Roman der Saison", „die schwächste Erzählung der Anthologie", „die gelungenste Aufführung des Jahres" – obwohl sehr zweifelhaft, ob der Kritiker tatsächlich alle Bücher der Saison gelesen oder alle Aufführungen des Jahres gesehen hat.

- **Wortwahl**
  Implizite literarische Wertung wird häufig durch die **Wortwahl** vollzogen. Für den Ausdruck eines bestimmten Sachverhalts stehen häufig mehrere Begriffe (**Synonyme**[33]) zur Verfügung, die jedoch **positiv oder negativ kon-**

notiert[34] sein können. Ein Beispiel: Ein Kritiker rezensiert einen 1000-Seiten-Roman. Für das neutral-beschreibende „umfangreicher Roman" stehen verschiedene Synonyme zur Verfügung:

negativ konnotiert (pejorativ, abwertend)	**positiv konnotiert**
„Wälzer"	„Schmöker"
„Schinken"	„Epos"
„Schwarte"	„Monumentalroman"

Der Kritiker wird jenes Synonym wählen, das seinem Gesamturteil entspricht, also im Fall einer lobenden Rezension eher von einem „Schmöker", im Fall eines Verrisses eher von einer „Schwarte" sprechen. An dieser Stelle wird wieder das **Wechselspiel zwischen Beschreibung und Bewertung** deutlich: Alle Synonyme dieses Beispiels beschreiben den gleichen Sachverhalt (umfangreiches Buch), aber aufgrund ihrer je unterschiedlichen Konnotationen bewerten sie ihn zugleich.

Beispiel aus den Beispieltexten in Teil 3:
„Unbegreiflich aber bleibt, dass sie jetzt, zehn Jahre danach, ein solches Getöse um traurige Geläufigkeiten veranstaltet." (▶ s. Text 3.2.3, S. 128–131, Z. 79 f.) In dem besprochenen Buch geht es um die Überwachung und Bespitzelung einer Ich-Erzählerin in der DDR, um das Eindringen der Staatsmacht in Alltag, Privatleben und Bewusstsein. Der Kritiker hätte dies auch als „Ungeheuerlichkeiten" oder als „Skandal" bezeichnen können, wodurch die Relevanz des Stoffes unterstrichen worden wäre. Indem er diesen Stoff jedoch als „traurige Geläufigkeiten" charakterisiert, bewertet er ihn negativ. Zum Ausdruck kommt so, dass dieser Stoff gerade nichts Neues biete und eigentlich gar nicht mehr wert sei, sich damit noch literarisch auseinanderzusetzen.

- **Ironie**
  Implizite Wertung durch Ironie liegt vor, wenn jemand sagt: „Auch dieses Werk hat einer jener genialen jungen Dichter verfasst." Auf den ersten Blick handelt es sich um eine explizite positive Wertung („genial"); in bestimmten Kontexten kann der Satz aber ironisch gemeint sein und implizit das Gegenteil ausdrücken wollen (dass sich der Autor vielleicht für genial hält, es aber nicht ist). Hier gilt es, auf mögliche Ironie-Signale zu achten (in diesem Beispiel „jener" sowie die heute nur noch selten gebrauchte Bezeichnung „Dichter").

Beispiel aus den Beispieltexten in Teil 3:
„Ach ja, diese anmutige Melancholie Christa Wolfs, diese zarte Entsagung!" (▶ s. Text 3.2.3, S. 130, Z. 88) Hier dient das „Ach ja" als deutliches Signal dafür, dass das Folgende nur ironisch gemeint ist und keinesfalls als Lob.

- **Wertung durch Vergleich**
  Häufig werten Kritiker implizit, indem sie positive oder negative Eigenschaften aus einem anderen Bedeutungsbereich auf einen Text übertragen. Das geschieht meist in Form einer Metapher oder eines Vergleichs: „Kafka lesen ist wie der einsame Gang durch ein finsteres Labyrinth." Ob ein solcher Vergleich positiv oder negativ gemeint ist, ist dabei oft wiederum nur aus dem Kontext zu erschließen. Das Schema ist allerdings das Gleiche: Man vergleicht ein für sich neutrales Objekt A (den Text) mit einem positiv oder negativ konnotierten Objekt B, und der Vergleich führt dazu, dass man die entsprechenden positiven oder negativen Eigenschaften auf das neutrale Objekt überträgt.

Blitzlicht

„Liebigs Fleischextrakt. Man kann es nicht essen. Aber es werden noch viele Suppen damit zubereitet werden."[35] Mit diesem Vergleich beschließt **Kurt Tucholsky** seine Rezension über den 1927 erstmals auf Deutsch erschienenen **Roman *Ulysses*** des Iren James Joyce. Der Fleischextrakt von Justus von Liebig war eine seinerzeit populäre (und revolutionäre) Würzmischung für Speisen und Suppen (wie heute von Knorr oder Maggi). Mit seinem Vergleich gelingt es Tucholsky, neben Alfred Kerr vielleicht der größte Sprachkünstler in der Geschichte der deutschen Literaturkritik, ein differenziertes Urteil **sprachlich prägnant und sinnlich anschaulich** zu vermitteln. Will man es übersetzen, würde es etwa lauten: „Der Roman von James Joyce ist zwar unlesbar. Aber seine Machart ist so revolutionär, dass er die Tür für viele neue Werke aufstoßen wird." (Es kommen hier also gleich zwei – positive – Wertmaßstäbe ins Spiel, Unterhaltung und Innovation, von denen nur der zweite erfüllt ist.)

- **Wertung durch Gleichsetzung**
  Man parallelisiert einen Text mit einem anderen literarischen Text, der eindeutig als positiv oder negativ ausgewiesenen ist: „Der neue Roman Wolfgang Hilbigs könnte von Kafka stammen." Die Parallelisierung setzt voraus, dass darüber Einigkeit besteht, dass Kafka ein großer Autor ist. Wer Kafka nicht ausstehen kann, wird Hilbigs Roman nach dieser Parallelisierung kaum lesen wollen.

- **Wertung durch Kontrast**
  Beispiel: „*Schlafes Bruder* war ja ein großer Wurf, heute schreibt Robert Schneider Romane wie *Kristus*." Damit ist klar, dass der neue Roman abgewertet wird. Bei diesem Vorgehen wird einem zunächst neutralen Gegenstand (*Kristus*) ein eindeutig bewertetes (hier: positives) Objekt *(Schlafes Bruder)* entgegengesetzt. Anders als bei der Parallelisierung oder dem Herantragen wird hier aber keine Gemeinsamkeit, sondern ein Gegensatz behauptet.

  Beispiel aus den Beispieltexten in Teil 3:
  „[Heinrich] Mann war in der *Jagd nach Liebe* der größte Techniker von Deutschland (...). Überall wurden ihm junge Herren, die das Knie ihrer Geliebten in Florentiner Hügeln sahen, nachgeschrieben. / Aber dieser *Untertan* ist nicht mehr für sich selbst da." (▶ s. Text 3.2.2, S. 122, Z. 15–19) Hier wird der neue Roman (*Der Untertan)* gegenüber dem früheren aufgewertet. Während das frühere Werk sich vor allem durch seine ästhetisch-technischen Finessen ausgezeichnet habe, reiche die Bedeutung des neuen Romans nach Ansicht des Kritikers über die Kunst hinaus.

- **Wertungen mit Hilfe von Topoi, Redensarten und Sprichwörtern**
  Beispiel „Durs Grünbein ist ein Dichter, der stets in harter Münze zahlt." „Harte Münze" ist eine positiv konnotierte Metapher im Sinne von „echt", „wahrhaftig", „durch und durch wertvoll", „authentisch". Anderes Beispiel: „Die Charaktere in Bölls Romanen sind aus einem groben Holz geschnitzt." Der Kritiker greift hier eine Redensart auf, die eher negativ konnotiert ist.

  Beispiel aus den Beispieltexten in Teil 3:
  „Groß-Strifflers Schreiben hat die Konstanz eines Chamäleons." (▶ s. Text 3.2.4, S. 139, Z. 55 f.) Das sprichwörtliche Chamäleon dient hier der Kritikerin dazu, die Beliebigkeit und Substanzlosigkeit dessen, was die rezensierte Autorin veröffentlicht, auf den Punkt zu bringen.

- **Wertungen durch Kontextualisieren und Symptomatisieren**[36]
  Beide Techniken sind Formen der Interpretation, die eine Grundlage für die Wertung schaffen kann oder selbst bereits wertet. Wenn ein Kritiker **kontextualisiert,** schlägt er eine mögliche Deutung vor, indem er das besprochene Buch (oder Teile der Handlung, eine Figur usw.) mit Sachverhalten außerhalb des Buches verbindet (es in einen oder mehrere Kontexte stellt), zum Beispiel mit anderen Werken anderer Autoren oder mit gesellschaftlichen, kulturellen oder zeitgeschichtlichen Phänomenen. Oft geht damit eine **Symptomatisierung** einher: In diesem Fall wird das besprochene Buch zum Zeichen (Symptom) für etwas Allgemeines, für (positiv

oder negativ bewertete) Trends oder Entwicklungen. Das rezensierte Buch wird durch Zuspitzung (Pointierung) gleichsam „auf den Punkt" gebracht, seine Einschätzung zu einer handhabbaren, schlagwortartigen Formel komprimiert. Solche wertenden Einordnungen finden sich z. B. in Thomas Medicus' Besprechung von Günter Grass' Novelle *Im Krebsgang* (2002):

> „Schließlich wird man diese Novelle auch als Symptom einer allgemeineren Entwicklung zu begreifen haben. Längst ist ja die Erinnerung an den Holocaust Bestandteil eines globalen ‚kosmopolitischen Gedächtnisses'. In dem Maße, in dem der Holocaust entnationalisiert, entortet und entkontextualisiert einem Menschheitsgedächtnis einverleibt wurde, stiegen zwangsläufig die Chancen für die Erinnerung an jene verdrängten Kapitel deutscher Geschichte wie die von Flucht und Vertreibung 1945. / Nicht nur die Verortung sowie Rekontextualisierung *dieser* Geschichte hat der gebürtige Danziger Grass jetzt vorgenommen, sondern ironischerweise auch deren Nationalisierung. An die Vertreibungsgeschichte des deutschen Ostens dürfen wir uns – zumindest symbolisch, im Medium der Literatur – nun alle, einschließlich der postnationalen Linken herantrauen. Gut möglich, dass Grass' *Krebsgang* sogar das letzte Kapitel deutscher Vergangenheitsbewältigung überhaupt darstellt."[37]

Die Deutung, dass Grass' Novelle dazu beiträgt, die Erinnerung an den Holocaust gleichsam zu einem Teil des Menschheitsgedächtnisses zu globalisieren und das Buch so den Endpunkt der Auseinandersetzung mit der deutschen NS-Vergangenheit darstellt, lässt auf eine implizite, vorsichtig negative Bewertung des Rezensenten schließen, da in ihr Skepsis und Vorbehalte mitschwingen.

Günter Grass (geb. 1927) zählt zu den bedeutendsten deutschen Gegenwartsautoren. Bekannt wurde er 1959 mit dem Roman *Die Blechtrommel*, weitere Werke sind u. a. *Katz und Maus* (1961), *Das Treffen in Telgte* (1979) und *Ein weites Feld* (1995). Zuletzt erschien von ihm die viel diskutierte Autobiografie *Beim Häuten der Zwiebel* (2006). 1999 erhielt Grass den Literaturnobelpreis.

Beispiele aus den Beispieltexten in Teil 3:

Kontextualisierung: „Ein kleines Kapitel aus der langen Geschichte ‚Deutsche Dichter und die Macht'". (▶ s. Text 3.2.3, S. 131, Z. 118 f.): Der Kritiker ordnet das besprochene Buch in einen übergeordneten Kontext ein, nämlich das meist eher unrühmliche Verhältnis deutscher Autoren zu Staat und Macht.

Symptomatisierung: „Das Phänomen Kathrin Groß-Striffler konnte nur in einer Umgebung entstehen, die sich indifferent gegenüber dem fundamentalen Unterschied zwischen poetischer und abgenutzter Sprache zeigt." (▶ s. Text 3.2.4, S. 140, Z. 75–78) Das Werk der besprochene Autorin dient der Kritikerin hier als Symptom für ein grundlegendes Problem der Gegenwartsliteratur bzw. -kultur.

- **Wertung durch Etikettierung oder Klassifizierung**
  Dieses Mittel ähnelt dem Symptomatisieren. Kritiker prägen gerne zugespitzte, prägnante Schlagworte oder Etikettierungen. Damit wollen sie ihre Gegenstände pointiert einordnen, aber auch Aufmerksamkeit bei den Lesern erzeugen. Solche Slogans können positiv den Wert einer Marke erhalten, aber auch negativ der Polemik dienen. Beispiele wären „Wenderoman" oder „Popliteratur". Der *Spiegel*-Kritiker Volker Hage prägte 1999 das Wort vom „literarischen Fräuleinwunder", nachdem damals einige Bücher von jungen Autorinnen erschienen waren; ein Etikett, das in der Folge von vielen anderen Kritikern aufgegriffen wurde. [38]

  Beispiel aus den Beispieltexten in Teil 3:
  „Sie [Christa Wolf] ist die Malerin des Idylls." (▶ s. Text 3.2.3, S. 130, Z. 97) Das vom Kritiker geprägte Etikett „Malerin des Idylls" dient hier der Abwertung.

- **Argumentum ad hominem (lat. auf den Menschen gerichteter Beweis)**
  Dieses rhetorische Mittel wertet ein Werk, indem sein Schöpfer, der Autor, bewertet wird. Wer z. B. die moralische Integrität eines Autors in Frage stellt (etwa durch Verweis auf seinen politischen oder privaten Lebenslauf), macht meist zugleich deutlich, dass aus diesem Grund auch das literarische Werk zweifelhaft ist. Ein Wertmaßstab, der hier häufig eine Rolle spielt, ist der der „Authentizität".

  Beispiel aus den Beispieltexten in Teil 3:
  „Es ist ja nicht so, dass es keine deutschen Schriftstellerinnen gäbe, die so gut schreiben könnten die Christa Wolf. Mir fallen Katja Behrens oder Keto von Waberer ein, vergleichsweise unbekannt natürlich, denn ihnen fehlt die real existierende Bedrohlichkeit, die Christa Wolf ebenso virtuos wie verlogen literarisch immerzu verwertet hat." (▶ s. Text 3.2.3, S. 131, Z. 110–114) Der Kritiker spricht hier wie auch an anderen Stellen seiner Rezension der Autorin Christa Wolf die (moralische) Glaubwürdigkeit ab („verlogen"), um auf diese Weise das besprochene Buch abzuwerten.

- **Wertungen durch die Art der Inhaltszusammenfassung**
  Den Inhalt des besprochenen Buches zu skizzieren gehört zu den Standardbestandteilen einer Rezension, schließlich will der Leser wissen, worum es in dem neuen Buch geht (▶ vgl. Kap. 2.2.2). Kritiker können diesen Teil

eher neutral (deskriptiv) halten oder bereits hier aufgrund der Art der Zusammenfassung, ihrer Auswahl und Perspektivierung werten oder für die folgende explizite Wertung die Grundlage schaffen. Gänzlich neutral und objektiv sind Zusammenfassungen übrigens nie, weil in sie immer ein Stück Interpretation und Perspektive einfließt.[39]

Beispiel aus den Beispieltexten in Teil 3:
„Aber auch der Erzähler Nikolas, fünfzehn und hochbegabt (daher sein Talent zum Dichten), verliebt sich in die Schwägerin, die im Lauf der Ehe nicht nur ‚weicher und fraulicher', sondern auch immer unglücklicher wird... und so weiter und so weiter." (▶ s. Text 3.2.4, S. 139, Z. 21–24) Das „und so weiter und so weiter" am Ende der Inhaltszusammenfassung hat polemische Funktion und soll sagen: Es lohnt sich gar nicht, noch weiter den Inhalt zu referieren, man kennt solche Plots ja zur Genüge.

Blitzlicht

Ein Meister der wertenden Inhaltszusammenfassung war der österreichische Romancier **Robert Musil** (1880–1942, Autor des Romans *Der Mann ohne Eigenschaften*), der in den 1920er Jahren Wiener Theateraufführungen besprach. In seinen polemischen Verrissen hatte die Inhaltswiedergabe vor allem eine **entlarvende Funktion**. Die Zweifelhaftigkeit des Stückes sollte dem Leser allein durch die unkommentierte Wiedergabe des Inhalts ins Auge springen, wobei eine simplifizierende Sprache die Banalität und Schablonenhaftigkeit des Inhalts „angemessen" wiedergab und zugleich satirisch demontierte. Ein Beispiel: Zu Ernst Lothars Stück *Ich* (1922) schrieb Musil:

„Ich will nur den Anfang und das Ende erzählen. / Vater in Kontor. Junger Mensch stürzt herein, hält Hand Tochter an. Vater weigert. Weltanschauungsschwert klirrt an Weltanschauungsschild, aber kurz und gut, er bekommt sie schließlich deshalb nicht, weil reicher Vater vor dem Bankrott steht und sanierenden Schwiegersohn braucht. Tochter verabscheut diesen, aber opfert sich Autorität und Kindesliebe. Weltanschauungsschwert zerbricht an -schild. So der Anfang. / Ein halbes Jahr später ist sie in einem französischen Badeort verwitwet, und die Eltern werden zur Leiche erwartet. Junger Mensch stürzt herein; halbes Jahr lang vor Toren, vor erleuchteten Fenstern gewartet, Schatten gesehn, auch Doppelschatten, Fürchterlichstes gesehn in Badekostüm: Gatte Abschiedskuss empfangen vor Hinausschwimmen zum Pier und Versicherung, dass nun nicht länger Weigerung ... (Gatte ist nämlich ertrunken.) / Ja, aber weißt du, warum?! See ging hoch, er schlechter Schwimmer, weit zur Spitze des Piers: ich habe ihn mit Absicht zum Unmöglichen verleitet, ich habe ihn getötet, ich, ich, ich! – Falsch gerechnet, erwidert junger Mann, ich bin ihm unter dem Wasser nachgeschwommen, habe ihn hinuntergezogen und erwürgt! Dieses Geständnis wird von einem Kriminalkommissär abgehorcht, den der Dichter im Einvernehmen mit jungem Mensch hinter der Tür postiert; denn junger Mensch ist schon verhaftet, hat keine Hoffnung auf Liebe (siehe Kuss in Badekostüm) und will mit dem Geständnis ein letztes Beisammensein erkaufen. Nun aber sieht er, – oh, oh, zu spät! Bleibt nur noch Abrechnung der Tochter mit Eltern. So war das Ende."[40]

1.5 Zensur, Kanon, Literaturgeschichtsschreibung

In den USA kommt es immer häufiger vor, dass besorgte Eltern und selbst ernannte Tugendwächter (häufig mit christlich-fundamentalistischem Hintergrund) dafür sorgen, dass an Schulen und Bibliotheken Bücher aus den Regalen entfernt werden, denen aufgrund ihrer Inhalte oder einer „anstößigen" Sprache ein schlechter Einfluss auf Kinder und Jugendliche unterstellt wird. Neben Klassikern wie *Der Fänger im Roggen, Huckleberry Finn* oder *Herr der Fliegen* gehört dazu auch *Harry Potter* – weil er von guten Zauberern und Hexen handelt und von Kindern, die die Anweisungen von Autoritätspersonen missachten.[41] Sofern Schulen und Bibliotheken solchen Forderungen nachgeben müssen (weil sie sonst mit Protesten, politischem Druck oder Prozessen zu rechnen haben), kann hier von **Zensur** gesprochen werden.

Die **Zensur** (lat. *censere*, beurteilen) ist eine extreme Form (meist nonverbaler) literarischer Wertung durch den Staat oder durch nichtstaatliche Institutionen, deren Ziel es ist, den Buchmarkt zu kontrollieren und das Erscheinen bzw. die Lektüre unerwünschter Texte zu verhindern. Dazu wird die Buchproduktion laufend von Zensoren anhand von **Prüfungsmaßstäben** und mit **Sanktionsmöglichkeiten** überwacht.

Man unterscheidet zwischen Vorzensur und Nachzensur.

- **Vorzensur**: will das Erscheinen unliebsamer Texte verhindern (durch Publikationsverbote, Indizierungen, Textschwärzungen)
- **Nachzensur**: will die Lektüre unliebsamer Texte verhindern (durch Vernichtung der Bücher, Verkaufs- oder Leseverbote)

Anders als in der Weimarer Republik, im „Dritten Reich" oder in der DDR findet in der Bundesrepublik Deutschland laut Grundgesetz § 5,1 eine Zensur nicht statt. Jeder hat das Recht, sich ungehindert zu informieren, seine Meinung zu äußern und zu veröffentlichen (**Meinungs-, Presse- und Kunstfreiheit**). Dies bezieht sich jedoch primär auf die Vorzensur. Dagegen kommt es durchaus mitunter zu Fällen von Nachzensur, etwa bei verfassungsfeindlicher (z. B. rechts- oder linksextremer) Literatur. Aber auch die Persönlichkeitsrechte

setzen der Kunstfreiheit Grenzen: In jüngerer Zeit mussten die Romane *Esra* (2003) von Maxim Biller und *Meere* (2003) von Alban Nikolai Herbst aufgrund zivilrechtlicher Unterlassungsklagen aus dem Handel genommen werden. Ehemalige Lebensgefährtinnen der Autoren erkannten sich in den literarischen Texten, die intimste Details der Beziehungen schilderten, wieder, sahen ihre Persönlichkeitsrechte verletzt und erwirkten vor Gericht, dass die Werke nicht weiter veröffentlicht werden durften. Das Verbot des Romans *Esra* wurde im Oktober 2007 sogar vom Bundesverfassungsgericht bestätigt.[42]
Verbotslisten von Büchern, die staatlichen oder religiösen Institutionen unerwünscht sind, erzeugen freilich regelmäßig den gegenteiligen Effekt und machen auf diese Titel erst recht neugierig. Auch der berühmt-berüchtigte *Index Librorum Prohibitorum* der katholischen Kirche, der bis zu seiner Abschaffung 1966 jedem Katholiken bei Strafe der Exkommunikation die Lektüre von zuletzt 6000 Büchern untersagte, wurde von vielen Lesern als Liste besonders interessanter Bücher studiert, mithin zu einem Kanon umfunktioniert.

info

Ein **Kanon** (lat. Richtschnur, Leitfaden) ist eine Auswahl der aufgrund ihrer Qualität allgemein anerkannten, überzeitlich gültigen, mustergültigen Autoren bzw. von Texten, deren zeitlos gültige ästhetische Qualität behauptet wird.[43]

Die literarische Wertung findet hier primär durch Auswahl (**Selektion**) statt. Die Funktion eines Kanons besteht darin, dass er für

- **Komplexitätsreduktion** (Vereinfachung),
- **Orientierung** in der unüberschaubaren Menge an Literatur sowie für
- **Identitätsstiftung durch Traditionsbildung** sorgt.

In einem Kanon spiegeln sich häufig die Normen und Werte einer Gruppe wider, die die Macht hat, bestimmte Deutungen festzusetzen. Sofern ein Kanon als Maßstab oder Filter dient, um neu erschienene Texte zuzulassen oder auszuschließen, kann er als ein Machtinstrument missbraucht werden. Die Problematik eines Kanons liegt gerade in der Ausschließung von bestimmten Autoren aus dem kulturellen Gedächtnis. So fielen in der Literaturgeschichte häufig die Werke weiblicher, jüdischer oder farbiger Autoren dem „Vergessen" anheim. Für solche Kanonisierungs- und **Ausschließungsprozesse** waren und sind vor allem Literaturkritik und Literaturwissenschaft verantwortlich. Die diesen Ausschließungsprozeduren zugrunde liegenden Wertmaßstäbe, in denen sich oft die **Vorlieben und Wertschätzungen einer bestimmten (in der Regel herrschenden, kulturell dominierenden) gesellschaftlichen Gruppe oder Schicht** widerspiegeln, werden erst seit jüngerer Zeit von der Literaturwissenschaft untersucht. Der Kanon des Bildungsbürgertums im 19. Jahrhundert beispielsweise war in hohem Maße vom Bedürfnis nach nationaler

Identitätsbildung geprägt. Mit einseitig interpretierten Autoren wie Goethe und Schiller an der Spitze, stellte der Kanon den „heiligen Bildungsschatz" der deutschen „Kulturnation" dar.
Heute ist ein (einzelner) Kanon im traditionellen Sinn nicht mehr festzustellen, dazu ist die **Gesellschaft der Gegenwart** zu vielfältig (pluralistisch) geworden. Ein Blick in eine Buchhandlung genügt, um zu sehen, wie viele verschiedene Strömungen, Vorlieben, Richtungen und literarische Bedürfnisse der Buchmarkt mit seinen Angeboten inzwischen zu befriedigen versucht. Ein einzelner Kanon wäre auch nicht durchsetzbar, weil niemand mehr die Deutungshoheit allein für sich beanspruchen könnte. Einige Gruppen erstellten zwischenzeitlich **Gegenkanones,** z. B. von Texten weiblicher Autoren. Heute wird bereits die Möglichkeit eines Kanons bestritten, sein Fehlen wird sowohl bedauert als auch begrüßt (**Kanon-Debatte**). Kanonisierungsversuche sind gleichwohl weiterhin festzustellen, da die Unüberschaubarkeit und Vielfältigkeit der Gegenwartsliteratur das **Bedürfnis nach Orientierung und vermeintlich sicheren Werten** neu entstehen lässt. Auch die Lektürelisten für den Schulunterricht stellen Kanones dar, ebenso Lektürelisten für die Universität wie das von dem Germanisten Wulf Segebrecht herausgegebene Bändchen *Was Germanisten lesen sollen* (Berlin, 3. neu bearb. u. erw. Aufl. 2006).[44] Der Literaturkritiker Marcel Reich-Ranicki hat zwischen 2002 und 2006 im Suhrkamp Verlag eine Sammlung von Werken herausgegeben mit dem Anspruch, einen neuen Kanon zu etablieren (www.derkanon.de).

„Meine persönliche Empfehlung – lesen Sie, was Sie wollen!" (Sigrid Löffler)[45]

Blitzlicht

Was zum Kanon gesagt wurde, gilt weitgehend auch für **Literaturgeschichten**, die ebenfalls mittels Auswahl und Gewichtung literarisch werten. Literaturgeschichten sind bis heute wichtig als einführende Überblicke, Orientierungshilfe und Lektüreanregung, dienten jedoch in der Vergangenheit wie Kanones häufig der nationalen Identitätsbildung. Beispiele dafür sind Gottfried Gervinus *Geschichte der poetischen National-Litteratur der Deutschen* (1835–1842) oder Josef Nadlers *Literaturgeschichte der deutschen Stämme und Landschaften* (1912–1928). Häufig bestimmte die Vorstellung, die Geschichte vollende sich in der jeweiligen Gegenwart, Aufbau und Wertung der jeweiligen literarhistorischen Konstruktion. In heutigen Literaturgeschichten findet selten explizite Wertung statt, außerdem werden sozialgeschichtlicher Faktoren und die Wechselwirkung zwischen Literatur und Geschichte ebenso berücksichtigt wie zunehmend die Literatur von Frauen und ethnischen Minderheiten.

Blitzlicht

Bestimmend für viele Literaturgeschichtsschreibungen war lange Zeit der Gegensatz zwischen der **Hochliteratur** der Eliten (des Bildungsbürgertums) und der vom breiten Publikum konsumierten **Trivialliteratur**. Seit den 1960er Jahren kam es im Zuge der Diskussion um die Postmoderne zunehmend zu einer Aufwertung der Massenkultur. Heute gelten beispielsweise auch Comics als „kunstfähig" und werden in Museen ausgestellt; besonders erfolgreiche Genreautoren wie der auf Horror abonnierte US-amerikanische Autor Stephen King werden heute zumindest gelegentlich auch in der *ZEIT* oder der *FAZ* neben Literaturnobelpreisträgern besprochen.

2. Literaturkritik

2.1 Was ist Kritik und wozu wird kritisiert

Man kann den Begriff „Literaturkritik" weit oder eng bestimmen. Eine weite Bestimmung findet sich im *Reallexikon der deutschen Literaturwissenschaft*:

> „Literaturkritik ist jede Art kommentierende, urteilende, denunzierende, werbende, auch klassifizierend-orientierende Äußerung über Literatur, d. h., was jeweils als ‚Literatur' gilt."[46]

Literaturkritik wäre dann zum Beispiel:

- eine Besprechung des neuen Romans von Paul Auster in der Zeitung,
- das, was mir mein Brieffreund aus New York über diesen Roman schreibt,
- die Meinung eines Klassenkameraden,
- mein Kauf des Romans in der Buchhandlung,
- das, was ich mir in meinem „Bücher-Tagebuch" nach der Lektüre der ersten 50 Seiten notiere,
- die Tatsache, dass ich das Buch kurz darauf gelangweilt weglege.

Mit anderen Worten: „Literaturkritik" wäre dann nichts anderes als „Literarische Wertung". Daher wird der **Begriff Literaturkritik** üblicherweise enger gefasst:

> „‚Literaturkritik' meint heute in der deutschsprachigen Kultur meist die informierende, interpretierende und wertende Auseinandersetzung mit vorrangig neu erschienener Literatur und zeitgenössischen Autoren in den Massenmedien."[47]

Was die „echte", d. h. professionelle Literaturkritik demnach von privaten Gesprächen und Urteilen über Bücher und Autoren unterscheidet, ist zunächst, dass sie **öffentlich** stattfindet, also **von einem Medium veröffentlicht wird**. Medien, das sind Zeitungen und Zeitschriften, der Rundfunk und das Fernsehen sowie das Internet (▶ vgl. Kap. 2.3.4).

Der deutsche Wortgebrauch unterscheidet sich etwas von dem in anderen Ländern. In den angelsächsischen Ländern oder in Frankreich bedeuten ***literary criticism*** bzw. ***critique litteraire*** nicht nur (wie im deutschsprachigen Raum) die in den Massenmedien veröffentlichte Auseinandersetzung mit Literatur, sondern ebenso die wissenschaftliche Beschäftigung mit Literatur an der Universität. Im deutschsprachigen Raum dagegen werden Literaturkritik und -wissenschaft begrifflich stärker unterschieden.

Info

Die zitierte Definition weist bereits darauf hin, dass der Institution der Literaturkritik **verschiedene Funktionen** zukommen; genannt werden Informieren, Interpretieren und Werten. Diese Funktionen sind die Aufgaben der Kritik innerhalb des Literatur- und Kulturbetriebs. Aus Sicht von Kultur und Gesellschaft gibt es einen Bedarf nach einer Institution, die diese Aufgaben erfüllt. So lange dieser Bedarf besteht oder er nicht anderweitig gedeckt wird, hat die Literaturkritik in ihrer jetzigen Form ihre Existenzberechtigung.

Blitzlicht

Für den deutschen Philosophen **Johann Gottlieb Fichte** (1762–1814), einem Nachfolger Kants und Vertreter des deutschen Idealismus, besaß die zu seiner Zeit neu entstandene Institution der Literaturkritik keine Existenzberechtigung: „Entweder nämlich ist das Buch – was dermalen die meisten Bücher sind – ein schlechtes Buch, gedruckt lediglich, damit ein Buch mehr in der Welt sei: so hätte es gar nicht geschrieben werden sollen; es ist eine Nullität, und deswegen ist auch die Beurteilung desselben eine Nullität: oder das Buch ist ein (…) wahres schriftstellerisches Werk (…); so ist es das Resultat eines ganzen kräftigen, der Kunst und der Wissenschaft gewidmeten Lebens, und es dürfte leicht ein anderes ganzes ebenso kräftiges Leben auf die Beurteilung desselben verwendet werden müssen. Ein viertel oder ein halbes Jahr nach seiner Erscheinung, auf ein paar Blättern, ist ein Endurteil darüber nicht wohl möglich."[48]

Überblick

Die zehn Funktionen der Literaturkritik

- informierende Orientierungsfunktion
- Selektionsfunktion
- didaktisch-vermittelnde Funktion für das Publikum
- didaktisch-sanktionierende Funktion für Literaturproduzenten (Autoren, Verlage)
- reflexions- und kommunikationsstimulierende Funktion
- Erinnerungsfunktion
- Unterhaltungsfunktion
- Werbefunktion
- wissenspopularisierende Funktion
- politische Funktion

Man kann **zehn Funktionen der Literaturkritik** unterscheiden, die sich zum Teil ergänzen, die zum Teil aber auch miteinander in Konflikt stehen (bzw. stehen können):

- **informierende Orientierungsfunktion**
  Jährlich erscheinen über 80.000 neue Titel in Erstauflage (sowie weitere

ca. 15.000 neu aufgelegte Bücher), von denen rund 14 Prozent aus dem Bereich Belletristik/schöne Literatur stammen.[49] Für einen einzelnen Leser wäre es schwer möglich, sich über die Buchproduktion zu informieren, sofern er sich nicht von allen Belletristikverlagen ihre Programmkataloge zuschicken lässt. Die Literaturkritik nimmt einem diese Aufgabe ab. Sie informiert über neue Autoren, neu erschienene Bücher und neue Trends auf dem Buchmarkt. So hilft sie den Lesern, sich zu orientieren.

- **Selektionsfunktion**
  Die Literaturkritik informiert nicht nur über neu erschienene Bücher, sie sagt auch, welche von ihnen lesenswert sind und welche nicht. Dies geschieht zunächst durch Auswahl (Selektion). Die meisten neu erschienenen Bücher werden gar nicht erst besprochen (▶ vgl. Kap. 2.2.1). Jene Bücher, die diese erste Hürde geschafft haben und rezensiert werden, erhalten noch eine eigene (verbale) Wertung – diese soll dem Leser eine Entscheidungshilfe beim Kauf bzw. bei der Lektüre geben.

- **didaktisch-vermittelnde Funktion für das Publikum**
  Neue Literatur ist mitunter anspruchsvoll und schwierig; sie will überraschen, originell oder innovativ sein und die Erwartungen der Leser durchkreuzen. Oft bedarf es zusätzlichen Wissens, um sie verstehen zu können, z.B. Kenntnisse in Literatur- und Kulturgeschichte. In solchen Fällen hat die Kritik die Aufgabe, dieses nötige Wissen zu erkennen, sich, sofern nicht schon vorhanden, anzueignen und es dem Leser zu vermitteln. Sie gibt der Leserschaft so eine Hilfestellung für die Lektüre, hilft damit aber auch der neuen Literatur, überhaupt ein Publikum zu finden.

- **didaktisch-sanktionierende Funktion für Literaturproduzenten (Autoren, Verlage)**
  Nicht nur „normale“ Leser lesen Buchbesprechungen. Auch die Verlage und Autoren wollen wissen, wie ihre Werke bei der Kritik „ankommen“, wie sie beurteilt werden. Für sie sind Besprechungen oft das einzige qualifizierte „Feedback“, das sie über ihre Arbeit erhalten. Gegenüber den Literaturproduzenten hat die Kritik die Aufgabe, auf die Stärken und Schwächen der „Produkte“ hinzuweisen und darauf, wie man es vielleicht besser machen könnte. Vielleicht beherzigen ja die Autoren diese Hinweise und schreiben in Zukunft bessere Bücher?

- **reflexions- und kommunikationsstimulierende Funktion**
  Neue Literatur ist ein Ausdruck der Gegenwart und des Zustandes einer Gesellschaft und einer Kultur. Es lohnt, Bücher danach zu befragen, was sie uns über uns und unsere Welt verraten. Man kann dies einzeln oder gemeinsam mit Freunden tun. Die Literaturkritik führt dieses Gespräch

mit und über Literatur öffentlich und stellvertretend. Man kann sich von diesem Gespräch anregen lassen und so in der Auseinandersetzung mit Literatur sich und die Welt, in der man lebt, besser verstehen.

- **Erinnerungsfunktion**
  Die Kritik beschäftigt sich vor allem mit der Literatur der Gegenwart. Manchmal schreiben Kritiker jedoch auch über Autoren der Vergangenheit. Dies bedarf aber in der Regel eines aktuellen Anlasses. Ein solcher kann eine Neu- oder Werkausgabe sein oder ein runder Geburts- oder Todestag. Der Kritik kommt dann die Funktion eines literarischen Gedächtnisses zu, das dafür sorgen will, dass bedeutende und zu Unrecht vergessene Autoren und Werke der Literaturgeschichte auch heute noch ihre Leser finden.

- **Unterhaltungsfunktion**
  Diese Funktion ist den zuvor genannten zwar nachgeordnet, ganz unwichtig ist sie aber nicht. Denn wer die Zeitung liest oder ein anderes Medium rezipiert, will sich meist nicht nur informieren; er möchte auch unterhalten werden. Das erste Gebot für jeden, der Texte veröffentlicht (ganz gleichgültig, um welche es sich dabei handelt), lautet: Langeweile nicht! Eine gut geschriebene Rezension kann beinah so unterhaltsam und spannend sein wie ihr Gegenstand, die Literatur. Die ZDF-Sendung *Das literarische Quartett* (1988–2001) mit Marcel Reich-Ranicki war nicht zuletzt deshalb so erfolgreich, weil die sich streitenden Kritiker unterhaltsam waren, selbst für Zuschauer, die sich sonst gar nicht für Bücher interessierten.

- **Werbefunktion**
  Für Werbung sind in kleineren Verlagen spezielle Mitarbeiter, in großen Verlagshäusern die Werbe- oder Marketingabteilung zuständig. Die Literaturkritik sollte vielmehr ein Korrektiv zur Verlagswerbung darstellen, die ja prinzipiell alles als „großartig" und „lesenswert" präsentiert. Kritik, die sich von der Verlagswerbung einspannen lässt, wird ihrer Aufgabe nicht gerecht. Dennoch wollen Kritiker, die von einem neuen Autor oder Buch überzeugt sind, für diese „werben". Gerade wenn es sich um Kritik im Rahmen einer neuen Literaturströmung handelt, die sich erst noch durchsetzen muss, kann die Werbefunktion dominant werden. Manchmal rezensieren sich dann befreundete Autoren gegenseitig, wie es etwa im Naturalismus oder Expressionismus der Fall war, und loben sich gegenseitig in den Himmel nach dem Motto: „Nennst du mich Goethe, nenn ich dich Schiller!".

- **wissenspopularisierende Funktion**
  Diese Funktion kommt nur einem Teilbereich der Literaturkritik zu, nämlich der Kritik von Sachbüchern. In Besprechungen von wissenschaftlichen

oder politischen Büchern kommt es zwar auch darauf an, ob ein Buch gut geschrieben ist, aber mehr noch kommt es auf seinen Inhalt an, die Thesen, Argumente und neuen Erkenntnisse, die darin vorgestellt werden, und was von diesen Thesen zu halten ist. Die Sachbuchkritik verschafft so dem neuen Wissen eine breite Öffentlichkeit auch für jene, die keine Zeit (oder kein Geld) haben, dieses Buch zu lesen.

- **politische Funktion**
  Diese Funktion kommt der Literaturkritik vor allem in undemokratischen Gesellschaftssystemen zu, in denen eine Zensur stattfindet und es keine freie Öffentlichkeit gibt. So dienten etwa während der NS-Zeit Buchbesprechungen manchmal als getarntes Sprachrohr der Kritik am Regime oder an den politischen und gesellschaftlichen Verhältnissen. An diesem relativ abgelegenen medialen Ort und für ein (hoffentlich) aufgeschlossenes Publikum konnte man sich mittels literarischer Anspielungen den einen oder anderen Seitenhieb erlauben, der der Zensur (hoffentlich) entging. Der Kritiker ging damit natürlich ein erhebliches (berufliches oder gar existenzielles) Risiko ein.

Wie wichtig die Literaturkritik nicht nur für Autoren oder Leser ist, sondern für die Gesellschaft insgesamt, zeigt ein Blick in die Geschichte. Wer immer die Literaturkritik eingeschränkt, kontrolliert, zensiert oder gar verboten hat, tat dies nicht aus einer falsch verstandenen Sorge um die Literatur. Vielmehr fürchteten die Gegner der Literaturkritik das ihr innewohnende Potenzial, sich falls nötig in gesellschaftliche und politische Kritik zu verwandeln. Die Freiheit der Literaturkritik gehört damit zu den Merkmalen, aber auch den Voraussetzungen einer funktionierenden demokratischen Gesellschaft.

„Freiheit und Kritik bedingen sich gegenseitig", betont Marcel Reich-Ranicki. „Wie es also keine Freiheit ohne Kritik geben kann, so kann auch die Kritik nicht ohne die Freiheit existieren."[50]

Blitzlicht

Nicht zufällig wurde die Literaturkritik und speziell die Textsorte der Rezension (▶ vgl. Kap. 2.2.1) während der NS-Zeit **verboten**, und zwar am **27. November 1936** vom Reichspropagandaminister Joseph Goebbels. Für ihn war die Literaturkritik ein Merkmal des angeblich jüdisch beherrschten Kulturbetriebs. An die Stelle der Rezension sollte die „**Kunstbetrachtung**" treten. Die publizistisch-journalistische Auseinandersetzung mit Kunst sollte nicht mehr „kritisch", „zersetzend" oder „analysierend" erfolgen, sondern „fördernd, „positiv" und „aufbauend". An die Stelle von persönlicher Bewertung sollte die einfühlende Beschreibung treten, an die Stelle des Kritikers der „Kunstschriftleiter".[51]

2.2 Formen der Kritik

Die Literaturkritik kann sich vieler verschiedener Formen bzw. **Textsorten** bedienen, vom knappen Aphorismus bis zum ausgewachsenen Essay. Diese Formen gehören, wie auch andere journalistische Textsorten, zur **nicht-fiktionalen (bzw. pragmatischen, faktualen) Zweck- oder Gebrauchsliteratur** (im Unterschied zu literarischen Texten, die als Werke der Kunst fiktional und zweckfrei sind). Die wichtigste Textsorte der Kritik ist die Rezension (Buchbesprechung); sie soll im folgenden Kapitel behandelt werden.
Die verschiedenen Formen haben unterschiedliche Wirkungsmöglichkeiten und waren zu verschiedenen literarischen Epochen unterschiedlich beliebt. So bedienten sich die Expressionisten gerne der zugespitzten Glosse, die den Leser zu einer Stellungnahme provoziert. Die Kritiker in den Jahren der Weimarer Republik zogen dagegen die Form des Essays vor, die Beziehungen zwischen verschiedenen kulturellen Feldern (Wissenschaft, Literatur, Kultur) herstellen und Probleme von verschiedenen Seiten diskutieren und reflektieren kann. Außerdem gibt es bei einigen Textsorten medienspezifische Ausprägungen: Eine Rezension, die im Rundfunk gesendet (also gehört und nicht gelesen) wird, muss anders, nämlich einfacher, verständlicher formuliert sein, als wenn sie in einer Zeitung erschiene; ausführliche, von einem zweiten Sprecher vorgetragene Zitate machen dem Hörer Sprache und Stil des besprochenen Buches anschaulich. Typische literaturkritische Formen im Rundfunk und Fernsehen sind das mit Collage und Montage arbeitende Feature, das Interview und die Reportage.

Überblick

Formen der Literaturkritik

- Aphorismus
- Autorenporträt
- Bestenliste
- Bestsellerliste
- Buchtipp (Hinweis, Kurzrezension)
- Dialog
- Essay
- Glosse
- Interview
- Laudatio
- Literaturpreis
- Literaturstreit
- Metakritik
- mündliche Sofortkritik
- Nachruf (Nekrolog)
- offener Brief
- persönliche Empfehlung
- Rezension (▶ vgl. Kap. 2.2.1)

- **Aphorismus**
  (von griech. *aphorizein,* abgrenzen, definieren) Als **kurzer, prägnant** formulierter Prosasatz, der einen (manchmal paradoxen) Gedanken oder ein Werturteil ausdrückt, eignet sich der Aphorismus hervorragend für die Literaturkritik, wird aber nur selten angewandt. Seine Wirkung bezieht

der Aphorismus aus seinem **Charakter als Fragment**, das den Leser zur (gedanklichen) Ergänzung animiert. Ein Beispiel dafür wäre die folgende Einsicht Georg Christoph Lichtenbergs: „Bei unsern Modedichtern sieht man so leicht, wie das Wort den Gedanken gemacht hat, bei Milton und Shakespeare zeugt immer der Gedanke das Wort."[52]

- **Autorenporträt**
  Autorenporträts gehören zu den umfangreicheren Formen der Kritik und widmen sich der **Person und dem (Gesamt-)Werk eines Autors**. Das Porträt lässt sich historisch auf die von den Frühromantikern entwickelte „Charakteristik" zurückführen. Im Unterschied zur Rezension, die nur das jeweils neueste Werk eines Autors behandelt, konzentriert sich das Porträt verstärkt auf Gemeinsamkeiten und Unterschiede eines Gesamtwerkes, arbeitet **Entwicklungen, verbindende Motive oder Brüche** heraus. Porträts haben oft eine **Tendenz zur Hommage** (Huldigung), die primär verehren und loben will. Das liegt daran, dass Porträts in der Regel nur über berühmte, erfolgreiche, „große" Autoren geschrieben werden, meist aus Anlass eines runden Geburts- oder Todestags. Wer interessiert sich schon für das Gesamtwerk eines schlechten Autors? Beliebt ist diese Form heute etwa in der Zeitschrift *Literaturen* oder in der Wochenendbeilage *Literatur und Kunst* der *Neuen Zürcher Zeitung.*[53]

- **Bestenliste**
  Die monatlich veröffentlichte *Bücherbestenliste* des Südwestrundfunks (SWR) wird seit 1975 von einer Gruppe renommierter Kritiker zusammengestellt. Sie versteht sich als eine qualitätsorientierte Alternative zu den absatzorientierten Bestsellerlisten und empfiehlt ohne weitere Begründung jeweils zehn aktuelle Neuerscheinungen.[54]

- **Bestsellerliste**
  Bestsellerlisten, wie sie etwa der *Spiegel* veröffentlicht, dokumentieren die in einem bestimmten Zeitraum (meist die vergangene Woche) zehn (oder mehr) **meist verkauften** Buchtitel, unterteilt nach Belletristik und Sachbüchern. Grundlage sind Erhebungen bei Buchhändlern. Die Rangliste stellt eine **Form der nonverbalen Wertung** dar. Diese wird jedoch nicht vom Kritiker, sondern vom Leser, dem Publikum, durch seine Kaufhandlungen getätigt. Bestsellerlisten sind daher, ähnlich wie die Kundenrezensionen bei Online-Buchhändlern, eine **Form „demokratischer" Literaturkritik**.

- **Buchtipp (Hinweis, Kurzrezension)**
  Der kurze Buchtipp **von wenigen Zeilen Umfang** ist heute eine Textsorte, die immer mehr an Bedeutung gewinnt und zum Teil als Ersatz für die traditionelle Rezension dient. Denn viele Zeitungsredaktionen haben auf-

grund von Einsparungsmaßnahmen immer weniger Platz für die Kulturberichterstattung zur Verfügung. Es versteht sich aber, dass ein begründetes Urteil auf wenigen Zeilen für einen Kritiker kaum oder gar nicht möglich ist; der Platz ist meist schon mit der Skizzierung des Plots aufgebraucht. Durchaus möglich ist es aber für einen guten Kritiker, auf nur zehn oder 15 Zeilen einen pfiffig und originell geschriebenen Text zu schaffen. Wer es nicht glaubt, lese einmal die Rubrik *Büchertisch* auf der letzten Seite des Literaturteils der *ZEIT*.[55] Falsch ist übrigens die Ansicht, der Buchtipp sei eine Erfindung des heutigen „Häppchenjournalismus"; Kurzrezensionen waren auch in früheren Literaturepochen üblich.

- **Dialog**
  Die altehrwürdige Form des fiktiven Dialogs (nicht zu verwechseln mit dem Interview) ist heute leider nur noch selten zu lesen. In dieser auf Platon zurückgehenden Kunstform lässt ein Kritiker zwei oder mehr Charaktere zu einem **fiktiven Streitgespräch** aufeinandertreffen und dabei das Für und Wider zu einem neuen Buch diskutieren. Der Vorteil ist, dass so gegensätzliche Aspekte und Meinungen auf lebendige Weise vermittelt werden können; ein solcher Dialog kann sogar die Qualitäten eines Dramas besitzen. Blütezeiten dieser Form waren die Zeit der frühen Aufklärung sowie die Epoche um 1900; Kritiker wie Hermann Bahr, Hugo von Hofmannsthal oder Alfred Kerr bedienten sich ihrer. Dass diese Form auch heute noch anregend zu lesen ist, bewies Ulrich Greiner, Literaturchef der *ZEIT*, als er den Roman *Die Straße* des US-amerikanischen Autors Cormac McCarthy in einem Selbstgespräch diskutierte und dabei brillant sein eigenes Hin- und Hergerissensein veranschaulichte (▶ vgl. Kap. 4, S. 155–157[56]).

- **Essay**
  Das Wort leitet sich ab vom französischen *Essai* (Probe, Versuch). Essays werden Texte mittlerer Länge über kulturelle, ästhetische oder literarische Themen genannt. Sie zeichnen sich durch eine **bewusste Subjektivität und eher assoziative Sprunghaftigkeit** als systematische Beweisführung aus sowie einer individuellen Mischung aus wissenschaftlicher und literarischer Sprache. Den Namen für diese Textsorte prägte Michel de Montaigne (*Essais*, 1580). Als Textsorte der Literaturkritik ist der Essay der „große Bruder" der Rezension und dient Autoren und Kritikern als **Medium literarischer Selbstverständigung**. In Essays werden die Grundlagen und Orientierungen der eigenen Praxis geprüft und reflektiert. Große literaturkritische Essayisten waren z. B. Hugo von Hofmannsthal, Robert Musil, Walter Benjamin und die Brüder Heinrich und Thomas Mann. Die Blütezeit des Essays waren die 1920er Jahre, als nach dem Ersten Weltkrieg ein hoher Bedarf an Orientierung, Welterklärungsversuchen und Zeitdiagnostik bestand.[57]

- **Glosse**
Ursprünglich eine Randbemerkung zu mittelalterlichen Texten, bezeichnet Glosse heute einen **Kurzkommentar** zu politischen oder kulturellen Ereignissen. Als solcher kann die Glosse auch im Bereich der Literaturkritik eingesetzt werden. Ihr Ziel ist es, die Willens- oder **Urteilsbildung des Lesers** zu stimulieren, wozu der „glossierte" Gegenstand ironisch, satirisch oder **stark pointiert** behandelt wird.[58]

- **Interview**
Bei dieser Form führt ein Kulturjournalist oder Kritiker mit einem Literaturproduzenten (Autor, Verleger) ein Gespräch; kennzeichnend ist die **Frage-Antwort-Struktur**. Beliebt sind Interviews vor allem im Fernsehen. Ähnlich wie Autorenporträts sind auch Interviews selten kritisch gegenüber dem Autor, sondern meist wohlwollend-freundlich.[59]

- **Laudatio**
Rede eines Kritikers zu Ehren eines Autors **aus Anlass einer Preisverleihung.**[60]

- **Literaturpreis**
Literaturpreise sind **periodisch vergebene** und meist **dotierte Auszeichnungen**, mit denen ein Autor für ein Werk oder sein Gesamtwerk gewürdigt wird. Über den Preisträger entscheidet eine Jury oder ein Gremium, das in der Regel aus Autoren, Verlegern, Literaturwissenschaftlern und/ oder -kritikern besteht. Der bedeutendste deutsche Literaturpreis ist der von der Akademie für Sprache und Dichtung verliehene *Büchner-Preis*. Weitere wichtige Auszeichnungen hierzulande sind der *Deutsche Buchpreis* des Börsenvereins des Deutschen Buchhandels, der *Friedenspreis des Deutschen Buchhandels*, der *Preis der Leipziger Buchmesse* sowie der *Ingeborg-Bachmann-Preis*. International bedeutend sind der *Prix Goncourt* in Frankreich, der englische *Booker Price*, der amerikanische *Pulitzer Price* sowie natürlich der *Nobelpreis für Literatur.*

- **Literaturstreit**
Eine sehr komplexe Form der Literaturkritik, da an einer Debatte oder einem Streit **mehrere Kritiker und Medien beteiligt** sind, die wechselseitig aufeinander reagieren. Diese Form ist somit kein einzelner Text, sondern ein **dynamischer kommunikativer Prozess**. Typischerweise kämpfen in einem Literaturstreit Vertreter älterer und jüngerer literarischer oder literaturkritischer Richtungen und Programme um die Vorherrschaft und **Deutungshoheit**. Zu derartigen Auseinandersetzungen kommt es seit der Epoche der Aufklärung immer wieder: Sie sind eine Folgeerscheinung des unter Innovations- und Konkurrenzdruck stehenden Literatursystems. Für

die Literaturkritik haben solche Auseinandersetzung den Vorteil, dass sie bei der Leserschaft ein **Maximum an Aufmerksamkeit** wecken, oft sogar über die im engeren Sinne literarisch interessierte Öffentlichkeit hinaus. Die bedeutendsten Literaturfehden der jüngeren deutschen Vergangenheit waren: der *Zürcher Literaturstreit* (1966/67), ausgelöst von dem Schweizer Germanisten Emil Staiger (1908–1987), der der „engagierten" deutschsprachigen Nachkriegsliteratur mit Autoren wie Peter Weiß, Max Frisch oder Heinrich Böll einen Verrat an der ‚wahren' Kunst vorwarf; der *deutsch-deutsche Literaturstreit* nach der Wiedervereinigung um Christa Wolfs Erzählung *Was bleibt* (1990/91) (▶ vgl. Text Kap. 3.2.3).

- **Metakritik**
  In einer Metakritik (**Kritik der Kritik**) denkt ein Kritiker (manchmal auch ein Autor) über die Theorie und Praxis der Literaturkritik nach. Es geht also nicht um die Beurteilung eines bestimmten Buches oder Autors, sondern um die **Institution der Kritik als Ganzes**, die auf den Prüfstand gestellt wird. In jüngster Zeit hat der *ZEIT*-Kritiker Hubert Winkels mit seiner Metakritik *Empathiker und Gnostiker* (▶ vgl. Kap. 4, S. 146–149)[61] eine kleinere Literaturdebatte ausgelöst.

- **mündliche Sofortkritik**
  Die Sofortkritik ist eine rein **mündliche Form** und wird meist im Rahmen von Literaturwettbewerben von Rundfunk oder Fernsehen übertragen. Dabei geben direkt im Anschluss an einen vom Autor vorgetragenen literarischen Text ein oder mehrere Kritiker seine bzw. ihre Wertung ab. Diese Form der Kritik ist geprägt von **Spontaneität, Improvisation und Subjektivität**, von Lust an der Auseinandersetzung, demokratischer **Dialogizität** und nicht selten vernichtender **Polemik**. Allerdings geht der Kritiker dabei auch ein hohes Risiko ein, kann er sich doch bei der „allmählichen Verfertigung der Gedanken beim Reden" (Kleist) leicht blamieren; Zeit zum gründlichen Nachdenken über einen Text hat er in der Regel kaum. Auch verführt die Situation vor Publikum leicht zur Selbstdarstellung. Mündliche Sofortkritik war bei den Lesungen der *Gruppe 47* üblich: Die Diskussion setzte unmittelbar nach der Lesung eines für alle bis dahin unbekannten Textes ein; alle Anwesenden, nur nicht der Autor selbst, konnten sich an ihr beteiligen. Heute wird die Sofortkritik beim Klagenfurter *Ingeborg-Bachmann-Wettbewerb* praktiziert.[62]

Die **Gruppe 47** war ein loser Zusammenschluss von politisch engagierten Autoren und Autorinnen, die erstmals 1947 auf Einladung von Hans Werner Richter zusammenkam. Ein verbindendes Element waren die Erfahrungen von Nationalsozialismus und Diktatur. Auf den unregelmäßigen Treffen lasen Autoren wie Günter Grass, Martin Walser, Ingeborg Bachmann, Heinrich Böll, Peter Weiss, Paul Celan oder Ilse Aichinger ihre neuen Texte vor. Die Gruppe war in den Jahren um 1960 die wichtigste literarische Institution Westdeutschlands, ehe sie ein Opfer der politischen Radikalisierung Ende der 1960er Jahre wurde. Die letzte offizielle Tagung fand 1967 statt.

- **Nachruf (Nekrolog)**
  Eine Textsorte, in der ein Kritiker einen kürzlich **verstorbenen Autor** würdigt und der, dem Anlass gemäß, in aller Regel wohlwollend ausfällt.[63]

- **offener Brief**
  Der offene Brief gehört zu den spannendsten journalistischen Textsorten. Es handelt sich um einen **Brief**, der nicht (oder nicht ausschließlich) per Post zugestellt, sondern in einer Zeitung oder Zeitschrift **veröffentlicht** wird. Das geht natürlich nur, wenn der Inhalt kein (rein) privater ist, sondern vom Verfasser für so wichtig gehalten wird, dass die Öffentlichkeit davon erfahren soll.[64] Im Bereich der Literaturkritik kann sich so ein Rezensent z. B. **direkt an einen Autor wenden**. Am 29. 5. 2002 veröffentlichte die *Frankfurter Allgemeine* einen offenen Brief ihres Herausgebers Frank Schirrmacher an den Autor Martin Walser. Darin begründete Schirrmacher, warum er den neuen Roman Walsers, *Tod eines Kritikers*, nicht (wie zunächst vorgesehen) in seiner Zeitung als Fortsetzungsroman veröffentlichen werde. Natürlich hätte er das auch privat mitteilen können, aber Schirrmacher fand diesen Roman so skandalös, dass er seine Ablehnung und seine Gründe dafür publik machen wollte.[65] Polemisch-satirische Effekte lassen sich erzielen, wenn man sich als Rezensent mit einem offenen Brief direkt an die (fiktive) Hauptfigur wendet.[66]

Martin Walser (geb. 1927) ist einer der renommiertesten deutschen Autoren. Zu seinen bekanntesten Werken gehören *Halbzeit* (1960), *Ein fliehendes Pferd* (1978) und *Ein springender Brunnen* (1998). Zuletzt erschien von ihm der Goethe-Roman *Ein liebender Mann* (2008).

- **persönliche Empfehlung**
  Die Empfehlung ist von ihrer Länge her allenfalls eine Kurzrezension bzw. ein **Buchtipp**, manchmal besteht sie nur aus dem Namen des Autors und

dem Titel des empfohlenen Buches. Geschrieben ist sie von einem angesehenen Kritiker, manchmal auch von einem Prominenten (Politiker, Sportler, Schauspieler usw.), der den Lesern einer Publikumszeitschrift seine Lieblingslektüre ans Herz legt. Die größeren Zeitungen veröffentlichen oft vor Weihnachten oder zur Urlaubszeit Empfehlungen ihrer Stammkritiker in Tabellenform (z. B. *ZEIT-Mitarbeiter empfehlen Bücher zu Weihnachten*).

2.2.1 Rezensionstypen

Überblick

Rezensionstypen

Allgemeine Formen
- Lob
- Verriss

Sonderformen
- problemorientierte Rezension
- Sammelrezension
- Doppelrezension

Gemischte Formen
- Verteidigungsrede
- Streitgespräch
- Pro- und Contraabhandlung
- indifferente Kritik
- verdeckte Kritik

Die dominierende Form der journalistischen Literaturkritik ist die **Rezension**. In ihrer „klassischen" Variante wird in ihr eine einzelne Neuerscheinung (oder eine neue Theaterinszenierung) vorgestellt und bewertet. Fällt die Wertung negativ aus, spricht man vom **Verriss**, fällt sie positiv aus, von einem **Lob**. Zwischen diesen Polen sind alle möglichen Abstufungen in Form differenzierter Wertungen denkbar. Rezensionen werden nicht nur im Bereich der Literaturkritik geschrieben: Es gibt auch Besprechungen von Filmen, Fernsehsendungen, Computerspielen oder Kunstausstellungen.
Buchbesprechungen erscheinen in den Medien täglich, vor allem in den überregionalen und regionalen Zeitungen; die meisten in den Samstagsausgaben. Gustav Seibt stellte im Jahr 2000 folgende Hochrechnung an: „In der Presse und im Rundfunk deutscher Sprache erscheinen Tag für Tag über 40 Rezensionen – weit mehr als 10.000 im Jahr. Allein die großen Blätter wie *FAZ*, *Süddeutsche Zeitung* oder *ZEIT* besprechen jährlich mehr als 1.000 Bücher."[67]
Diese Zahlen sind inzwischen durch das neue Medium Internet deutlich nach oben zu korrigieren: Allein im Rezensionsforum *literaturkritik.de* erscheinen mehr als 100 Rezensionen im Monat, über 1.000 im Jahr. In den Printmedien geht der Trend jedoch hin zum Ersatz von Rezensionen durch kleine Formen wie Buchtipp oder Kurzrezension.

Blitzlicht

Aus der Anfangszeit der Literaturkritik und des Buchmarktes in der zweiten Hälfte des 18. Jahrhunderts stammt folgender amüsante Aphorismus Georg Christoph Lichtenbergs über die neue Textsorte der Rezension: „Ich sehe die Rezensionen als eine Art von Kinderkrankheit an, die die neugeborenen Bücher mehr oder weniger befällt. Man hat Exempel, dass die gesündesten daran sterben, und die schwächlichen oft durchkommen. Manche bekommen sie gar nicht. Man hat häufig versucht, ihnen durch Amulette von Vorrede und Dedikation vorzubeugen oder sie gar durch eigene Urteile zu inokulieren [impfen], es hilft aber nicht immer."[68]

In den ca. 80.000 neuen Büchern pro Jahr sind jedoch auch Kindermalbücher, Adress- und Telefonbücher und Broschüren aller Art enthalten, die für die Literaturkritik natürlich nicht in Frage kommen. Sie beschäftigt sich nur mit einem vergleichsweise schmalen Segment des sich jährlich auftürmenden Bücherberges. Besprochen werden **belletristische Neuerscheinungen, neue Sach- und politische Bücher, Kinder- und Jugendbücher sowie Hörbücher**. Im Bereich Belletristik dominieren Hardcover-Ausgaben (gebundene Bücher) von Romanen und Erzählbänden; auch Tagebücher oder Briefwechsel werden besprochen, ebenso Biografien und Autobiografien, eher selten dagegen Lyrikbände. Theaterstücke werden nur im Falle einer Inszenierung rezensiert. Selten oder gar nicht besprochen werden Taschenbuchausgaben, Comics, wissenschaftliche Fachliteratur für spezielle Leserkreise, Genre-Bücher aus den Bereichen Science-Fiction, Krimi oder Fantasy und Werke der Trivial- oder Unterhaltungsliteratur, obwohl gerade letztere oft ein Massenpublikum finden. Erst in den letzten Jahren, nicht zuletzt aufgrund der Erfolge angelsächsischer Bestseller-Autoren wie Stephen King, Joanne K. Rowling oder Dan Brown, kam es in den deutschsprachigen Feuilletons zu zaghaften Öffnungen in Richtung Genre-Literatur. So verteidigte einer der renommiertesten deutschen Literaturkritiker, Michael Maar, engagiert die literarische Qualität der *Harry Potter*-Romane (*Warum Nabokov Harry Potter gemocht hätte*, Berlin 2003).
Von der klassischen Rezension zu unterscheiden sind zunächst einige **Sonderformen**:

- **problemorientierte Rezension**
  In ihr dient das besprochene Buch nur als Anlass, ein politisches, gesellschaftliches, kulturelles oder ästhetisches Problem aufzugreifen, dessen Bedeutung in den Augen des Kritikers weit über die eines einzelnen Buches hinausgeht.[69]

- **Sammelrezension**
  Sie widmet sich nicht nur einer Neuerscheinung, sondern mehreren, die meist thematisch verwandt sind. Sammelrezensionen haben den Vorteil,

dass sie dem Leser ein Mehr an Orientierung und Überblick bieten können; dem Rezensenten erleichtern sie qualifizierende Vergleiche, und die Zeitungsredaktion kann so oft Platz für andere Texte sparen.[70]

- **Doppelrezension**
  Dabei handelt es sich nicht, wie man annehmen könnte, um die Besprechung zweier Bücher, sondern *eine* Neuerscheinung wird in einer Zeitungsausgabe von *zwei* Kritikern besprochen. Dies ermöglicht einer Literaturredaktion, eine umstrittene Neuerscheinung kontrovers zu würdigen, also gleichsam einen kleinen „internen" Literaturstreit zu inszenieren. Doppelrezensionen machen freilich nur Sinn, wenn die Besprechungen möglichst unterschiedlich ausfallen. Zu diesem Mittel griff z. B. *DIE ZEIT*, als sie am 1. 6. 1990 die Kritiker Ulrich Greiner und Volker Hage Christa Wolfs Erzählung *Was bleibt* rezensieren ließ und damit den deutsch-deutschen Literaturstreit mitinitiierte.[71] (▶ Text Kap. 3.2.3)

Rezensionen lassen sich auch nach der Art des jeweils zugrunde liegenden Erzählmodells bzw. nach der Struktur der jeweiligen Argumentation unterscheiden.[72] Neben den eindeutigen Formen Lob und Verriss gibt es noch **gemischte Formen**:

- **Verteidigungsrede**
  Der Rezensent nimmt in der Rolle eines Verteidigers die Vorwürfe gegen seinen Mandanten, den Autor, auf und entkräftet sie. Diese Vorwürfe wurden entweder von anderen Rezensenten erhoben, oder der Kritiker unterstellt, dass sie von seinen Kollegen erhoben werden könnten.

- **Streitgespräch**
  Dieser Typ setzt ein leidenschaftliches Hin und Her in Szene.

- **Pro- und Contra-Abhandlung**
  Ähnelt dem Streitgespräch, argumentiert aber distanzierter und sachlicher.

- **indifferente Kritik**
  Noch leidenschaftsloser als die Pro- und Contra-Abhandlung; der Kritiker lässt sich keinerlei positive oder negative Emotionen anmerken und ist aufgrund seiner zur Schau gestellten Gleichgültigkeit für den Leser eigentlich eine Zumutung. Denkbar ist jedoch die Anwendung als Polemik, wo es sich um einen allseits umjubelten Autor handelt, den man selbst jedoch demonstrativ gleichgültig „abhakt" (und damit eigentlich verreißt).

- **verdeckte Kritik**
  Dieser Typ wertet nicht offen, sondern „ironisch“: Der Kritiker lobt etwa ein Buch, aber so überzogen, dass zumindest der aufmerksame Leser merkt, dass das Lob nur ironisch gemeint sein kann und es sich also eigentlich um einen Verriss handelt.

Dass sich Rezensionen noch ganz anderer Formen bedienen können, wenn sie ihre Leser überraschen und Aufmerksamkeit gewinnen wollen, hat der Kritiker Rolf-Bernhard Essig gezeigt. Er ließ im Rahmen einer Übung an der Universität Bamberg Studierende den Erzählband *Das Unerfreuliche zuerst. Herrengeschichten* der Autorin Sibylle Berg rezensieren. Die Teilnehmer waren aufgefordert, möglichst originelle Lösungen zu finden – und bedienten sich der Formen von Telefongespräch, Trauerrede, Beipackzettel, Gerichtsverhandlung oder Märchen.[73]

2.2.2 Bestandteile, Sprache und Stil

Überblick

Eine **„klassische“ Rezension** weist gewöhnlich folgende **Bestandteile** auf:[74]

- biografische Informationen über den Autor
- Informationen über vorangegangene Werke des Autors und Vergleiche mit ihnen
- Informationen über bisherige Einschätzungen des Autors
- Vergleiche des Werkes mit Werken anderer Autoren
- Informationen über Inhalt, Thema, Form, Sprache, Intention oder auch Aufmachung des Buches
- Zitate aus dem besprochenen Buch
- Bewertung des Textes
- ggfs. selbstreflexive Aussagen über Problematiken bei der kritischen Bewertung

Diese Bestandteile können vom Kritiker **individuell und abhängig vom Gegenstand gewichtet und gemischt** werden. Informationen über den Autor sind vor allem dann wichtig, wenn dieser noch relativ unbekannt ist. Informationen über vorangegangene Werke des Autors und Vergleiche mit ihnen entfallen natürlich, wenn es sich um einen Debütanten handelt. Informationen über bisherige Einschätzungen des Autors sind vor allem dann wichtig, wenn der Kritiker für eine Neubewertung des Autors plädiert und sich von den bisherigen Urteilen seiner Kollegen absetzen will. Zitate dienen gewöhnlich dazu, dem Leser einen Eindruck von der Sprache des Buches zu geben.[75] Im Falle eines Verrisses können sie als Beleg für das negative Urteil dienen;

manchmal erspart sich der Kritiker mit ihnen auch die Argumentation und zitiert ausführlich, damit sich der Gegenstand selbst entlarvt. Handelt es sich um einen fremdsprachigen Autor, so hat der Kritiker die Aufgabe, soweit es ihm seine Fremdsprachkompetenz erlaubt, auch die Qualität der Übersetzung zu beurteilen. Bei einem Hörbuch geht es weniger um die Beurteilung des zugrunde liegenden Buches als vielmehr um seine akustische Umsetzung, die Qualität des Vortrags oder der Lesung.
Die Bestandteile selbst werden keinesfalls gleichsam Absatz für Absatz aneinandergereiht (das machen nur journalistische Anfänger); vielmehr lassen gute Journalisten die einzelnen Informationen und Bestandteile **an möglichst passender Stelle „einfließen"** und liefern etwa mitten in der Inhaltsangabe in einem Nebensatz das Geburtsjahr des Autors nach.

Typische Stillagen der Literaturkritik: Literaturkritische Texte können sich je nach ihrer Wertung und Intention verschiedener Stile bzw. Stillagen bedienen (die innerhalb einer Rezension durchaus wechseln können).

- **sachlich-informierend**
  Beispiel:
  „Kathrin Groß-Striffler debütierte als 45-Jährige, nach einem Sprachenstudium und einigen Auslandsjahren, darunter ein Jahr auf einer Pferdefarm im amerikanischen Mittelwesten, im Jahr 2000 mit einem Kurzgeschichtenband." (aus: Dorothea Dickmann: *Da lachen die Hirsche*, ▶ vgl. Text Kap. 3.2.4)

- **ironisch**
  Beispiel:
  „Ach ja, diese anmutige Melancholie Christa Wolfs, diese zarte Entsagung!" (aus: Ulrich Greiner: *Mangel an Feingefühl*, ▶ vgl. Text Kap. 3.2.3)

- **pathetisch-euphorisch**
  Beispiel:
  „Wir müssen Heinrich Mann *danken*. Dafür, dass er sich nicht mehr um Kunst kümmert, sondern um Großes, Übergeordnetes: Geistiges." (aus: Ludwig Rubiner: *Der Untertan*, ▶ vgl. Text Kap. 3.2.2)

- **quasi-mündlicher Stil**
  Beispiel:
  „Da lasst mich mal ran. Dieses Buch will besprochen sein." (aus: Kurt Tucholsky: *Ein besserer Herr*[76])

- **parodistisch-satirisch**
  Beispiel:

„Bei (Arnolt) Bronnen versteht man jedes Wort – wissen Se, es is so natürlich jeschriehm – ehm so, wie man ehm spricht. Zum Wohle." (aus: Kurt Tucholsky: *Ein besserer Herr*[77])

- **polemisch**
  Beispiel:
  „Mal Schmus, mal Splatter, mal butterweich, mal beinhart: Groß-Strifflers Schreiben hat die Konstanz eines Chamäleons." (aus: Dorothea Dickmann: *Da lachen die Hirsche*, ▶ vgl. Text Kap. 3.2.4)

- **didaktisch-belehrend**
  Beispiel:
  „Das Phänomen Kathrin Groß-Striffler konnte nur in einer Umgebung entstehen, die sich indifferent gegenüber dem fundamentalen Unterschied zwischen poetischer und abgenutzter Sprache zeigt." (aus: Dorothea Dickmann: *Da lachen die Hirsche*, ▶ vgl. Text Kap. 3.2.4)

Die **Wortwahl** eines literaturkritischen Textes kann sich durch besonders viele Fremdwörter, Fachausdrücke, Metaphern oder umgangssprachliche Wendungen auszeichnen. Die **Syntax** kann aus komplexen Satzgefügen oder aus einfachen Satzreihen bestehen. Manche Kritiker wie Alfred Kerr (▶ vgl. Kap. 2.3.7) zerhacken ihre Sätze regelrecht und arbeiten bevorzugt mit Ellipsen (unvollständigen Sätzen).

Alfred Kerrs Besprechung von Bertolt Brechts Inszenierung von Marlowes *Leben Eduard II. von England* im *Berliner Tageblatt* vom 5.12.1924, Totalverriss und Polemik in einem, beginnt so:

„Die Kritik ist kurz.
Noch ein Auftritt. Noch ein Auftritt. Steigerungslos. Angeklebt. Vier Stunden fast. Wer nicht schläft, wächst aus.
Jemand kann Zitherspieler werden. Jemand kann Möbeltischler werden.
Jemand kann Lithograf sein oder im Baugeschäft.
Aber warum Dramatiker, wenn ihm just diese Fähigkeit mangelt? (...)"[78]

Literaturkritische Texte haben eine **persuasive Wirkungsintention**[79]: Damit ist gemeint, dass sie ihre Adressaten von etwas überzeugen wollen (dem Urteil des Rezensenten) und womöglich sogar zu weitergehenden Handlungen veranlassen wollen (das Buch zu kaufen oder nicht zu kaufen; den nächsten Roman anders zu schreiben; künftige Bücher dieses Autors nicht mehr zu veröffentlichen). Dazu bedienen sich Kritiker in ihren Texten häufig **rhetorischer Mittel und Stilfiguren**, die auch literarische Wertungen transportieren können (▶ vgl. Kap. 1.4). Zu den Funktionen dieser rhetorischen Figuren gehört es, die Wahrscheinlichkeit zu erhöhen, dass beim Adressaten die beabsichtigte Wirkung erzielt wird. Mittels rhetorischer Figuren soll an bestimmte Gefühle beim Adressaten appelliert werden oder die Botschaft des Textes besonders überzeugend oder eindringlich angeboten werden. Im obigen Beispiel von Kerr folgt auf drei parallel gebaute, kurze Sätze (Parallelismus), denen jeder zustimmen würde („Jemand kann …"), eine rhetorische Frage, die an den gesunden Menschenverstand appelliert und der kaum jemand widersprechen würde. Wer ihr aber zustimmt, stimmt fast automatisch auch Kerrs polemischer Wertung zu, Brecht sei als Dramatiker völlig unbegabt – und wäre besser Möbeltischler o. Ä. geworden.

Eine weitere Funktion rhetorischer Mittel ist, dass sie die Lektüre **unterhaltsamer** machen. Das Kerr-Beispiel zeigt das. Ironie, Metaphern, abgewandelte Sprichwörter oder Gemeinplätze und Wortspiele können amüsant und witzig sein, beim Leser Spannung erzeugen oder ein Gefühl der Befriedigung und Lust, weil man ihre Pointe erkannt hat (Stichwort „Liebigs Fleischextrakt", ▶ vgl. Kap. 1.4).

Nicht zuletzt dient die Verwendung dieser Figuren und Mittel der Verdichtung bzw. **Komprimierung** des Textes: Je nach Medium (Zeitung, Zeitschrift, Rundfunk), in dem eine Rezension erscheint, ist ihr Umfang von dem verantwortlichen Redakteur mehr oder weniger stark beschränkt (z. B. auf 150 Zeitungszeilen oder auf 5 Minuten Sendezeit). Um möglichst viel Information oder Argumentation auf kleinem Raum unterzubringen, operieren Kritiker häufig mit Techniken der Verdichtung und Abkürzung. Dies können z. B. Allusionen (**Anspielungen**) sein, etwa auf literarische Autoren oder Werke oder historische oder aktuelle Ereignisse. Man schreibt: „Wie der 11. September gezeigt hat …" oder „seit Auschwitz", und zumindest jeder Zeitgenosse weiß, was damit gemeint ist, obwohl dahinter gegebenenfalls ein sehr umfangreiches Bündel an Weltwissen, Urteilen, Einstellungen und Gefühlen stecken kann. Diese Strategien der Informationsverdichtung und -verknappung setzen auf die geistige Mitarbeit, die emotionale Reaktion und das Kontextwissen des Lesers. Historische Rezensionen bedürfen dagegen oft einer Kommentierung.

Im Lauf der Geschichte der Literaturkritik änderte sich immer wieder das Ausmaß, das die Verwendung solcher Stilfiguren und rhetorischen Mittel annahm. Tendenziell lässt sich sagen: Um so mehr derartige Stilmittel verwendet werden, um so stärker nähert sich der literaturkritische Text sprachlich seinem Gegenstand, der Literatur, an, erlangt der sekundäre Text selbst „**Literarizität**", also ästhetische Qualität.

Bei der Untersuchung literaturkritischer Texte ist der Blick auf Sprache und Stil wichtig, da er **Rückschlüsse auf den Adressaten** der Kritik erlaubt (▶ vgl. Kap. 2.3.2) Wer auf Fremdwörter und literarische Anspielungen verzichtet, schreibt wohl eher für ein breites Publikum ohne literarische Vorkenntnisse; Fachbegriffe lassen eher auf ein literarisch gebildetes Zielpublikum schließen.

Blitzlicht

Gotthold Ephraim Lessing, einer der Väter der Literaturkritik in Deutschland, machte den Stil der Kritik vom besprochenen Autor abhängig: „Wenn ich Kunstrichter wäre, (...) so würde meine Tonart diese sein. Gelinde und schmeichelnd gegen den Anfänger; mit Bewunderung zweifelnd, mit Zweifel bewundernd gegen den Meister; abschreckend und positiv gegen den Stümper; höhnisch gegen den Prahler, und so bitter als möglich gegen den Kabalenmacher. Der Kunstrichter, der gegen alle nur einen Ton hat, hätte besser gar keinen. Und besonders der, der gegen alle nur höflich ist, ist im Grunde gegen die er höflich sein könnte, grob."[80]

2.2.3 Nonverbale Signale

In Kap. 1.2.5 wurde zwischen verbaler und nonverbaler Wertung von Literatur unterschieden. Auch Kritiker werten nicht ausschließlich verbal, also durch Stil und Sprache, sondern ebenso durch **nonverbale Signale,** die erfahrene Leser kennen und zu deuten wissen.

Überblick

Nonverbale Signale der Literaturkritik

- dass ein Buch überhaupt besprochen wird
- Umfang und Ausstattung einer Besprechung
- der Publikationsort der Besprechung
- das Medium
- der Name des Rezensenten

Die wichtigsten dieser Signale sind:

- **dass ein Buch überhaupt besprochen wird:** Auch ein Kritiker kann nicht alles lesen, und die Literaturredaktion einer Zeitung oder einer Literatursendung im Fernsehen hat nicht unendlich viel Platz bzw. Sendezeit. Auch sie müssen aus der Masse der Neuerscheinungen auswählen. Daher bedeutet bereits die Tatsache, dass ein Buch überhaupt besprochen wird, ein (eingeschränkt) positives Urteil, und zwar selbst dann, wenn die Besprechung selbst negativ ausfällt. Das klingt zunächst paradox. Gemeint ist damit, dass Bücher erst ab einer bestimmten Qualitätsstufe für wert erachtet, besprochen zu werden. Deshalb ist aus Sicht der besprochenen Autoren auch nicht der Verriss, die „Höchststrafe" für sie, sondern das Schweigen der Kritik. Nichts ist schlimmer für einen Autor, als wenn sein Buch von der Kritik „totgeschwiegen" wird!

- **Umfang und Ausstattung einer Besprechung:** Je nachdem, wie viel Platz z. B. eine Zeitung einem Kritiker für die Besprechung gibt (im Unterschied zu anderen Buchbesprechungen in diesem Medium), d.h., wie umfangreich seine Besprechung werden darf (z. B. 50 oder 150 Zeilen, drei oder sechs Sendeminuten), wird dem Leser bereits rein optisch (oder akustisch) die relative Wichtigkeit eines Buches signalisiert. Ein neues Buch von Martin Walser oder Christa Wolf wird *in der Regel* ausführlicher besprochen als das Erstlingswerk eines noch unbekannten Autors. Ein Literaturredakteur, der die entsprechende Zeitungsseite betreut und gestaltet, kann jedoch auch gegen die Erwartungen der Leser verstoßen, das Buch von Martin Walser nur kurz, das des Debütanten dagegen ausführlich besprechen lassen. Auch dieses Vorgehen wäre eine deutliche nonverbale Wertung. Des Weiteren hat der Redakteur die Möglichkeit, die Buchbesprechung mit einer Porträtaufnahme des Autors oder einem Symbolbild, das Stimmung, Atmosphäre oder Inhalt des besprochenen Buches illustrieren kann, zu versehen. Da der Redakteur dies eher bei einem wichtigen als bei einem unwichtigen Buch machen wird, signalisiert auch dies ein nonverbales Werturteil über die Bedeutung des Buches.

- **der Publikationsort der Besprechung:** Gewöhnlich gibt es in einer Zeitung für Buchbesprechungen einen festen Platz, zum Beispiel eine regelmäßig erscheinende Literaturseite oder eine zu Weihnachten oder zu den Buchmessen im Frühjahr in Leipzig oder im Herbst in Frankfurt am Main erscheinende Literaturbeilage. Der Leser kann die Bedeutung eines Buches allein schon daraus ersehen, ob die Besprechung als Blickfang die Seite dominiert oder ob sie unten in der Ecke versteckt wurde oder, wenn es sich um eine Beilage handelt, ob sie eine der ersten Besprechungen ist oder erst zum Schluss kommt. In einer Literaturbeilage wird das Buch, das dieser Redaktion als das wichtigste der Saison gilt, stets zuerst besprochen.

- **das Medium:** In welcher Zeitung oder Zeitschrift ein Buch rezensiert wird, macht in der Literaturkritik einen großen Unterschied: ob in einer großen, überregionalen Qualitätszeitung (wie z. B. der *Frankfurter Rundschau* oder der *Süddeutschen Zeitung*) oder in einer kleineren, nur regional erscheinenden Zeitung oder im örtlichen Stadtmagazin. Das Medium, in dem eine Rezension erscheint, sagt zwar an sich nichts über die Bedeutung eines Buches aus (der neue Roman von Martin Walser wird vermutlich „überall" besprochen werden, eben weil dieser Autor allgemein als bedeutend gilt), wohl aber, als wie gewichtig das Urteil einer Besprechung zu bewerten ist. Das Urteil eines Kritikers in der *Frankfurter Allgemeinen* wiegt, gerade wenn sich die Urteile widersprechen, ungleich schwerer als das eines Kritikers einer kleinen Lokalzeitung.

- **der Name des Rezensenten:** Literaturkritiker, die regelmäßig für eine oder mehrere Zeitungen tätig sind, haben sich im Lauf ihrer Arbeit einen „Namen" gemacht, d. h., sie haben sich ein Renommee erworben, sind also den

Lesern und Teilnehmern im Literaturbetrieb mehr oder weniger bekannt. Ob eine Zeitung die Besprechung eines Buches einem bekannten, erfahrenen Kritiker anvertraut oder einem eher unbekannten Nachwuchs-Mitarbeiter, kann folglich ebenfalls ein nonverbales Werturteil über die Bedeutung des Buches bedeuten. Meist werden die wichtigsten literarischen Neuerscheinungen einer Saison sogar vom Literaturchef einer Zeitung persönlich besprochen.

„Sie wissen ja, wie sich durch Stellung der Nachricht im Blatt und Art des Drucks der Grad des Ohrenspitzens ausdrückt". (Robert Musil)[81]

Blitzlicht

Ingo Schulze (geb. 1962) ist ein ostdeutscher Autor, der 1995 mit dem Prosaband *33 Augenblicke des Glücks* bekannt wurde. Weitere preisgekrönte (u. a. Aspekte Literaturpreis, Preis der Leipziger Buchmesse) Bücher von ihm sind: *Simple Storys* (1998) und *Neue Leben* (2005).

Info

Ein Beispiel: Die Literaturbeilage der Wochenzeitung *DIE ZEIT* zur Leipziger Buchmesse im Frühjahr 2007 (Ausgabe Nr. 13/2007) beginnt auf den Seiten 3 und 4 mit einer ausführlichen **Besprechung des Erzählbandes** *Handy* **von Ingo Schulze**. Der Beitrag erstreckt sich über eineinhalb Seiten und ist mit einer großen Porträtaufnahme des Autors versehen; das Bild nimmt sogar zwei Drittel der ersten Seite ein. Die Bilder anderer besprochener Autoren in dieser Beilage sind dagegen kaum größer als eine Euro-Münze. Der abgebildete Autor Ingo Schulze steht neben dem einspaltig gesetzten Text lässig da und schmunzelt selbstbewusst-verschmitzt; die linke Hand in der Hosentasche, die rechte hält unter dem Arm eine altmodische Schreibmaschine. Schulzes Schmunzeln und die Schreibmaschine verweisen bereits auf den Inhalt seines Buches, das Geschichten enthält, die auf ironische Weise mit traditionellen Erzählmustern spielen. Geschrieben hat diese erste Besprechung der Literaturbeilage Ulrich Greiner. Greiner ist der Leiter der Literaturredaktion dieser Zeitung und zählt zu den renommiertesten deutschen Kritikern, was zumindest die regelmäßigen Leser dieser Zeitung wissen. Auch ohne dass man Greiners Text liest, weiß der Leser also aufgrund all dieser nonverbalen Signale bereits nach einem ersten Durchblättern der Beilage, dass für diese Zeitung das neue Buch von Ingo Schulze das wichtigste dieser Saison ist.

Dies heißt aber nicht, dass das Buch auch zwangsläufig positiv besprochen wird. Greiners Besprechung könnte trotz all dieser deutlichen nichtsprachlichen positiven Wertungen negativ ausfallen, ja sogar in einem fürchterlichen Verriss enden. Vielleicht ist das Buch nur deshalb das wichtigste der Saison, weil es sich um den neuen, lang erwarteten Roman eines berühmten Autors wie Günter Grass oder Martin Walser handelt. In einem solchen Fall

BELLETRISTIK

Der Magier des Banalen

Mit seinem Erzählungsband »HANDY« ist der listenreiche Erzähler Ingo Schulze wieder auf dem Höhepunkt seines Könnens

VON ULRICH GREINER

Überall ist Wunderland / Überall ist Leben / Bei meiner Tante im Strumpfenband / Wie irgendwo daneben.« Das dichtete der gute alte Ringelnatz, schräg und frivol, wie er halt so war, melancholisch und skurril, mit den neugierigen Augen eines Kindes und mit den spöttischen eines Alten auf die Welt blickend.

Beim Lesen von Ingo Schulzes neuen Geschichten hat man wieder dieses Ringelnatz-Gefühl – wie schon damals bei seinem Erzählungsband *Simple Storys* von 1998. Nach seinem umfangreichen Roman *Neue Leben* (2005) ist er dorthin wieder zurückgekehrt, wirkt jetzt aber noch etwas schräger und auf den ersten Blick wirklich »irgendwo daneben«, weil diese *dreizehn geschichten in alter manier* (so der Untertitel) selten eine Pointe haben und keineswegs immer ein zentrales Thema.

Schon wahr: Es sind einige der schönsten Liebesgeschichten darunter, die man sich heutzutage denken kann, erzählt mit intelligenter, verkappter Sentimentalität und doch insofern realistisch, als klar ist, dass auch die Liebe vom Gesetz des Zufalls nicht frei sein kann. Diesem Zufall gibt sich Schulze mit einiger Kühnheit hin und geht manchmal bis an den Rand der Dreistigkeit. »Bevor ich von unseren Tagen in Käsmu erzähle, will ich noch eine Episode erwähnen, die eigentlich nichts mit dieser Geschichte zu tun hat«, heißt es einmal, und was dann kommt, ist wirklich die bloße Abschweifung. Man muss sich seiner Sache schon ziemlich sicher sein, um dermaßen regelwidrig und scheinbar fahrlässig herumzufuhrwerken, aber der überraschende, der wunderbare Effekt stellt sich ein: Die Wirklichkeitsillusion ist perfekt. Man hört diesem unaufgeregten Erzähler zu, als erzähle er die aufregendsten Dinge. Uns ist, als würden wir Zeugen realer, handgreiflicher Vorgänge, als wären wir nicht bloß Leser einer Geschichte, die jemand kunst- und absichtsvoll zu Papier gebracht hat.

Diese Kunst völliger Kunstferne, diese Literatur des scheinbar Nichtliterarischen wirkt, je länger man sich ihr aussetzt, wie ein Geniestreich. Nehmen wir die Geschichte *Eine Nacht bei Boris*. Dieser Boris ist ein nicht mehr ganz junger Mann, mit dem der Erzähler auf unklare Weise befreundet ist. Sie kennen sich flüchtig aus der Schulzeit und sind einander immer wieder mal über den Weg gelaufen. »Wir trafen kurz nach Weihnachten vor dem defekten Leergutautomaten der Extra-Kaufhalle aufeinander. Boris geriet in übertriebene Aufregung, wie ich fand.« Der defekte Leergutautomat – was so anfängt, geht entweder völlig daneben, oder es wird interessant.

Es gibt also eine Einladung zum Essen, Boris ist Hobbykoch. Der Abend beginnt ausgesprochen verkrampft, der Erzähler, seine Frau und die weiteren vier Gäste kennen sich nicht oder kaum, Boris hantiert in der Küche, und seine neue Freundin Elvira, ein geradezu erschreckend junges Ding, bleibt stumm. Man bringt das Essen hinter sich. »Bis wir den Tisch verließen und uns auf die Viersitzer verteilten, war eigentlich nichts passiert, was zu berichten sich lohnte.«

Das ist wieder einer dieser unverfrorenen Sätze. Immerhin sind bis dahin schon sechs Buchseiten vergangen, denen man nicht ohne Interesse gefolgt ist. Warum? Zunächst deshalb, weil Schulze ein begnadeter Erzähler ist, der Menschen und Situationen mit wenigen Strichen zeichnen kann. Dann aber, weil jeder Leser die Peinlichkeit solcher Abende

Fortsetzung *auf Seite 4*

DIE ZEITLITERATUR MÄRZ 2007 | 3

könnte eine Literaturbeilage auch mit einem großen Verriss „aufmachen". Im Falle von Ulrich Greiners Ingo Schulze-Besprechung ist dies jedoch nicht der Fall, es handelt sich um eine einzige Lobeshymne, ja eine Liebeserklärung an diesen Autor.

Für eher unbedeutende Neuerscheinungen gibt es in dieser Beilage die Rubrik „Kritik in Kürze". Da wird beispielsweise der Roman *Ruhelos* von William Boyd besprochen, einspaltig, ohne Bild und nur 41 Zeilen lang. Wer die Besprechung liest, wird feststellen, dass es sich dabei um einen Verriss handelt. Aber auch hier gilt: Nicht jede Kurzbesprechung der *Zeit*-Rubrik „Kritik in Kürze" fällt automatisch negativ aus.
Man sieht: Bereits allein durch das Zusammenspiel der verschiedenen nonverbalen Signale gibt die Literaturkritik dem Leser eine erste Orientierung über ihre Wertungen und Gewichtungen.

Blitzlicht

Die **Bedeutung nichtsprachlicher Wertungen** lässt sich gut am Beispiel der Literaturzeitschrift ***Literaturen*** untersuchen. Das von der österreichischen Kritikerin Sigrid Löffler seit 2001 herausgegebene Magazin bespricht Neuerscheinungen hauptsächlich unter drei festen Rubriken: die wichtigsten Titel ausführlich und mit Autoren- sowie Symbolbildern unter der Rubrik „Bücher des Monats", die weniger wichtigen etwas weniger ausführlich und meist ohne Bilder unter der Rubrik „Das Journal" und den Rest unter der Rubrik „kurz & bündig".

2.3 Kritik und Literaturbetrieb

Der moderne **Literaturbetrieb**, wie er seit dem 18. Jahrhundert entstanden ist (▶ vgl. Kap. 2.3.5), lässt sich als ein System verstehen, in dem verschiedene **Institutionen und Instanzen** miteinander interagieren. Man kann unterscheiden zwischen

- Literaturproduktion: Autoren, Verlage, Lektoren, Literaturagenten
- Literaturförderung: Preise, Wettbewerbe, Literaturhäuser, Stipendien
- Literaturdistribution (-verteilung): Zwischen- und Einzelbuchhandel, Bibliotheken
- Literaturbearbeitung (Verfilmung, Inszenierung): Film, Fernsehen, Theater, Rundfunk
- Literaturverarbeitung/-vermittlung: Literaturkritik, -wissenschaft, -didaktik (Deutschunterricht)
- Literaturrezeption: Leser, Theaterzuschauer (Konsumenten)

Die Literaturkritik ist also ein **Bestandteil des Literaturbetriebs**. Sie produziert (sekundäre) Texte über (primäre) literarische Texte, gehört daher wie die Literaturwissenschaft zum Bereich der **Literaturverarbeitung**. Da sie mit ihren Texten Leser für die Literatur gewinnen will, spricht man auch von **Literaturvermittlung**. Die Kritik ist aber zugleich Teil des **Journalismus** bzw. der **Massenmedien**.

Literaturkritiker gehören wie Journalisten zu den

- **Gatekeepern,** weil sie wie ein Türhüter oder Schleusenwärter den Informationsfluss kontrollieren, also entscheiden, ob und wie ein Buch besprochen wird,
- **Multiplikatoren,** weil sie mit ihren Urteilen über die Massenmedien viele potenzielle Leser/Käufer erreichen,
- **Meinungsführern bzw. Opinionleader,** weil sie mit ihren Urteilen stark die öffentliche Wahrnehmung eines Autors und seines Werkes beeinflussen können.

Diese Beschreibung der Einflussmöglichkeiten bzw. „Macht" von Kritikern gilt für prominente Kritiker wie Marcel Reich-Ranicki oder Elke Heidenreich im besonderen Maße, eingeschränkt aber auch für alle anderen Rezensenten.

Die **handelnden Personen** der Literaturkritik sind

- fest angestellte Kultur- und Literaturredakteure bei Zeitungen und Zeitschriften,
- frei schaffende Rezensenten, die von den Redakteuren mit der Besprechung bestimmter Neuerscheinungen beauftragt werden (▶ vgl. Kap. 2.3.1),
- (fest angestellte oder frei schaffende) Moderatoren oder Sprecher für Literatursendungen im Rundfunk und Fernsehen.

Nach dem französischen Soziologen **Pierre Bourdieu** (1930–2002) ist das Handeln der Institutionen und Instanzen im Literaturbetrieb vor allem als ein Kampf um möglichst einflussreiche Positionen und den Zugang zu den begrenzten Ressourcen zu verstehen. Gerade die Kritiker kämpfen um die **Deutungs- oder Definitionsmacht** über Autoren und Werke und zugleich um die begrenzten Mitarbeiterplätze bei den großen (und zahlungskräftigen) Redaktionen. Anstelle von Macht spricht Bourdieu auch von „Kapital". Neben dem ökonomischen Kapital, also Geld, spielt das **symbolische Kapital** im Literaturbetrieb eine wichtige Rolle. Gemeint ist damit das Prestige bzw. Renommee, das jemand erworben hat – im Literaturbetrieb geradezu ein Äquivalent für Geld. Viele Aktivitäten eines Kritikers wie etwa Vorträge oder das Verfassen eines Aufsatzes für eine Fachzeitschrift mögen nur ein geringes oder gar kein Honorar einbringen, dafür jedoch symbolisches Kapital, also wachsendes Renommee. Je renommierter aber ein Kritiker ist, desto größer ist die Wahrscheinlichkeit, dass er eines Tages Zugang zu lukrativeren Auftraggebern oder gar eine Festanstellung in der Literaturredaktion einer Zeitung erlangt.

Welche **Interaktionen** gibt es zwischen der Literaturkritik und den übrigen Instanzen und Institutionen des Literatursystems? Einige Beispiele:

Autoren: Zu persönlichen Interaktionen zwischen Autor und Kritiker kommt es eher selten, gelegentlich auf Tagungen, Lesungen, Buchmessen oder im Falle eines Interviews. Viele Autoren distanzieren sich gern von der Literaturkritik, haben jedoch, auch wenn es wohl nur wenige zugeben würden, ein Interesse an einem qualifizierten Feedback. Von dem Schriftsteller Burkhard Spinnen stammt das Bekenntnis: „Seit dreizehn Jahren lese ich Kritiken über meine Bücher, und das ist und bleibt natürlich – alle jeweilige Qualität einmal außen vor gelassen – die relevanteste Auseinandersetzung, die ich über meine Texte führe."[82] Vor allem aber haben Autoren natürlich ein Interesse an positiven Urteilen, von denen sie sich eine verkaufsfördernde Wirkung erhoffen. Das kann dazu führen, dass sie sich bei einem Kritiker für ein Lob freundlich bedanken, in der Hoffnung, ihn auch in Zukunft für sich gewogen zu stimmen. Gereizt und empört reagieren viele Autoren aber, selbst und gerade solche Größen wie Günter Grass oder Martin Walser, wenn sie Verrisse ernten. Meist verständnisvoller reagieren Autoren, die, wie der eben erwähnte Burkhard Spinnen, neben ihrer literarischen Tätigkeit selbst für Zeitungen Rezensionen schreiben.

Verlage: Verlage erhoffen sich von der Kritik ebenfalls eine verkaufsfördernde Wirkung. Sie haben ein Interesse daran, dass ein Buch möglichst häufig besprochen und so einem breiten Publikum bekannt wird. Die Presseabteilungen der Verlage versuchen daher, mit Newslettern, E-Mails, Katalogen, Waschzetteln[83] und kostenlosen Werbeexemplaren Kritiker und Literaturredaktionen auf die neue Produktion aufmerksam zu machen und zu einer Besprechung zu animieren. Positive Urteile der Kritik werden von den Werbeabteilungen der Verlage gerne funktionalisiert und z. B. auf die Umschläge von Taschenbuchausgaben gedruckt (amerik. *blurbs*, Kritikerzitate). So zitiert der btb Verlag auf der Vorderseite der Taschenbuchausgabe von Kazuo Ishiguros Roman *Alles, was wir geben mussten* (2006) die FAZ mit dem Urteil: „Ohne Frage der bedeutendste Roman der Saison."

Institutionen der Literaturförderung: Die Jurys von Wettbewerben oder Preisen oder Institutionen, die Stipendien vergeben, beobachten die Kritik, um so Hinweise auf auszeichnungswürdige Autoren zu erhalten. Oft sind renommierte Kritiker auch Mitglieder in solchen Jurys.

Buchhandel: Buchhändler lesen Rezensionen und unterhalten sich mit Kritikern, um sich über die neue Produktion der Verlage zu informieren, um Anregungen zu erhalten, welche Bücher voraussichtlich Bestsellerqualitäten besitzen (und in entsprechend großen Stückzahlen bei den Verlagen bestellt werden sollten) und um ihren Kunden, die sich vielleicht nach einem bestimmten Buch erkundigen, Empfehlungen geben zu können.

Literaturwissenschaft: Für die Literaturwissenschaft gehört das, was über einen bestimmten Autor in den Massenmedien in Form von Rezensionen, Essays usw. veröffentlicht wurde, zur Rezeptions- bzw. Wirkungsgeschichte dieses Autors. Sie ist ein ebenso wichtiger Forschungsgegenstand wie die Institution der Literaturkritik als Ganzes (als Teil des Literatursystems) oder das Problem der literarischen Wertung. Einige Literaturwissenschaftler schreiben in ihrer Freizeit selbst Rezensionen für Tageszeitungen – sie agieren dann aber im Bereich des Journalismus und der Massenmedien und nicht in dem der Fachwissenschaft, d. h., sie schreiben für ein anderes (breiteres) Publikum und müssen sich anderer Textsorten und Schreibweisen bedienen.[84]

2.3.1 Alltag eines Kritikers

Die Tätigkeit eines freischaffenden Rezensenten ist ein **Saisongeschäft**. Zweimal jährlich versenden die Verlage ihre Kataloge mit ihren Frühjahrs- und Herbstprogrammen an alle, die sich in ihren Verteiler (Adresslisten von Empfängern) haben eintragen lassen. Das sind vor allem Buchhändler, Verlagsvertreter, die Literatur- bzw. Kulturredakteure von Zeitungen und Zeitschriften sowie freischaffende Rezensenten und Journalisten. Diese **Kataloge** informieren über die neuen Bücher, lange bevor diese im Buchhandel für den normalen Leser erhältlich sind, und heißen deshalb auch „Vorschauen“. Sie enthalten Inhaltszusammenfassungen, Informationen über die Autoren, Leseproben und Angaben über Umfang, Erscheinungsdatum und Preis. Auch das Umschlagbild sowie ein Bild des Autors sind zu sehen

Aus den **Verlagsprogrammen** sucht sich der Rezensent jene Titel heraus, die für ihn für eine Besprechung infrage kommen. Dabei spielen verschiedene **Auswahlkriterien** eine Rolle, die teilweise sehr pragmatisch sind und auch sein müssen, wenn der Rezensent von seinen Rezensionen leben will. Gute Chancen, auf die Liste zu kommen, haben z. B.:

- Bücher von Lieblingsautoren oder über Lieblingsthemen
- Bücher von bislang zu wenig beachteten Autoren, auf die man aufmerksam machen will
- Romane und Erzählbände (im Unterschied zur Lyrik, die es in der Literaturkritik schwer hat)
- Bücher, deren Beschreibung und Präsentation durch die Verlagswerbung neugierig gemacht haben
- „Spitzentitel“, die in der kommenden Saison vermutlich als besonders bedeutend gelten werden, über die „man“ spricht, denen besonders viel Aufmerksamkeit geschenkt wird („der neue Roman von Martin Walser“ usw.)

- Bücher, von denen der Kritiker vermutet, dass Zeitungen sich für eine Besprechung interessieren würden, weil das Thema gerade „in" ist (z. B. John Updikes 2006 erschienener Roman *Terrorist* über einen islamistischen Terroristen in den USA)
- Bücher, deren Besprechung nicht allzu zeitaufwändig wäre: Die Rezension eines 200-Seiten-Romanes kostet natürlich erheblich weniger Zeit als die eines 1000-Seiten-Wälzers, der womöglich auch noch ästhetisch besonders anspruchsvoll ist – würde aber in der gleichen Höhe honoriert werden. Deshalb kann es sich ein Rezensent nur in begrenztem Umfang leisten, aufwändigere Titel zu besprechen.
- Bücher, bei denen der Rezensent glaubt, einigermaßen kompetent zu sein und sie auch beurteilen zu können, die in eines seiner „Spezialgebiete" fallen. (Nicht jeder traut sich zu, den Roman eines chinesischen Autors oder ein Sachbuch über Quantentheorie besprechen zu können.)

Mit den Titeln, die er sich ausgesucht hat, geht der Rezensent nun bei den Redaktionen, für die er als freier Mitarbeiter tätig ist, „haussieren", d. h., er reicht seine **Vorschläge** ein. (Manchmal verläuft es auch umgekehrt und der Redakteur schlägt seinem Mitarbeiter Buchtitel zur Besprechung vor oder die Redaktion verschickt Listen mit Buchttiteln, in die sich der Rezensent eintragen kann.) Neben Buchbesprechungen sind auch andere **Themenvorschläge** möglich und willkommen, z. B. für Autorenporträts; aber damit sich eine Zeitung dafür interessiert, bedarf es in der Regel eines **Anlasses** (im Fachjargon auch „Aufhänger" genannt). Das kann ein runder Geburts- oder Todestag sein, das Erscheinen einer Werkausgabe oder eine Verfilmung.
Die Redakteure (die in der Zwischenzeit ebenfalls die Verlagskataloge studiert haben) sammeln die Vorschläge ihrer Mitarbeiter, überlegen, welchem Mitarbeiter sie welche Besprechung anvertrauen können, und verteilen dann dementsprechend ihre **Aufträge**. Häufig macht der Redakteur seinen Rezensenten auch gleich Vorgaben, bis wann sie ihre Texte spätestens schicken sollen und welcher Umfang jeweils nicht überschritten werden darf (in Zeichen, Zeitungszeilen oder, beim Rundfunk, in Minuten und Sekunden).
Hat der Kritiker seine Aufträge, wendet er sich an die Presseabteilungen der jeweiligen Verlage und bittet sie um Zusendung eines **Besprechungsexemplars.** Hat der Kritiker sein Freiexemplar erhalten, kommt als nächstes die Lektüre. Ist der Rezensent zu seinem Urteil gekommen, wird der Text geschrieben (manchmal entsteht das Urteil auch erst während des Schreibens), gründlich überarbeitet und an die Redaktion geschickt (heute per E-Mail). Im Falle einer Besprechung für den Rundfunk muss der Rezensent noch ins Aufnahmestudio und seinen Text „einsprechen".
Wenn die Rezension in der Zeitung oder Zeitschrift erschienen ist oder im Rundfunk gesendet wurde, erhält der (freischaffende) Kritiker sein **Honorar**. Seine Höhe richtet sich sowohl nach der Länge des Beitrags wie nach der Auf-

lage und dem Verbreitungsgrad des Mediums. Die höchsten Honorare zahlen die öffentlich-rechtlichen Rundfunkanstalten, dann kommen die überregionalen Qualitätszeitungen, dann die Regional- oder Lokalzeitungen. Für eine durchschnittliche Rezension von 5000-6000 Zeichen Länge erhält man beim Rundfunk ca. 300 Euro, bei einer überregionalen Zeitung zwischen 100 und 200 Euro und bei einer regionalen Zeitung zwischen 50 und 100 Euro. (Stand 2008) Das ist, wenn man es auf den Stundensatz umrechnet, nicht viel, im Vergleich mit anderen freischaffenden Berufen mit ähnlichem (akademischen) Ausbildungsgrad sogar sehr wenig. Die Literaturkritik gehört nicht gerade zu den gut bezahlten Tätigkeiten, und ohne ein wenig Idealismus und Leidenschaft für Literatur ist sie ein klarer Fall von Selbstausbeutung. Viele betreiben das Rezensieren daher nur als **Nebentätigkeit**.

Blitzlicht

„Im Anfang war das Rezensionsexemplar, und einer bekam es vom Verleger zugeschickt. Dann schrieb er eine Rezension. Dann schrieb er ein Buch, welches der Verleger annahm und als Rezensionsexemplar weitergab. Der nächste, der es bekam, tat desgleichen. So ist die moderne Literatur entstanden." (Karl Kraus)[85]

2.3.2 Die Adressaten

Die Literaturkritik richtet sich vorrangig an potenzielle Leser der besprochenen Bücher. Ihr **Hauptadressat ist daher das breite (Lese-)Publikum**, dem sie Lektüre- und Kaufempfehlungen geben will. Darüber hinaus richtet sich die Kritik aber auch an alle anderen Akteure und Institutionen im Literaturbetrieb (einschließlich der literaturkritischen Kollegen) und wird von diesen aufmerksam wahrgenommen (häufig sogar mehr als vom „normalen" Leser). Dies lässt sich allgemein von jeder Buchbesprechung sagen. Im Fall einer konkreten Rezension kann die **Gewichtung** jedoch sehr **unterschiedlich** ausfallen. Im Einzelfall muss der Hauptadressat durchaus nicht der „normale" Leser sein. Marcel Reich-Ranickis berühmter Verriss des Romans *Ein weites Feld* von Günter Grass im Magazin *Der Spiegel* (v. 21.8.1995) beginnt mit den Worten „Mein lieber Günter Grass", ist also ein an den Autor gerichteter offener Brief (▶ vgl. Kap. 2.2). Ein anderer berühmter Kritiker, Hermann Hesse (▶ vgl. Kap. 2.3.6), forderte in Rezensionen häufig Verleger auf, die Werke eines vergessenen Autors endlich wieder neu aufzulegen. Enthält ein Buch viele sachliche oder orthografische Fehler, kritisieren Rezensenten gern den dafür zuständigen Lektor des Verlages.

Die wichtigsten möglichen Adressaten

- der Leser (das allgemeine breite Lesepublikum, ein spezielles Publikum einer bestimmten Literaturrichtung oder eines Mediums oder einer gesellschaftlichen Schicht, eine Leserschaft mit viel oder wenig literarischem Vorwissen usw.)
- der/die Autor(en)
- Kritikerkollegen
- der Verlag (Verleger, Lektorat)
- Buchhändler/Bibliothekare

Wer literaturkritische Texte untersucht, sollte daher auch darauf achten, an wen sich der Text vorrangig richtet (**Zielpublikum**) und welche Vorstellung ein Kritiker von seinem Adressaten hat. Die häufige Verwendung von Fachbegriffen etwa deutet darauf hin, dass sich der Kritiker primär an ein Fachpublikum richtet, zahlreiche literarische Anspielungen und Verweise auf andere Autoren, dass der Kritiker von einem literarisch gebildeten Publikum ausgeht. Der Hauptadressat eines Textes korrespondiert gewöhnlich mit dem Rollenselbstverständnis des Kritikers.

2.3.3 Die Rolle des Literaturkritikers

Die Tätigkeit des Kritikers wurde und wird häufig durch **Vergleiche mit sozialen Rollen** charakterisiert. Dabei handelt es sich um Selbst-, aber auch um Fremdbeschreibungen der Kritik: Mit manchen dieser Vergleiche haben die Kritiker ihr eigenes Verständnis von ihrer Tätigkeit beschrieben, mit anderen wurde von außen ihre Tätigkeit gekennzeichnet – nicht selten von Gegnern der Kritik und in polemisch-denunzierender Absicht. So wurde der Vergleich eines Kritikers mit dem Papst („**Literaturpapst**") stets von außen an einen in der Regel besonders prominenten und mächtigen Kritiker herangetragen. Vermutlich würde kein Kritiker von sich selbst behaupten, *unfehlbar* zu sein – eben dies aber impliziert dieser meist ironisch gemeinte Vergleich. Selbst Marcel Reich-Ranicki lehnt diese Bezeichnung für sich kategorisch ab.[86]

Es lohnt daher, sich diese Rollenbeschreibungen näher anzuschauen. Beliebt waren und sind **metaphorische Übertragungen** aus dem Bereich von **Jurisprudenz** (Richter, Anwalt) und **Medizin** (Arzt). Doch wurde der Rezensent auch schon mit einem Liebhaber oder Verwandlungskünstler verglichen. In der Untersuchung der literaturkritischen Praxis eines Rezensenten zeigt sich oft, dass er nicht nur *eine* Rolle vertritt, sondern je nachdem, wie sein Urteil über ein Buch ausfällt, eine etwas andere. Dennoch sollen im Folgenden exemplarische Kritiker genannt werden, für deren Praxis ein bestimmtes Rollenselbstverständnis besonders charakteristisch war oder ist.

Überblick

Die wichtigsten Rollen von Kritikern

- Richter
- Anwalt
- Lehrer, Erzieher, Missionar
- Arzt
- Diener, Freund des Autors
- Soziologe, Gesellschaftskritiker
- Liebhaber, Connaisseur (Kenner)
- Verwandlungskünstler
- (Über-)Künstler

- **Richter**
  Als Richter fällt der Kritiker letztgültige Urteile, die die Leserschaft nur hinnehmen kann. Die Literatur ist in der Rolle des Angeklagten, der schuldig oder freigesprochen wird. Vorausgesetzt wird der Glaube an feste, überzeitliche Wertmaßstäbe.
  Beispiel: Johann Christoph Gottsched (► vgl. Kap. 2.3.5, S. 96).

- **Anwalt**
  Der Kritiker kann Anwalt oder Staatsanwalt, Verteidiger oder Ankläger, sein. Er kann die Ansprüche des Publikums, des Autors oder der Literatur im Allgemeinen vertreten. Er spricht keine letztgültigen Urteile, sondern hält Plädoyers – das Urteil überlässt er dem Leser, der sich in der Rolle des Richters oder eines Geschworenen befindet. Der Anwalt will dem Prozess der Wahrheitsfindung dienen, ohne selbst schon den Anspruch zu erheben, im Besitz der Wahrheit zu sein.
  Beispiel: Gotthold Ephraim Lessing (► vgl. Kap. 2.3.5, S. 96), Marcel Reich-Ranicki (► vgl. Kap. 2.3.6, S. 104 f.).

Blitzlicht

Marcel Reich-Ranicki beschreibt seine Kritikerrolle so: „Zunächst bin ich verpflichtet, den Autor, dessen Buch ich rezensiere, zu verteidigen. (…) Mein Autor ist mein Mandant, mein Schützling. Ich habe ihm zu dienen, seine Sache zu vertreten. (…) Der Verteidiger muss jedoch zugleich ein Ankläger sein. (…) In wessen Namen also klage ich an? Die ehrliche Antwort auf diese Frage klingt pathetisch: im Namen der Literatur. Ich muss jede Seite des neuen Werks misstrauisch lesen, ich muss es hartnäckig anzweifeln. (…) Zwei Seelen wohnen also in den Kritikers Brust, in zwei Rollen tritt er gleichzeitig auf: als Rechtsanwalt und als Staatsanwalt. (…) die Summe der beiden Plädoyers, des verteidigenden und des anklagenden – das ist die Kritik".[87]

- **Lehrer, Erzieher, Missionar**
  Die pädagogischen Absichten des Kritikers können sich auf den Autor oder auf das Publikum richten. Der Autor soll die Ratschläge beherzigen, um bessere Bücher zu schreiben. Die Leserschaft soll anstelle von schlechter Literatur gute lesen. Extreme Rolle: Arzt, s. u.
  Beispiel: Marcel Reich-Ranicki (▶ vgl. Kap. 2.3.6, S. 104 f.).

- **Arzt**
  Als „Arzt" will der Kritiker „Symptome" für „Erkrankungen" des Kulturbetriebs aufzeigen oder das Lesepublikum vor schädlichen Einflüssen bewahren. Dieses Rollenselbstverständnis setzt voraus, dass schlechte Literatur krankmachende Folgen haben kann. Konsequent weitergedacht, würde dies die „Ausmerzung" oder „Unschädlichmachung" dessen, was krank macht, rechtfertigen, also letztlich zur Zensur auffordern. Dieses Rollenbild war in der NS-Zeit gängig, als man die „deutsche" Literatur vor dem „schädlichen" Einfluss jüdischer Autoren bewahren zu müssen glaubte. Eine harmlose Variante wäre, dass der Kritiker den Autor „kurieren" will.
  Beispiel: Adolf Bartels (▶ vgl. Kap. 2.3.6, S. 102).

- **Diener, Freund des Autors**
  Der Kritiker sieht sich als Diener und Freund des Autors, dessen Werk er dem Publikum vermitteln will. Dem Autor wird die Rolle eines gottgleichen, unantastbaren Genies zugewiesen; negative Kritik findet daher kaum statt, der Kritiker sieht sich als eine Art Prophet und Verkünder des Genies. Im „Dritten Reich" entstand aus dieser Rolle das Konzept der bloß vermittelnden (aber nicht negativ kritisierenden) „Kunstbetrachtung".
  Beispiel: Johann Gottfried Herder (▶ vgl. Kap. 2.3.5, S. 98).

- **Soziologe, Gesellschaftskritiker**
  Der Kritiker untersucht die Marktmechanismen im Literaturbetrieb, die Gründe für Bestsellererfolge. Seine literaturkritischen Texte sind weniger an den Leser gerichtet, sondern mehr an den Literaturbetrieb insgesamt, der über sich selbst und seine Mechanismen aufgeklärt werden soll.
  Beispiel: Walter Benjamin (▶ vgl. Kap. 2.3.6, S. 103).

- **Liebhaber, Connaisseur (Kenner)**
  Es dominiert ein subjektivistischer Zugang zur Literatur; die Rezensionen gleichen Bekenntnissen und Geständnissen. Der Kritiker reagiert stark emotional auf ein Buch, begeistert-liebend, angewidert-abgestoßen oder empört. Gegenüber dem Publikum ist der Kritiker nicht überlegen, sondern gleichrangig: Auch dem (gebildeten) Leser wird unterstellt, ein solcher Liebhaber und Kenner zu sein.
  Beispiel: Hermann Hesse(▶ vgl. Kap. 2.3.6, S. 101).

- **Verwandlungskünstler**
  Der Kritiker verfügt über keine eigenen Wertmaßstäbe, sondern entnimmt sie dem jeweils neuesten Buch. Dieses Rollenselbstverständnis betont den ständigen Wechsel, das Neue in der Literatur, das Auf und Ab der Wertmaßstäbe und Vorlieben, das der Kritiker erkennen und, als Repräsentant des Zeitgeistes, bejahen und (unkritisch) vertreten muss. Nähe zur Rolle des Dieners.
  Beispiel: Hermann Bahr (▶ vgl. Kap. 1.3.3, S. 39: Impressionismus)

Blitzlicht

Der Programmatiker der Wiener Moderne, **Hermann Bahr,** beschrieb seine Kritikerrolle so: „Der Kritiker muss ein Verwandlungsmensch sein, ein Kautschukmann und Schlangenmensch des Geistes, der immer aus seiner Haut und in jede fremde Natur kriecht, um aus ihr heraus zu berichten, was in ihr drin geschieht und wie es da aussieht. Der Kritiker muss sich des Eigenen völlig entäußern (...)."[88]

- **(Über-)Künstler** (Friedrich Schlegel, Oscar Wilde, Alfred Kerr, ▶, S. 99 f.)
  Die Kritik wird als der Kunst/Literatur gleichrangig bzw. als Teil der Kunst angesehen. Die Kunst gelangt erst in der Kritik bzw. Reflexion zu ihrer Vollendung. Die Kritik ist kein bloßes Mittel zur Vermittlung von Literatur, sondern (wie die Kunst) Selbstzweck. Die Kritik besitzt sprachlich ästhetische Qualitäten und damit einen Eigenwert, auch unabhängig vom besprochenen Werk.

2.3.4 Medien der Literaturkritik

Die Literaturkritik als eine öffentlich literaturvermittelnde Institution bedarf eines Kommunikationsmittels bzw. -mediums, das ihre Urteile und Wertungen verbreitet. Solche Medien sind traditionell und bis heute vor allem die Printmedien (Zeitungen, Zeitschriften), seit den 1920er Jahren auch der Rundfunk, seit den 1950er Jahren das Fernsehen und seit den späten 1990er Jahren das Internet.

Überblick

Die Medien der Literaturkritik
- Zeitschriften
- Zeitungen
- Rundfunk
- Fernsehen
- Internet

- **Zeitschriften**
  Zeitschriften weisen im Vergleich mit Zeitungen ein **längeres Erscheinungsintervall** auf; sie erscheinen wöchentlich, monatlich oder auch nur vierteljährlich. Dementsprechend sind sie **tendenziell weniger aktuell** als täglich erscheinende Zeitungen. Sie haben auch ein anderes Format und sind meist **geheftet**. Für die Entstehung der Literaturkritik im 17. und 18. Jahrhundert waren die Zeitschriften der Aufklärer, die „**Moralischen Wochenschriften**" von großer Bedeutung, mit denen dem bürgerliche Publikum aufklärerische Ideale vermittelt werden sollten. Im 18. Jahrhundert entstanden auch die ersten reinen Rezensionsorgane, also Zeitschriften, die sich inhaltlich ganz auf die Besprechung von literarischen oder wissenschaftlichen Neuerscheinungen konzentrierten. Ein berühmtes Beispiel ist die *Jenaische Allgemeine Literatur-Zeitung*, deren Gründung im Jahr 1804 Goethe initiiert hatte. **Literaturzeitschriften** veröffentlichen literarische *und* literaturkritische Texte wie etwa die wenige Jahre zuvor ebenfalls in Jena erschienene Zeitschrift der Frühromantiker *Athenäum* (1798–1800). In der Literaturgeschichte haben solche Organe eine wichtige Rolle bei der Herausbildung neuer literarischer Strömungen gespielt. Erinnert sei an die Bedeutung von Zeitschriften wie *Die Gesellschaft* (1885–1902) für die Naturalisten, der *Freien Bühne* (seit 1890; unter dem Titel *Neue Rundschau* noch heute erscheinend) für die Impressionisten oder *Die Aktion* (1911–1932) für die Expressionisten. – In der Gegenwart ist die Bedeutung der Zeitschriften für die Literaturkritik stark zurückgegangen. Auflagenstarke **Publikumszeitschriften** wie *Der Spiegel, Focus* oder *Brigitte* berichten regelmäßig im Rahmen ihres Kulturteils auch über einzelne Neuerscheinungen oder einzelne Autoren. Die wichtigste Zeitschrift, die sich in der Gegenwart ganz der Literaturkritik widmet, ist *Literaturen* (seit 2000), ein „Journal für Bücher und Themen", das von der österreichischen Publizistin Sigrid Löffler herausgegeben wird. Für eine breitere, mehr an Unterhaltungsliteratur interessierte Leserschaft erscheint seit 2003 die Zeitschrift *bücher*.

- **Zeitungen**
  Die Zeitungen sind bis heute **das wichtigste Medium** der Literaturkritik. Sie werden nach ihrer Erscheinungsweise nach Tages- und Wochenzeitungen unterschieden. Nach ihrer Verbreitung werden sie in **Lokal- oder Regionalzeitungen** sowie überregionale Zeitungen eingeteilt; letztere nennt man aufgrund ihres Anspruchs auch **Qualitätszeitungen**. Neben den Themen Politik, Wirtschaft, Sport, Unterhaltung und (ggfs.) Lokales ist Kultur für alle Zeitungen ein fester Bestandteil. Die Kulturseiten werden traditionell auch **Feuilleton** genannt. Die Literaturkritik nimmt von Zeitung zu Zeitung einen unterschiedlich großen Platz ein; sie ist in den überregionalen „Qualitätszeitungen" von ihrem Anspruch her ungleich bedeutender als jene in den Regionalzeitungen. In Zeiten schrumpfender Auflagen und

zurückgehender Werbeeinnahmen wird meist als erstes bei der Kulturberichterstattung gespart, weshalb gerade viele Regionalzeitungen dazu übergehen, nur noch kurze Buchhinweise (Lesetipps) oder Werbetexte der Verlage (Waschzettel) als Kritik-Ersatz zu veröffentlichen. Bei kleineren Zeitungen ist meist der Kulturredakteur für die Betreuung der Literaturkritik zuständig (die er überwiegend an freie Mitarbeiter delegiert); größere Zeitungen leisten sich einen oder mehrere **Literaturredakteure.** Einige Zeitungen haben eine feste, regelmäßig erscheinende **Bücherseite** (z. B. in der Wochenendbeilage), andere veröffentlichen unregelmäßig einzelne Buchrezensionen auf den Kulturseiten neben Berichten über Konzerte, Kunstausstellungen oder Kinotipps. Die überregionalen Zeitungen produzieren zusätzlich mehrmals jährlich (meist vor Weihnachten, der Leipziger Frühjahrs- und der Frankfurter Herbst-Buchmesse sowie im Sommer) mehr oder weniger umfangreiche **Literaturbeilagen.**

Info

Die für die Literaturkritik **bedeutendsten Zeitungen**, die gegenüber den übrigen Medien eine Leitfunktion innehaben **(Leitmedien)**, sind:
- *DIE ZEIT* (Hamburg, Wochenzeitung),
- die *Frankfurter Allgemeine Zeitung*,
- die *Süddeutsche* (München),
- die *tageszeitung* (Berlin),
- die *Frankfurter Rundschau*,
- die *Welt* (mit ihrer wöchentlichen Literaturbeilage *Die literarische Welt*, Berlin),
- der *Tagesspiegel* (Berlin).

Überregionale Zeitungen aus Österreich wie *Der Standard* werden in Deutschland kaum wahrgenommen, wohl aber aus der Schweiz die altehrwürdige *Neue Zürcher Zeitung* (erscheint seit 1780).

- **Rundfunk**[89]

  Ein neues Medium der Literaturkritik entstand in Deutschland mit der Einführung des Rundfunks **1923**. Viele Kulturschaffende begegneten dem neuen Massenmedium (bis 1929 drei Millionen Hörfunkapparate mit ca. neun Millionen Hörer) zunächst optimistisch, weil sie in ihm eine Möglichkeit sahen, Literatur zu popularisieren und auch an jene Schichten zu vermitteln, die bislang vom literarischen Leben weitgehend ausgeschlossen waren, also an die Arbeiter- und Angestelltenschichten. Die Inhalte der Rundfunksender bestanden in den 1920er Jahren zu einem großen Teil aus Literatur (Lesungen, Hörspiele, Übertragung von Theaterinszenierungen usw.). Sie boten auch der Literatur- und Theaterkritik einen neuen Absatzmarkt. Nach 1925 wurden zahlreiche literaturvermittelnde und -kritische

Sendungen produziert. Literaturkritiker wie Walter Benjamin oder Herbert Ihering waren für Einführungen und Kurzporträts zu Beginn von Autorenlesungen wie der *Stunde der Lebenden* der Berliner *Funkstunde* zuständig. Als neue Formen der Kritik entstanden der Dialog bzw. das **Gespräch** sowie das **Interview;** sie zeichneten sich durch Lebendigkeit und Spontaneität aus. Später entwickelte sich noch die Mischform des **Features**, die mit Montagen und Collagen von mündlicher Rede, Geräuschen, Musik usw. arbeitet. Im Rundfunk der 1920er und frühen 1930er Jahre debattierten Kritiker mit Autoren über ihre Werke: Herbert Ihering mit Bertolt Brecht, Alfred Kerr mit Thomas Mann. – Während der Rundfunk nach dem Krieg in den 1950er Jahren noch einmal für einige Zeit als Leitmedium fungierte, ist seine Bedeutung – auch aufgrund veränderter Hörgewohnheiten, die das Radio zum bloßen Hintergrundmedium degradieren – seit der Einführung des Fernsehens stark gesunken. Heute dominiert der „Dudelfunk", der auf „durchhörbare" Popmusik setzt. Die Literaturkritik findet im Radio inzwischen ungleich weniger Beachtung als in den Qualitätszeitungen. Dennoch gibt es in den Programmen beinahe aller **öffentlich-rechtlichen Rundfunkanstalten** anspruchsvolle Kultur- und Literatursendungen, da diese Anstalten nach dem Rundfunkstaatsvertrag (1991, 3. Abschnitt, § 41 Programmgrundsätze) dazu verpflichtet sind, einen gewissen Anteil ihres Programms auch der Kultur zu widmen, unabhängig davon, dass es sich hier nur noch um Minderheiten- bzw. Spartenprogramme handelt. Der private Rundfunk, für den allein die Einschaltquote zählt, verzichtet dagegen praktisch gänzlich auf Literaturkritik.

Einige **literaturkritische Sendungen** im Rundfunk:

- Bayern 2: *Diwan*
- WDR 3: *Mosaik, Gutenbergs Welt*
- Radio Bremen: *Literaturzeit*
- SR 2: *BücherLese*
- SWR 2: *Die Buchkritik*
- Deutschlandfunk: *Büchermarkt*

- **Fernsehen**[90]

  Das Fernsehen hat seit den 1960er Jahren den Rundfunk als **Leitmedium** abgelöst. Anders als im Fall des Rundfunks war die Qualität der Literaturkritik im Fernsehen aber von Anfang an umstritten. Fernsehen gilt vielen als das buchfernste Medium. Während die Bedeutung der sprachlichen Vermittlung im Fernsehen tendenziell eher zurücktritt, wird die Kritik von neuen Faktoren wie **Regie- und Kameraführung, visuelle Darstellung literarischer Inhalte und Formen**, **Personalisierung** von Literatur/Kritik durch **Interviews** mit Autoren und Kritikern dominiert. Obwohl die Einschaltquoten der einschlägigen Sendereihen in den Dritten Programmen von Anfang an marginal blieben, ließ sich schon in den 1970er Jahren das neue Phänomen beobachten, dass übers Fernsehen vermittelte Bücher zumindest in Einzelfällen quasi über Nacht zu Bestsellern werden können. Ein Stück Fernsehgeschichte wurde geschrieben, als 1988 Marcel Reich-Ranicki (zusammen mit Hellmuth Karasek, Sigrid Löffler und zunächst Jürgen Busche) mit dem *Literarischen Quartett* (ZDF) auf Sendung ging. Vier Kritiker stritten sich vor bis zu 800.000 Zuschauern 75 Minuten lang über die Qualität von Büchern und verhalfen vielen der von der Runde besprochenen Titeln zu Bestsellerehren. Nach diesem Prinzip funktioniert bis heute der vom Schweizer Fernsehen produzierte *Literaturclub,* der in Deutschland über 3sat zu sehen ist. Die erfolgreicheren unter den literaturkritischen TV-Formaten zeichnen sich durch eine **personalisierte Präsentation** aus: Die Person des Kritikers, die für die Richtigkeit eines Urteils bürgt, rückt auf dem Bildschirm in den Vordergrund. Die ZDF-Sendung *Lesen!* (seit 2003) mit Elke Heidenreich ist dafür gegenwärtig das beste Beispiel. Je engagierter, suggestiver und rhetorisch geschickter ein Urteil vorgetragen wird, desto überzeugender ist es. Das schlägt sich messbar in Verkaufszahlen nieder. **Literaturkritik im Fernsehen ist ungleich wirkungsvoller als die in den Printmedien.** Das Gros literaturkritischer Fernsehsendungen besteht jedoch nicht aus **Bücher-Talkshows** wie *Lesen!* oder *Literaturclub*, sondern aus **Magazin-Formaten** wie *LeseZeichen* (BR), *druckfrisch* (ARD) oder *Literatur im Foyer* (SWR). In diesen Sendungen werden die vorgestellten Titel in ca. fünfminütigen Einzelbeiträgen vorgestellt, d.h. mehr oder weniger gekonnt bebildert und kommentiert. Die knappen Wertungen spricht meist ein Sprecher im Off, während der Moderator für die Überleitungen zuständig ist oder Gespräche mit Autoren oder Kritikern führt. Reflexion und vor allem Wertung nehmen dabei meist nur einen geringen Raum ein. Die Zurückhaltung in Sachen Wertung führt dazu, dass es nur selten Verrisse gibt, **positive Empfehlungen dominieren**. „Verrisse bekommt man ihm Fernsehen so gut wie nie durch“, erklärt Gert Scobel, einer der jüngeren Fernseh-Kritiker. „Dafür ist die Sendezeit zu kostbar. Ein Verriss lohnt sich nur, wenn hohe Erwartungen an ein Buch gestellt wurden.“[91] Was im Abschnitt über den Rundfunk zum Unterschied zwischen öffentlich-rechtlichen und privaten Sendern gesagt wurde, gilt auch hier; Literaturkritik hat auf privaten TV-Kanälen Seltenheitswert.

Blitzlicht

Der Autor und Fernsehjournalist Jürgen Lodemann hat das Geheimnis der **Wirkung von TV-Literaturkritik** so beschrieben: „Die Stärke des Bildermediums liegt nicht in seinen Informationsmöglichkeiten, seine Stärke liegt in seinen Fähigkeiten zur Suggestion. (...) Das braucht nur Professoren im Wortsinn: also Bekenner. Bekennen kann auch ein

> Zuschauer im Studio, dass ihm was gefallen, missfallen hat und warum. Die Erfahrung hat mir gezeigt: Ein Disput für oder wider eine Neuerscheinung (...) oder eine Konfrontation von Rezensent und Opfer (solang die noch miteinander reden), etwa von Reich-Ranicki und Walser – oder auch nur ein engagierter Autor – zwölf Minuten nur ein Gesicht im Bild – das Wort also dort stehen gelassen, wo es im Anfang war, im Munde (des Propheten): dann springt der Funke. Dann sind Fragen, Verwirrung, Neugier und Lese-Appetit da."[92]

- **Internet**[93]

  Das Internet ist seit Ende der 1990er Jahre ein neues Medium der Literaturkritik. Schon jetzt hat das Web den Journalismus generell und damit auch die Kritik nachhaltig verändert. Man muss kein Prophet sein, um vorauszusagen, dass das Internet das Leitmedium der Zukunft sein wird. So folgen schon heute erste Zeitungsredaktionen dem Prinzip *Online first!*: Während es bislang üblich ist, Zeitungsbeiträge auf der Internetseite zweitzuverwerten, also erst dann online zu stellen, nachdem sie gedruckt erschienen sind, veröffentlichen zum Beispiel seit 2005 die Londoner *Times* oder seit 2006 die Berliner Tageszeitung *Die Welt* ihre Artikel zuerst im Netz und erst tags darauf in ihrer gedruckten Ausgabe.

Mediale Vorteile des Internets
- Aktualität
- weltweite Zugriffsmöglichkeit
- jeder kann im Internet seine Inhalte publizieren
- keine Beschränkungen hinsichtlich des Umfangs von Beiträgen
- Vernetzbarkeit (Verlinkung) von Inhalten
- Möglichkeit, auch ältere Artikel langfristig zugänglich zu halten (Archivfunktion)
- Publikation von Text-, Video- und Audioinhalten

Für die „alten" Medien (Zeitungen, Rundfunk, Fernsehen) ist das Internet zunächst „nur" ein zusätzlicher Vertriebskanal, durch den sie ihre Inhalte **archivieren** und für den Konsumenten dauerhaft nutzbar machen können. So halten die großen Qualitätszeitungen ihre redaktionellen Inhalte, darunter auch Buchbesprechungen, online abrufbar (zum Teil kostenpflichtig). Auch literaturkritische Sendungen im Rundfunk oder Fernsehen veröffentlichen im Internet auf eigenen Seiten ausdruckbare Textversionen der gesendeten Rezensionen, bibliografische Angaben der in der letzten Sendung besprochenen Bücher und/oder downloadbare Hör- oder Videodateien der Beiträge oder Sendungen – ein willkommener Service für den Nutzer, der sich die Beiträge dann auf seinem iPod oder Mp3-Player anhören oder ansehen kann. Das Kulturmagazin *perlentaucher.de* liefert tägliche Überblicke über die in den Qualitätszeitungen erschienenen kulturellen und literaturkritischen Beiträge und veröffentlicht „Rezensionsnotizen", kurze Zusammenfassungen der Besprechungen in den großen Tageszeitungen. Folgenreicher für die Literaturkritik ist jedoch, dass das Internet dazu führt, dass der **Unterschied zwischen professioneller Literaturkritik und Lesepublikum** zunehmend **aufgehoben** wird. Das technische Know-how vorausgesetzt, kann heute jeder Rezensionen auf seiner (privaten) Homepage publizieren oder seine Urteile über Autoren und Bücher in **Weblogs** (Blogs) veröffentlichen und somit weltweit zugänglich machen. Tausende von Lesern auf der ganzen Welt veröffentlichen auf ihren Seiten Lesetipps, Hinweise oder führen Lesetagebücher online. Animiert werden die Laienkritiker von **Online-Buchhändlern** wie *Amazon,* die die Kritik für Werbung und Verkauf funktionalisieren. Kunden haben die Möglichkeit, ihre Urteile über ein gelesenes Buch zu veröffentlichen. Diese neue Form der Literaturkritik, die **Kundenrezension**, lädt allerdings zum Missbrauch ein: Es sind bereits Fälle bekannt geworden, in denen Autoren unter einem Pseudonym ihr eigenes Buch gelobt haben oder Verlage ihre eigene Buchproduktion.

Inzwischen haben sich im Internet auch eigene **Rezensionsforen** etabliert wie *carpe librum (http://carpe.com/buch/)* oder Literaturportale wie *literaturcafe.de* oder *readme.cc*. Das bedeutendste dieser Foren ist *literaturkritik.de,* eine seit 1999 an der Universität Marburg herausgegebene Online-Zeitschrift, auf die in jedem Monat über 60.000 Leser zugreifen. Während die meisten anderen dieser Foren die für Printmedien charakteristische Periodizität aufgeben und neu eingegangene Rezensionen fortlaufend veröffentlichen, hält *literaturkritik.de* noch an der Tradition periodisch erscheinender Ausgaben fest. Die ca. 100 Rezensionen pro monatlicher Ausgabe werden von Literatur- und Kulturwissenschaftlern, professionellen Kritikern und Nachwuchsrezensenten geschrieben, viele von ihnen Studierende. Das Beispiel *literaturkritik.de* zeigt, dass das Internet nicht nur den Lesern eine Stimme verschafft, sondern auch der anspruchsvollen Kritik einen neuen Raum etwa für ausführliche Rezensionen und Essays gibt, der ihr in den Zeitungen aufgrund von Einsparungen immer mehr beschnitten wird.

Blitzlicht

Die Folgen der **Demokratisierung der Literaturkritik** durch ein wachsendes Heer von Laienrezensenten im Internet sind bislang kaum absehbar. „Die Stimme des Kritikers ist nur noch eine unter vielen Stimmen, die das Meinungsbild über neue Kulturwaren formen", kommentiert Sigrid Löffler die gegenwärtige Situation. „Wo sich jeder Laie als Kritiker fühlt, wo Politiker, Minister, Präsidenten, Fernseh-Talkmaster, Schauspieler, Haubenköche und Society-Friseure öffentliche Kunsturteile fällen und wo Teenager über Rockbands auf deren Homepage delirieren, dort hat der Berufskritiker seine Aura des Respekts verloren."[94] Ob das ein Schaden ist, bleibt abzuwarten.

2.3.5 Die Entstehung der Literaturkritik im 18. und frühen 19. Jahrhundert[95]

Stichworte zur Entstehung der Literaturkritik

- von der Regelpoetik zur Genieästhetik
- Aufklärung („Zeitalter der Kritik")
- Bürgertum
- „interesseloses Wohlgefallen" (Kant)
- Moralische Wochenschriften
- Lesegesellschaften
- Alphabetisierung
- „Lesesucht", „Lesewut"
- von der intensiven Wiederholungslektüre zum einmaligen, extensiven Lesen
- Ausdifferenzierung von Lesergruppen
- Modernisierung des Buchmarkts
- starker Anstieg der Buchproduktion
- „freie" Autoren
- Professionalisierung des Rezensionswesens
- Spaltung der Literatur in „hohe", esoterische Kunst und Trivialliteratur
- Trennung von journalistischer Literaturkritik und akademischer Literaturwissenschaft

Wichtige Literaturkritiker des 18. und frühen 19. Jahrhunderts

- Gottsched: der Kritiker als Kunstrichter
- Lessing: der Kritiker als Anwalt
- Herder: der Kritiker als Diener des Autors
- Schiller: der Kritiker als Vertreter der Kunst
- Schlegel: der Kritiker als Vollender der Kunst

Von der Regelpoetik zur Genieästhetik

Die Literaturkritik im heutigen Sinn entstand im 18. Jahrhundert. Die Epoche der **Aufklärung** galt als das „Zeitalter der Kritik, der sich alles unterwerfen muss"[96] (Kant). Nichts sollte mehr ungeprüft Bestand haben, keine gesellschaftlichen Normen oder Gesetze und auch keine literarischen Neuerscheinungen. Der Rahmen für diese Rechtfertigung vor der Vernunft sollte die (bürgerliche) **Öffentlichkeit** sein.

Der lat. Begriff „**criticus**" war zwar schon im 16. Jahrhundert gebräuchlich. Doch bezeichnete er damals einen historisch universal gebildeten Gelehrten, der mit Hilfe der philologischen Textkritik antike Texten untersuchte, etwa zum Zwecke der Zusammenstellung des Kanons. Eine Vorform der Literaturkritik gab es im **17. Jahrhundert**, der Epoche der **Regelpoetik**. Im Zeitalter des Barock mussten sich die Dichter an bestimmte Regeln und Normen halten, so etwa im Drama an die aristotelischen Einheiten (Zeit, Raum, Handlung).

- Die Barock-Literatur war höfisch geprägt, der Dichter „Hofpoet" und abhängig von seinem fürstlichen Mäzen.
- Die Kritiker prüften, ob ein neues Werk den ästhetischen Normen entsprach.
- Die Wertmaßstäbe und Normen selbst galten als zeitlos gültig und waren allgemein anerkannt, mussten also nicht erst begründet werden.
- Das Urteil des Kritikers galt als „objektiv": Sofern es die Beziehung zwischen Werk und Norm angemessen wiedergab, konnte es von jedem nachvollzogen werden.
- Der Kritiker war in der Rolle des Richters: Er wachte über die Regelerfüllung durch den Künstler und ahndete jeden Regelverstoß. Die gesetz*gebende* Gewalt war ihm dagegen entzogen.

Im 18. Jahrhundert wurde die Vorstellung von überzeitlich gültigen Gesetzen zunehmend aufgegeben. Die Regelpoetik wurde von der **Genieästhetik** abgelöst: Seit der Epoche des Sturm und Drang begannen die Dichter, sich selbst ihre Regeln und Normen zu geben; **Originalität** wurde nun erstmals zu einem Wertmaßstab. Für die Frühaufklärer stellte sich die Frage nach der Bedingung für die Möglichkeit kritischer Urteile. In dieser Zeit kam es zu großen gesellschaftlichen Veränderungen: In der absolutistisch-ständischen Gesellschaft regte sich eine neue ökonomisch-soziale Klasse. Der bis dahin allein herrschende Adel bekam im **Bürgertum** einen immer selbstbewusster werdenden Gegenspieler. Das Bürgertum setzte sich zum einen aus dem städtischen Wirtschaftsbürgertum (Handel, Banken, Manufakturen), zum anderen aus Beamten, Juristen, Theologen und Gelehrten zusammen. Die Konfrontation zwischen Adel und Bürgertum begann, als die Bürger eigene Souveränitätsansprüche anmeldeten und sich dabei auf die **Aufklärung** beriefen. Diese wollte das feudale, auf Gottes Gnaden begründete Weltbild durch ein neues, auf die Vernunft gegründetes ersetzen.

Literatur und Literaturkritik als Instrumente der Aufklärung

Eine **Schlüsselrolle** sollte dabei zunächst die **Literatur** spielen. Die Aufklärer wollten einen Adressaten- und Funktionswechsel der Literatur durchsetzen: Die Dichtung sollte nicht mehr wie zuvor an den Fürsten adressiert sein, sondern an das aufgeklärte Publikum, die bürgerliche Öffentlichkeit. Und sie sollte nicht mehr der Unterhaltung der höfischen Gesellschaft dienen, sondern der Belehrung und dem Nutzen des bürgerlichen Lesers. Die Aufklärer forderten eine Literatur, die sich in den Dienst des bürgerlichen Selbstfindungsprozesses stellte und bürgerliche Tugenden (Pflicht, Arbeitsethos, Sparsamkeit usw.) widerspiegelte. Buch und Theater wurden zu **Mitteln der aufklärerischen Gesellschaftspolitik.** Aufgrund ihrer pädagogischen Ziele wollten die Aufklärer möglichst *alle* Neuerscheinungen besprechen und die Leserschaft bilden und erziehen. **Friedrich Nicolai** (1733–1811) gründete eine Zeitschrift mit dem Namen *Allgemeine Deutsche Bibliothek*, die zwischen 1765 und 1805 in über 250 Bänden 80.000 Bücher besprach.[97]

Die Ideen der Aufklärung wurden in der ersten Hälfte des 18. Jahrhunderts vor allem durch die „**Moralischen Wochenschriften**" popularisiert, einer Vorform der heutigen Publikumszeitschriften. Typische Namen waren etwa *Der Biedermann* oder *Die vernünftigen Tadlerinnen.* Zwischen 1740 und 1760 wurden ca. 600 solcher Wochenschriften gegründet. Ihre wichtigste Funktion war die Herausbildung einer bürgerlichen Öffentlichkeit. Sie weckten beim Publikum die Aufnahmebereitschaft für neue Formen und Inhalte, erschlossen neue Leserkreise und schufen auf diese Weise das Fundament für die **Entstehung eines literarischen Marktes**. Im 18. Jahrhundert kam es durch das Wirken der aufklärerischen Volkspädagogen auch zu einer allmählichen **Alphabetisierung** der Bevölkerung, von geschätzten 15 Prozent Lesefähigen der Gesamtbevölkerung um 1770 auf ca. 25 Prozent im Jahr 1800.[98]
Das Lesen wurde demokratisiert, und neue soziale Institutionen bildeten sich, wie z. B. die **Lesegesellschaften**. Zwischen 1760 und 1800 wurden über 300 solcher Gesellschaften gegründet.[99] Sie hießen zum Beispiel *Harmonie* oder *Societät.* Ihre Vermehrung zeigt das wachsende Bedürfnis nach Lektüre und Diskussion im bürgerlichen Mittelstand (die ärmeren Schichten blieben, wie anfangs auch die Frauen, ausgeschlossen). In den Gesellschaften setzte sich das „**Räsonnement**", das vernünftige Nachdenken der mündigen Laien, an die Stelle des autoritären Kunsturteils des Fürsten. Die Kritiker verstanden sich als gleichberechtigte Sprecher der Laien. Die sich hier bildende Institution der Öffentlichkeit und der Begriff der Kritik sind nicht voneinander zu trennen. Literatur und ihre Kritik waren für die bürgerliche Emanzipationsbewegung **Instrumente zur Selbstfindung und Selbstbewusstwerdung.**
Philosophisch wurde die Ausdifferenzierung der Literaturkritik durch die das Jahrhundert durchziehende „**Geschmacksdebatte**" geprägt. Nicht nur im deutschsprachigen Raum, auch in England und Frankreich stritten sich die Philosophen, wie ein subjektives Geschmacksurteil allgemein gültig sein konnte. Erst Immanuel **Kant** (1724–1804) gelang in seiner *Kritik der Urteilskraft* (1790) eine Versöhnung von Subjektivität und Allgemeinheit. Die Besonderheit des Geschmacks als „des Vermögens der Beurteilung des Schönen" sah Kant im

„**interesselosen Wohlgefallen**" bei der Betrachtung eines Kunstwerkes. Der Königsberger Philosoph erklärte die Kunst für autonom: Metaphysische und gesellschaftliche (also heteronome) Wertmaßstäbe ließ er zur Begründung ästhetischer Urteile nicht gelten. Kant und die Aufklärer waren Optimisten: Prinzipiell ist jeder Mensch zum kritischen Urteil fähig, und jeder ist zur Kritik aufgerufen. Der Kritiker ist nur **Sprecher der Allgemeinheit**. Er spricht aus, was jeder denken könnte. Kant stellte an ihn drei Forderungen: Der Kritiker sollte selbst denken, er sollte an Stelle jedes anderen denken, und er sollte mit sich einstimmig denken.

Gottsched und Lessing

Bezüglich der literaturkritischen Praxis steht Johann Christoph **Gottsched** (1700–1766) mit seinem *Versuch einer Critischen Dichtkunst* (1730) am Wendepunkt von alter zu neuer Kritik. Mit ihm beginnt die literarisch-publizistische Kritik. Bei Gottsched wendete sich der gelehrte Kritiker als Kunstexperte an den gebildeten Laien, dessen Geschmack er läutern, den er zur Mündigkeit erziehen wollte.

- Der Kritiker war in der Rolle des **Kunstrichters**.
- Gottsched suchte nach allgemeingültigen, in der **Vernunft** begründeten Maßstäben.
- Die Regeln der Vernunft waren letztlich die **Gesetze der Natur**; Regeltreue war identisch mit Naturnachahmung.
- Literatur hatte sich nach dem **Wahrscheinlichkeitsprinzip** (Realismus) zu richten.
- Alles Unwahrscheinliche, Wunderbare, **Fantastische** oder Übernatürliche (wie etwa im Märchen) in der Literatur wurde von Gottsched **abgelehnt**.

Letztlich blieb Gottsched noch stark der Regelpoetik verhaftet. So beharrte er auf die Einhaltung der drei Einheiten (Zeit, Raum und Handlung) und der Ständeklausel[100].

Als erster wirklicher Kritiker gilt Gotthold Ephraim **Lessing** (1729–1781). Er hat für die praktische Literaturkritik die Bedeutung, die Kant für die Theorie hat. Lessing verstand sich als **Anwalt und Erzieher des Publikums**. In seinen kritischen Schriften (z. B. *Briefe, die neueste Literatur betreffend*, 1759; *Hamburgische Dramaturgie*, 1768–69) überprüfte er neue wie alte Literatur ebenso wie die der Nachbarkulturen auf ihren Wert für die zeitgenössische deutsche Literatur.

- Er verwendete die Mittel der Rhetorik und der **Polemik** und bemühte sich um **Allgemeinverständlichkeit**.

- Die Leserschaft wurde von ihm **direkt angesprochen**. Der Leser wurde zum Zuschauer eines Disputes, der wie auf einer Bühne aufgeführt wurde. Doch sollte der Leser nicht nur Zeuge, sondern Miturteilender sein.
- Gegen „formale Regeln" stellte Lessing das **„innere Gesetz"** und das **„Genie"**, das von diesem Gesetz erfüllt ist.
- Lessing forderte vom Kunstwerk Zweckmäßigkeit der Mittel und **Ökonomie der Form**; entscheidend war die Wirkung des Werkes.
- Lessings aufklärerischer Anspruch ließ ihn mit den drei Einheiten und der Ständeklausel brechen.
- Lessing bestimmte die Funktion der Literatur neu: Nicht mehr moralische Belehrung, sondern **sittliche Läuterung des Lesers** bzw. des Zuschauers ist das Ziel. Im Fall der Tragödie sollte die **Katharsis** (innere Reinigung) durch Identifikation mit dem Helden erreicht werden.
- Das Kunstwerk sollte Wirklichkeit nicht mechanisch nachahmen, sondern eine eigene poetische Wahrheit ausdrücken, womit künstlerische Gestaltung im modernen Sinn erst möglich wird.

Die Entstehung des modernen Literatursystems

Der Traum der Aufklärer von einer einheitlichen bürgerlich-literarischen Öffentlichkeit erwies sich um 1770 zunehmend als Illusion.

- Mit der wachsenden Zahl an Lesern entstanden neue Rezipientengruppen (Frauen, Kinder, Dienstboten).
- Es kam zu einer **Revolution des Lesens**, neue literarische Bedürfnisse etwa nach Unterhaltung, Aktualität und Neuigkeit entstanden.
- Auch das Leseverhalten änderte sich: Die intensive Wiederholungslektüre einiger weniger (v. a. religiöser) Schriften wurde abgelöst durch das einmalige, **extensive Lesen** von literarischen Werken.

Aufklärer wie Konservative kritisierten diese Entwicklung als „Lesewut" und **„Lesesucht"**. Während die Aufklärer die Unterhaltungslektüre als unnütz brandmarkten, glaubten die Konservativen, dass Lesen generell revolutionäre Wünsche weckte und zu einer (für sie) gefährlichen Politisierung der Leser und Gefährdung der Gesellschaftsordnung führte.
Strukturelle Veränderungen führten zu einer **Modernisierung des Buchmarkts:**

- Deutsch löste zunehmend Latein als „Buchsprache" ab.
- Die Buchproduktion stieg rapide: Zwischen 1740 und 1800 stieg die **Zahl der jährlichen Neuerscheinungen** von ca. 1400 auf knapp 4000 Titel, der Anteil der Belletristik-Produktion stieg dabei von knapp 4 Prozent auf über 27 Prozent.[101]

- Aus dem besoldeten Hofdichter wurde der **„freie" Schriftsteller**, der vom Markt abhängig war und die Bedürfnisse des Publikums befriedigen musste.

Die **„freien" Autoren** kämpften untereinander um die Publikumsgunst, was zu literarischen Fehden sowie zu Gruppen- und Fraktionsbildungen führte. Auch die Entstehung der Genie- und Originalitätsideale war von diesen Entwicklungen mitverursacht: Wer Erfolg haben wollte, musste besser als die Konkurrenten, musste einmalig sein. Die Literatur zerfiel zunehmend in **„hohe" Kunst und Trivialliteratur**. Ebenso zerfiel die literarische Öffentlichkeit in eine Elite anspruchsvoller Leser und die Masse modeabhängiger Literaturkonsumenten.
Die Zeitschriften reagierten auf den expandierenden Buchmarkt mit einem sich ausweitenden, professionalisierenden Rezensionswesen, dessen Einfluss auf den Buchmarkt zunehmend wichtiger wurde.

Die **Folgen für die Literaturkritik**:
- Die Kritik musste dem Leser Orientierung angesichts der wachsenden Novitätenzahl geben.
- Die Kritik musste dem Leser Hilfe zum Verständnis innovativer Werke geben sowie Maßstäbe zur eigenständigen kritischen Beurteilung.
- Die Kritik zerfiel intern in verschiedene literarische Richtungen; es bildeten sich Gruppen und sich gegenseitig unterstützende Fraktionen.

Herder, Schiller und die Romantiker

Das Kritikermodell des **Sturm und Drang** war ein Versuch, die wachsende Kluft zwischen der anspruchsvollen Kunstavantgarde und dem breitem Publikum aufzuheben. Johann Gottfried von **Herder** (1744–1803) bestimmte das Dichtergenie als selbstherrlichen Gesetzgeber seiner Kunst, dem der Kritiker als kongenialer Ausleger seiner Werke dienen sollte. Von dem französischen Philosophen Jean-Jacques Rousseau (1712–1778) empfing Herder den Gedanken der **Volkstümlichkeit**.

- Der Kritiker sollte der **Sprecher der literarischen Empfindungen des Volkes** sein (auch das Genie kam für Herder aus dem Volk).
- Im Verhältnis zum Autor war der Kritiker **Freund und Diener**, der Erklärer und Prophet des Genies.
- Herder ging es um den Prozess des **Verstehens:** Der Kritiker fühlte sich ins Werk ein und deutete es aus seinen individuellen historischen Entstehungsbedingungen heraus.

In der aufklärerischen Rolle des Kunst*richters* (wie bei Gottsched) stellte der Kritiker aus Sicht Herders eine illegitime, sich zwischen Autor, Werk und Leser stellende Autorität dar. Die Stürmer und Dränger machten den Kunstrichter für die wachsende Distanz zwischen Autor und Leserschaft verantwortlich. Die Berufung auf ein abstraktes „Volk", das Siegel der Volkstümlichkeit sollte die Kluft schließen. Der Idee des von allen Normen befreiten Genies entsprach eine **primär lobende, Kunst betrachtende Kritik**.

Folgenreich für die Entwicklung der Literaturkritik im 18. Jahrhundert wurde eine Rezension der Gedichte des Sturm-und-Drang-Dichters Gottfried August Bürger, die Friedrich **Schiller** (1759–1805) 1791 veröffentlichte.[102] Bürger hatte sich wie Herder auf die Volkstümlichkeit seiner Gedichte als Maß der Vollkommenheit berufen. Nach Schiller durfte der moderne Autor aber nicht mehr damit rechnen, dem Geschmack des breiten Publikums zu entsprechen, ebenso wenig durfte sich der Kritiker noch mit der Leserschaft identifizieren.

- Der Kritiker sollte der **Vertreter der hohen Kunst** sein.
- Die Kategorie der Volkstümlichkeit bestimmte Schiller als sekundär, den absoluten inneren Wert des Kunstwerks dagegen als primär.

Die Kritik wurde zum privatisierten Werkstattgespräch unter Eingeweihten wie im Briefwechsel zwischen Schiller und Goethe oder zur Anbetung von Dichtergöttern der Vergangenheit.

Die Literaturkritiker, die sich der **Romantik** zurechneten (v. a. August Wilhelm Schlegel, Friedrich Schlegel, Novalis), wiesen wie die Stürmer und Dränger den Kritikerrichter zurück. Sie erteilten aber auch wie die Weimarer Klassiker dem Geschmack des breiten Publikums als bestimmenden Faktor der Kritik eine Absage. Angewidert vom Wirtschaftsgeist ihrer Epoche, thematisierten sie in Künstlerromanen den inzwischen unlösbar scheinenden Gegensatz zwischen Künstler und Gesellschaft. In seiner Rezension von Goethes Roman *Wilhelm Meister* bestimmte Friedrich **Schlegel** (1772–1829) die Kritik als Einheit von Spontaneität und Reflexion.

- Die Literaturkritik sollte selbst zu Kunst und Literatur werden.
- Der Kritiker sollte der **bessere Autor** sein.
- Schlegels Motto lautete: „Poesie kann nur durch Poesie kritisiert werden."[103]
- Die Meinungen der Leserschaft waren für das Kunsturteil ohne Belang.
- Auch heteronome Wertmaßstäbe (Moral, Religion) spielten keine Rolle.
- Die Rezension sollte ein **„philologisches Experiment"** und eine **„literarische Recherche"** sein.[104]
- Romantische Kritik wollte das in seiner individuellen Endlichkeit gegenüber dem Ideal der Kunst notwendigerweise unvollkommene Werk ergänzen und vollenden.

Die Romantiker beschäftigten sich vor allem mit „zeitloser" Kunst der Vergangenheit. Die großen Literaturgenies früherer Epochen wurden in Form von **Charakteristiken** analysiert. Gegenüber der „Unpoesie", der Populärliteratur, hatte die romantische Kritik nur Verachtung übrig, sie galt als nicht kritikwürdig. Die romantischen Literaturkritiker Jacob und Wilhelm Grimm wurden zu den Gründervätern der neuen Wissenschaft der Deutschen Philologie bzw. Germanistik.

Literaturkritik und Literaturwissenschaft

Im **19. Jahrhundert** kam es zunehmend zu einer **Aufspaltung**: An den Universitäten siedelte sich die neue Wissenschaft der Germanistik an, die sich auf die „hohe" Literatur der Vergangenheit konzentrierte und sich eigene akademische (Fach-)Zeitschriften als Medien schuf. Die **journalistische Literaturkritik** blieb dagegen in den Publikumszeitungen und -zeitschriften heimisch und spezialisierte sich auf die Besprechung von Neuerscheinungen. Während die **Literaturwissenschaft** um Objektivität ihrer Ergebnisse bemüht war, kam es in der Literaturkritik des Feuilletons (Kulturteils der Zeitung) immer mehr zu einer **Subjektivierung**, um auf diese Weise die Aufmerksamkeit des breiten Publikums auf sich zu ziehen. Ihren Höhepunkt erreichte diese Tendenz um 1900 bei dem Theaterkritiker Alfred Kerr.

2.3.6 Wichtige Kritiker des 20. Jahrhunderts

Alfred Kerr (1867–1948)[105]

Kerr war der Marcel Reich-Ranicki seiner Zeit: Zwischen 1900 und 1933 war er der **prominenteste, aber auch umstrittenste Literatur- und Theaterkritiker**. Zu dieser Zeit besaß das Theater eine aus heutiger Sicht kaum vorstellbare Bedeutung: Für das Bildungsbürgertum bedeuteten die Bühnenbretter tatsächlich die Welt. Wer morgens seine Zeitung aufschlug, las zuerst die Theaterkritik. Um möglichst aktuell zu sein, mussten die Rezensenten ihre Besprechung oft unmittelbar nach der Aufführung schreiben, weshalb man von „Nachtkritiken" sprach. In Berlin, in der zu dieser Zeit 50 Tageszeitungen erschienen, waren viele Kritiker so bekannt wie große Schauspieler oder Dichter.

- Kerr war der Prototyp des **impressionistischen Kritikers**, der von seinem (subjektiven) Kunsterlebnis ausging. „Was war mein Eindruck?", lautete oft seine Ausgangsfrage.
- Kerr betrieb ein hohes Maß an **Selbststilisierung und -inszenierung**. Manchmal erzählte er in seinen Theaterkritiken sogar von privaten Urlaubserlebnissen.
- Seine Texte waren in einem unverwechselbaren, direkten, „mündlichen" Stil geschrieben, mit **kurzen, stakkatoartigen Sätzen**.

- Sein Markenzeichen war die Unterteilung seiner Beiträge mittels **nummerierter Absätze.**
- Die Kritik galt ihm als **vierte literarische Gattung**: „Fortan ist zu sagen: Dichtung zerfällt in Epik, Lyrik, Dramatik und Kritik.“[106]
- Für Kerr war der Kritiker dem Autor überlegen, eine Art „**Superkünstler**“.
- Mit Kerr kam es zu einer **Ästhetisierung der Literaturkritik**. Rezensieren war für ihn nicht Dienst am Leser oder an der Literatur, sondern Selbstzweck.

„Warum rezensiert man gewisse Dinge? Darum: weil man glaubt, dass eine anständige Rezension bisweilen Aussicht hat, länger zu leben, als ein Schmierenstück. Warum treibt man das Verfassen von Rezensionen? Um des Rezensenten willen. Nicht um des Publikums willen, noch um des Rezensierten willen.“[107]

Blitzlicht

Wichtige **Wertmaßstäbe** Kerrs waren Realismus und psychologisch korrekte Figurendarstellung, Wahrheit und Wahrhaftigkeit und der Erlebniswert eines Werkes. Literatur, Theater und Kritik standen bei Kerr im Dienst des „**Lebens**“. Wichtig war auch die **Gegenwartsnähe** (Aktualität) eines Stückes bzw. einer Inszenierung. Von Inszenierungen klassischer Stücke verlangte er, dass sie etwas zum Verständnis der Gegenwart beitrugen.
Während seines Wirkens, v. a. für die Berliner Zeitung *Der Tag*, ab 1919 für das *Berliner Tageblatt*, war Kerr in zahlreiche **Literaturfehden** mit Autoren (z. B. mit Bert Brecht) und konkurrierenden Kritikern verwickelt. In der Weimarer Republik warnte der jüdisch stämmige Kritiker in seinen Artikeln immer wieder vor der Gefahr des Nationalsozialismus. 1933 rettete er sich mit seiner Familie ins Exil, zuerst in die Schweiz, später nach Paris und London.[108] Auch im Exil arbeitete Kerr, soweit noch möglich, als Theaterkritiker. Er starb 1948 bei einem Besuch in Hamburg.

Hermann Hesse (1877–1962)[109]

Dass der Literaturnobelpreisträger und Autor von Romanen wie *Unterm Rad* und *Der Steppenwolf* auch ein Kritiker war, ist heute kaum noch bekannt. Dabei war er vielleicht **der fleißigste Rezensent der Literaturgeschichte**. In mehr als 60 Jahren rezensierte Hesse über 3000 Bücher. Unter dem Titel *Die Welt im Buch. Leseerfahrungen* liegen Hesses Rezensionen inzwischen gesammelt in fünf dicken Bänden vor (ersch. 1988–2005, Suhrkamp Verlag).

- **„Gelten lassen“** und **„Kritik aus Liebe“** waren die Prinzipien von Hesses Rezensionspraxis, weshalb sich in dem umfangreichen Werk Hesses nur wenige Verrisse finden. Es dominieren **wohlwollend-bejahende Beiträge**.

- Für Hesse war bereits die **Auswahl** der Bücher, die er besprach, das wichtigste (nonverbale) Wertungsmittel. Bücher, die er ablehnte, besprach er erst gar nicht.
- Hesses Rezensionen wollten **orientieren** und informieren, **auf unbekannte oder vergessene Autoren aufmerksam machen** und den Weg für neue, hochwertige Klassikerausgaben ebnen.
- Mit Beginn des Ersten Weltkriegs standen seine Rezensionen im **Dienst der Völkerverständigung** und des kulturellen Austausches.
- Hesses Rolle als Rezensent ist die eines **Literatur- und Bücherliebhabers**, der junge Autoren entdeckt und fördert und an das Maßgebende, Kanonische der (welt-)literarischen Tradition erinnert.
- **Offenheit für das Neue** und **Engagement für das Wertvolle der Vergangenheit** verbanden sich in Hesses Literaturkritik.

Blitzlicht

„Der Charakter meiner Kritik ist durchaus positiv, nicht polemisch. Im Ganzen gilt mir als Grundsatz: das Gute anerkennen und propagieren, das Geringe gar nicht diskutieren!"[110]

Wichtige **Wertmaßstäbe** waren für Hesse die formal-sprachlichen Qualitäten eines Textes, die Persönlichkeit des Autors, Individualismus und Nonkonformismus, Menschlichkeit und Lebensförderung, Spiritualität und überzeitlich gültige ästhetische Qualität. Hesse publizierte in vielen Medien in Deutschland, Österreich und der Schweiz. In den ersten Jahren des „Dritten Reiches" schrieb der in der Schweiz lebende Autor für die schwedische Zeitschrift *Bonniers Litterära Magasin*, in der er auf die Werke exilierter und jüdischer Autoren aufmerksam machte. Für einige Zeit konnte Hesse so eine beachtete (und von den Nazis übel beschimpfte) **Gegenstimme zur antisemitischen Literaturkritik** der NS-Presse sein.

Adolf Bartels (1862–1945)[111]

Adolf Bartels ist heute kaum noch bekannt; zu seiner Zeit war er jedoch recht berühmt, besser gesagt: berühmt-berüchtigt. Er war der bedeutendste Kritiker der **völkischen Literaturbewegung**. Als Chauvinist und **Antisemit** war er ein direkter Vordenker der Nationalsozialisten.

- Literatur war für Bartels so etwas wie eine **idealistische Medizin für das Volk**. Sie sollte gute Beispiele geben und die Moral des Volkes fördern.
- Literatur sollte möglichst realistisch jenes Leben beschreiben, das Bartels zum Ideal stilisierte: das einfache Leben der Bauern, ihren Alltag, ihre Land- und Naturverbundenheit. Diese Art von Literatur sah Bartels in der **Heimatkunstbewegung** verwirklicht.[112]
- Die **Literatur der Moderne** war für Bartels eine Art **Gift**, vor dem es das Volk zu beschützen galt.

Blitzlicht

> „Man überschwemmt Deutschland förmlich mit Auslandliteratur, nicht bloß die großen fremden Talente, auch die kleinen werden im Massenvertrieb bei uns eingeführt, und weiter spielt auch in der deutsch geschriebenen Literatur das Judentum eine unverhältnismäßig bedeutende Rolle. Da muss natürlich die Kritik national werden, muss alles das ablehnen, was deutsches Wesen verderben und verfälschen kann."[113]

In seiner viel gelesenen *Geschichte der deutschen Literatur* (1901; 19. Auflage 1943) verwendete er die **Rassenzugehörigkeit eines Autors als Wertmaßstab**: „Jüdische" Literatur war Bartels gleichbedeutend mit „schlechter", „undeutscher" Literatur. War ihm die Abstammung eines Autors unbekannt, berief sich Bartels auf das Aussehen des Autors und den Eindruck physiognomischer Rasseneigentümlichkeiten. Bartels prägte bereits um 1900 Begrifflichkeiten, die wenige Jahrzehnte später zum festen Instrumentarium der NS-Ideologie gehörten, etwa jene von der „**Entartung**" bestimmter (moderner) Kunstrichtungen.
Seine Rezensionen, die vor allem in der Zeitschrift *Kunstwart* erschienen, zeigen, wie sehr sich in Bartels' Denken antisemitische, antimoderne und antiintellektualistische Motive vermischten. Auch wies es regelrecht paranoide Züge auf: Bartels glaubte an eine Verschwörung von Judentum, Presse und Verlagswesen gegen die „germanisch-arische Kultur". Seine Rolle war die eines **nationalistischen Arztes**, der die krankmachenden Keime, d. h. die „undeutschen", „fremden", „jüdischen" Elemente in der „rein" zu haltenden deutschen Literatur „auszumerzen" hatte. Im „Dritten Reich" wurden Bartels' Wünsche erfüllt: „Undeutsche" Bücher wurden verboten und verbrannt, ihre Autoren mussten ins Exil gehen oder wurden ins KZ verschleppt, viele wurden ermordet oder begingen Selbstmord.

Walter Benjamin (1892–1940)[114]

Einer, der nach 1933 ins Exil gehen musste, war der jüdische Intellektuelle Walter Benjamin. Zuvor war er als **politisch engagierter Publizist** eine der fortschrittlichsten und markantesten Kritikerpersönlichkeiten der Weimarer Republik.

- Benjamin lehnte die traditionell-bürgerliche Literaturkritik à la Alfred Kerr, die subjektive Geschmacksurteile über Neuerscheinungen von sich gab, ab.
- Die neue Kritik sollte sich dagegen auch **trivialen, populären oder wissenschaftlichen Werken** sowie „Bestsellern" (ein seinerzeit neues Phänomen des Buchmarktes) widmen. So besprach Benjamin für die *Frankfurter Zeitung* 1931 *Chrut und Uchrut*, ein überaus erfolgreiches „Heilkräuterbüchlein" für das Schweizer Bauerntum.
- Der Rezensent sollte diese Bücher nach **soziologischen, materialistischen und ideologiekritischen Gesichtspunkten** analysieren.

- Dabei sollten auch **gesellschaftliche und politische Aspekte** berücksichtigt und das **Publikum** solcher „Bestseller" untersucht werden.

Blitzlicht

> Für die neue Kritik „wird (...) plötzlich der rein ästhetische Gesichtspunkt unzulänglich, die Information des Publikums Nebensache, das Urteil des Rezensenten belanglos. Dagegen treten eine Anzahl völlig neuer Fragen in den Vordergrund: Welchem Umstand verdankt das Werk Erfolg oder Mißerfolg? Was hat das Votum der Kritik bestimmt? An welche Konventionen schließt es an? In welchen Kreisen sucht es seine Leser? Eine Bescheidung und Gesundung der Kritik, eine Sanierung, ist es, die mit solch neuem Blick sich anbahnt. Ihre Merkmale: unabhängig zu sein von der Neuerscheinung, wissenschaftliche Werke so gut zu betreffen wie belletristische; indifferent gegen die Qualität des zugrundegelegten Werkes zu bleiben."[115]

Literatursoziologische Analysen sollten demnach die rein ästhetisch orientierte Tageskritik ablösen. Benjamin forderte, dass die Literaturkritik nicht mehr der Aktualität verpflichtet sein sollte. Auf diese Weise sollte sie einen Spielraum gewinnen, um an der Überwindung veralteter ästhetischer Vorstellungen zu arbeiten, etwa die (im Bildungsbürgertum gepflegte) Vorstellung von einer Kunstsphäre, die von den gesellschaftlichen Entwicklungen unberührt sei. Rezensionen sollten den Adressaten der Kritik, den **proletarisch gesinnten Intellektuellen**, zur Reflexion über seine gesellschaftliche Funktion und zu einem neuen Klassenbewusstsein stimulieren. Auf diese Weise sollte die Kritik dazu beitragen, der Öffentlichkeit die Marktmechanismen des Literaturbetriebs verstehbar zu machen.
Im Gegensatz zu Hesse, der vor allem loben wollte, betonte Benjamin die Wichtigkeit von **Polemik und Verriss**: „Polemik heißt, ein Buch in wenigen seiner Sätze vernichten. Je weniger man es studierte, desto besser. Nur wer vernichten kann, kann kritisieren. (...) Echte Polemik nimmt ein Buch sich so liebevoll vor, wie ein Kannibale sich einen Säugling zurüstet"[116].

Marcel Reich-Ranicki (geb. 1920)[117]

Marcel Reich-Ranicki ist der wohl **berühmteste deutschsprachige Kritiker des 20. Jahrhunderts**. Bis heute ist er für die literaturinteressierte Öffentlichkeit die Personifikation der Institution Literaturkritik. Sein Wirken ist auf vielfältige Weise mit der deutschen Nachkriegsliteratur verknüpft.
In der ersten Phase seines Schaffens schrieb Reich-Ranicki für die Wochenzeitung *DIE ZEIT* und nahm an den Treffen der Gruppe 47 teil. Es war die realistische, engagierte junge deutschsprachige Gegenwartsliteratur, der sein besonderes Augenmerk galt, darunter Autoren wie Max Frisch, Uwe Johnson, Friedrich Dürrenmatt, Ingeborg Bachmann, Martin Walser, Heinrich Böll oder Günter Grass.

- Reich-Ranicki verkörperte in der Nachkriegszeit eine **neue publikumswirksame Literaturkritik**.
- Seine Kritiken zeichneten sich durch einen auf **Verständlichkeit und Klarheit** bedachten, lebendigen, **streitbar-polemischen Stil** aus.
- Seine Rolle als Kritiker war die eines **Anwalts.**
- Seine Rezensionen waren engagierte **Plädoyers**; Verteidigungen von Autor und Buch oder, wo nötig, in der Rolle des Staatsanwalts **Anklageschriften** im Namen der Literatur.
- Zu seinem Markenzeichen wurden seine vernichtenden **Verrisse**, die 1970 in einer eigenen Sammlung mit dem Titel *Lauter Verrisse* erschienen.
- Seine wichtigsten **Wertmaßstäbe** sind Zeitkritik, Wahrheit, Psychologie, Realismus, Wahrscheinlichkeit, Erkenntnisbedeutsamkeit, sinnliche Anschaulichkeit und hedonistische wirkungsbezogene Werte wie Lust, Spannung und Unterhaltung.

Blitzlicht

„Der Kritiker soll sichten und ordnen, klären und werten, polemisieren und postulieren. Ein unentwegtes Gespräch muss er führen. Er diskutiert mit dem Autor, und er unterhält sich mit dem Publikum. Er hört nicht auf, die Frage zu stellen: Woher kommen wir, wo sind wir, wohin wollen wir? Zwei Ziele schweben ihm vor: bessere Bücher und bessere Leser. Mithin ist der Kritiker immer (...) Moralist und Erzieher."[118]

1973 übernahm Reich-Ranicki die Literaturredaktion der *Frankfurter Allgemeinen Zeitung,* unter seiner Leitung wurde die *FAZ* zum bedeutendsten literaturkritischen Medium der Bundesrepublik. Der Leserschaft wurde eine **ambitionierte, „intelligente" Unterhaltungsliteratur** mit Protagonisten, die zur Identifikation einluden, empfohlen, wie sie im angelsächsischen Sprachraum eine lange Tradition hat (z. B. John Updike, Philip Roth, Isaac B. Singer).
Als einer der ersten erkannte Reich-Ranicki, welche Möglichkeiten der Kritik das neue Medium **Fernsehen** bescherte. Vor Publikum und vor der Kamera konnte er mehr noch als in der Schrift seine überragenden **rhetorischen Qualitäten** entfalten. 1988 startete das von ihm geleitete *Literarische Quartett*, eine zunächst quartalsweise vom ZDF gesendete Gesprächsrunde zwischen vier Kritikern (neben Reich-Ranicki nahmen anfangs noch Hellmuth Karasek, Sigrid Löffler und zunächst Jürgen Busche teil). Bis zu ihrem Ende 2001 (2005 und 2006 folgten noch vier Sondersendungen) war das *Literarische Quartett* die erfolgreichste literaturkritische Sendung in der Geschichte des Fernsehens.

Elke Heidenreich (geb. 1943)[119]

Als Elke Heidenreich 2003 mit ihrer Sendung *Lesen!* (ZDF) begann, wurde sie sogleich als Nachfolgerin von Reich-Ranicki und seiner Erfolgssendung gehandelt. Erstaunlicherweise gelang es ihr, die hohen Erwartungen nicht nur zu erfüllen, sondern den Erfolg des *Literarischen Quartetts* sogar noch zu übertreffen: Bis heute werden beinah alle Bücher, die Heidenreich in ihrer Sendung empfiehlt, innerhalb kürzester Zeit zu Bestsellern. Zwischen Reich-Ranicki und Heidenreich gibt es einige Gemeinsamkeiten, aber einen wichtigen Unterschied:

- Beide bemühen sich im Fernsehen um **Allgemeinverständlichkeit** und klare, entschiedene Urteile.
- Beide richten ihre Beiträge primär an das **breite Publikum** (und nicht etwa an Literaturkenner und professionelle Leser).
- Anders als Reich-Ranicki verzichtet Heidenreich jedoch beinah gänzlich auf Verrisse. Ihr literaturkritisches Konzepts ähnelt dem Hermann Hesses: Die **Auswahl** der in ihrer Sendung vorgestellten Bücher stellt bereits das wichtigste (nonverbale) Wertungsmittel dar; in der Sendung selbst geht es fast ausschließlich darum, diese ausgewählten Bücher dem Publikum nahezubringen und möglichst überzeugend zu loben.

Für Heidenreichs literaturkritisches Wirken ist besonders die informierende **Orientierungsfunktion** wichtig.

Blitzlicht

„Ich will kein Bildungsgetue, ich will einfach in diesem Achtzigtausend-Neuerscheinungs-Urwald pro Jahr den Leuten sagen: Hier geht's lang, ich kann euch helfen."[120]

Der imperativische Titel der Sendung – *Lesen!* – ist dabei Programm; Heidenreich sieht sich als **Missionarin**, die ihr *Fernseh*publikum paradoxerweise davon überzeugen will, dass Literatur die bessere Unterhaltung bietet.

- In der Rolle einer **Lehrerin** erteilt sie hinter ihrem Pult dem ihr gegenübersitzenden Publikum gleichsam Frontalunterricht. Passenderweise wird die Sendung in der Kölner Kinderoper aufgezeichnet.
- In der Rolle einer **guten Freundin oder Nachbarin** legt sie dem Zuschauer Bücher ans Herz, bei denen sie, wie sie sagt, selbst die Nächte durchlesen musste. Diese Rolle ist sogar an ihrer Kleidung abzulesen, die betont leger ist.
- Heidenreich gibt sich **anti-intellektuell**, als „eine von uns Leserinnen", benutzt in ihren Buchempfehlungen gerne das Pronomen „wir".
- Ihre Empfehlungen transportiert Heidenreich vor allem mittels **Subjektivität, Empathie, Begeisterung und Emotionalität**.
- Elke Heidenreich verkörpert für die breite Leserschaft eine **große Glaubwürdigkeit (Authentizität)**, die es bei der Literaturkritik in den Zeitungen offenbar so nicht mehr finden kann.
- Heidenreichs Hauptadressat sind **Frauen**, denn „Frauen sind grundsätzlich mehr an Fiktion interessiert als Männer, die hauptsächlich Sachbücher spannend finden."[121]

Dem entsprechen Heidenreichs Wertmaßstäbe. Es sind vor allem **hedonistische (lustorientierte) Kriterien** wie Unterhaltung, Spannung, emotionale Wirkung und die Möglichkeit zur **Identifikation** (mit der Hauptfigur). Heidenreich empfiehlt eine **gehobene Unterhaltungsliteratur**, die sie mehr als im deutschsprachigen Raum in der angelsächsischen oder lateinamerikanischen Literatur findet. „Schwierige" Literatur meidet sie dagegen: „Die Leute können nicht alle Proust oder Musil lesen. Es bringt nichts, wenn ich ihnen hochintellektuelle Literatur empfehle und die Zuschauer sich beim Lesen langweilen. Dann habe ich sie doch verloren."[122]

2.3.7 Literaturkritik in der DDR[123]

In der Geschichte der Literatur dürfte schwerlich noch eine Zeit zu finden sein, in der Literatur und ihre Kritik so viel Beachtung fanden wie in den vier Jahrzehnten der DDR (1949–1990). Stolz bezeichnete sich die DDR als „Leseland". Kunst und Literatur waren – ähnlich wie zuvor schon im „Dritten Reich" – keine Privatangelegenheit, sondern hatten einen **gesellschaftlichen Auftrag**: Sie standen im Dienst des Aufbaus einer neuen Gesellschaft und waren Teil der Propaganda für die herrschende Ideologie.
Nach dem kulturpolitischen Ideal las der neue Mensch, der sozialistisch gesinnte Arbeiter oder Bauer, am Feierabend zur moralischen Stärkung und Motivierung die Werke einer proletarisch gesinnten, „parteilichen" Literatur. Diese spiegelte ihm seine Welt der volkseigenen Betriebe und landwirtschaftlichen Produktionsgenossenschaften wider. Die dahinterstehende Literaturtheorie hieß **sozialistischer Realismus.**

Überblick

Positive Wertmaßstäbe
- Verständlichkeit
- Nützlichkeit
- positiver Ausgang
- Volksverbundenheit
- Parteilichkeit

Negative Wertmaßstäbe
- inhaltliche oder formale Komplexität („Formalismus")
- negativer Ausgang
- zweckfreie Kunst
- fehlende Parteilichkeit

Blitzlicht

Die Langeweile vieler DDR-Romane veranlasste 1954 **Christa Wolf**, die damals noch keine berühmte Autorin war, sondern als junge Lektorin, Gutachterin und Kritikerin arbeitete, zu einer Polemik gegen den Schematismus der Romanhandlungen und das meist **stereotype Figurenpersonal** der eingereichten Manuskripte: „Überhaupt, das Personal der Romane, die sich mit dem Thema ‚LPG' [landwirtschaftliche Produktionsgenossenschaft] beschäftigen, das ist ein trauriges Kapitel (...) Wer die Gelegenheit hatte, eine Reihe von Manuskripten, Fabeln und Exposés durchzusehen,

> die den gleichen Stoff gestalten wollen (gibt es überhaupt gleiche Stoffe in der Literatur?), der erschrickt vor der Gleichförmigkeit, mit der fast überall bestimmte Figuren als unerläßliche Requisiten immer wieder auftreten: der Parteisekretär, der Bürgermeister, der Funktionär der gegenseitigen Bauernhilfe (die beiden letzten spielen meist eine fragwürdige Rolle). Um sie herum gruppieren sich dann zwanglos ein fortschrittlicher Kleinbauer, ein schwankender Mittelbauer, ein reaktionärer Großbauer, der zu irgendwelchen drastischen Sabotageakten greift; dann gibt es noch ein Liebespaar (...) und als Kulisse einige klatschende Dorffrauen. Nun sage noch einer, die Vielfalt des Lebens sei nicht eingefangen?"[124]

Vorbildliche Figuren sollten dem Leser jene „fortschrittlichen" Werte vermitteln, auf die es in der neuen Zeit ankam, wie Fleiß, Gemeinsinn oder Klassenbewusstsein. Auf diese Weise sollte die Literatur einen wichtigen **Beitrag beim Aufbau des sozialistischen Gemeinwesens** leisten. Über ihre Effizienz, Qualität, Nützlichkeit und Linientreue hatte die Literaturkritik zu wachen. Sie prüfte die Übereinstimmung der normierten Literaturprodukte mit der sozialistischen Ideologie und alarmierte Partei und Volk, sobald ihr der Abweichung verdächtige Literatur begegnete.

In der „Erziehungsdiktatur"[125] DDR war die Institution der Literaturkritik jedoch nicht selbstständig, sondern stand selbst permanent unter Beobachtung der Partei. In ihren Urteilen war sie letztlich **abhängig von den kulturpolitischen Weisungen der SED**. Pluralismus, Vielstimmigkeit oder kontroverse Debatten galten der Partei als Symptome westlich-kapitalistischer Gesellschaften, weshalb sie, wo immer möglich, unterdrückt und verhindert wurden.

Kennzeichnend für das Literatursystem der DDR war ein umfangreiches **System der Vor-Zensur**, in das auch die Literaturkritik eingebunden war. Die Produktion von Literatur wurde durch ein kompliziertes System an Institutionen, Fördermaßnahmen und Genehmigungsprozeduren kontrolliert. Dazu gehörte das Einholen von **Gutachten**. Jeder Verlag, der ein Buch veröffentlichen wollte, musste neben einem Gutachten des Lektors auch ein oder gar mehrere Urteile verlagsexterner Gutachter einholen. Bei ihnen handelte es sich in der Regel um linientreue Literaturwissenschaftler oder -kritiker. Zusammen mit dem zur Diskussion stehenden Manuskript wurden diese Gutachten dem Amt für Literatur- und Verlagswesen zur weiteren Begutachtung vorgelegt, das selbst wiederum der für das Verlagswesen zuständigen Abteilung beim Zentralkomitee der SED unterstand. Erst wenn die Parteigremien davon überzeugt waren, dass ein Buchprojekt den ideologischen und gesellschaftlichen Forderungen gerecht wurde, wurde die **Druckgenehmigung** erteilt, häufig aber erst nach Überarbeitungen.

Sofern dieses System der Vor-Zensur im Sinne seiner Erfinder funktionierte, konnte „schlechte", also der SED-Doktrin widersprechende oder gar offen oppositionelle Literatur in der DDR gar nicht erscheinen. Für die Literaturkritik bedeutete das, dass ihre wichtigste Funktion, die Selektionsfunktion, weitgehend entfiel. Die Rezensenten in der DDR konnten, ähnlich wie die „Kunstschriftleiter" im „Dritten Reich", jene Bücher, die erscheinen durften, eigentlich nur noch loben und an den Leser zu vermitteln versuchen. Nur in den seltenen Fällen, in denen einmal ein aus Sicht der SED problematisches Buch durch die Maschen des Druckgenehmigungsverfahrens schlüpfte, schrieb die Literaturkritik der DDR Verrisse – in solchen Fällen diente sie als eine Art **ideologischer Wächter**, der die Leserschaft vor der Lektüre „schädlicher" Literatur warnen sollte. Neben dem Leser gehörten zu den **Hauptadressaten** der Literaturkritik der DDR stets die Autoren, die zur Ordnung gerufen werden sollten (didaktisch-sanktionierende Funktion für Literaturproduzenten). Zum zentralen Wertungskriterium wurde die Persönlichkeit des Autors (Argumentum ad hominem, ▶ vgl. Kap. 1.4, S. 49); es genügte, die „**Parteilichkeit**" eines Autors anzuzweifeln, um seine Autorenexistenz nachhaltig zu gefährden.

2.3.8 Kritik der Kritik – Ethos und Tugenden des Kritikers

Die Kritik an der Literaturkritik ist so alt, wie die Institutionen selbst. Urteile über Bücher, zumal negative, provozieren nicht nur Gegenurteile, sondern auch emotionale Reaktionen, vor allem bei den direkt Betroffenen, also den kritisierten Autoren, aber auch bei empörten Lesern. Diese Reaktionen können bis hin zu regelrechten **Hasstiraden und Todeswünschen** reichen. 2002 veröffentlichte Martin Walser den Roman *Tod eines Kritikers*, in dem ein nach dem Vorbild Marcel Reich-Ranickis gestalteter Literaturkritiker mutmaßlich ermordet wurde. Dass sich in diesem Plot auch negative Affekte des Autors Walser gegen Reich-Ranicki, von dem er schon mehrmals verrissen wurde, widerspiegeln dürften, war einer der Gründe, warum der Roman so kontrovers diskutiert wurde. Eine in der Literaturgeschichte wohl einmalige Form der **Kritik der Kritik** übten Ende 1960, Anfang 1961 einige Mitglieder der Gruppe 47 an Friedrich Sieburg, dem damaligen Literaturchef der *Frankfurter Allgemeinen Zeitung*: Tag für Tag schickten sie dem bekennenden Verächter der Gruppe 47 auf dem Postweg einen Gartenzwerg ins Haus, um ihn als kleingeistigen Spießer zu entlarven – so lange, bis der Gefoppte, wohl zur Gaudi der Autoren, seinem Ärger in der FAZ Luft machte. Neben solchen eher subjektiven und emotionalen Reaktionen gibt es jedoch auch eine die Literaturkritik begleitende Diskussion über ihren Zustand und ihre Qualität, die sich in Beiträgen der Form „**Metakritik**" (▶ vgl. Kap. 2.2) äußern. In ihnen manifestiert sich die fortwährende Selbstreflexion der institutionellen Kritik.

Dabei werden regelmäßig bestimmte Vorwürfe und Einwände erhoben, meist in Zusammenhang mit besonders prominenten und einflussreichen Kritikern (wie eben Reich-Ranicki), die als Reizfiguren dienen.

Die häufigsten Vorwürfe gegen Institution und Praxis der Literaturkritik
- Kriterienlosigkeit bzw. Beliebigkeit der ästhetischen Kriterien
- einseitige Berufung auf ästhetische, moralische oder politische Maßstäbe
- Käuflichkeit bzw. Korruption
- Beeinflussung durch persönliche Beziehungen oder Abhängigkeiten („Gefälligkeitsrezensionen")
- Handlanger der Verlagswerbung
- gesellschaftliche Funktionslosigkeit
- Vernichtung von Autorenexistenzen
- Ausschluss weiter Teile der Leserschaft aufgrund von Fachjargon
- unzulässige Vereinfachung ästhetischer Urteile im Dienste des Populismus
- Dominanz positiver bzw. lobender Urteile
- Beschränkung auf inhaltliche Aspekte und Vernachlässigung formal-ästhetischer Aspekte
- illegitime Anmaßung von Macht bzw. Unfehlbarkeit
- Eitelkeit und Profilierungssucht

Zu all diesen Vorwürfen ließen sich aus Vergangenheit und Gegenwart der Kritik bestätigende Beispiele anführen. Aber so berechtigt sie im Einzelfall sein mögen, so problematisch erscheint es, die Vorwürfe pauschal gegen „die" Literaturkritik zu erheben. Literaturkritiker, die ihre Tätigkeit ernst nehmen, wissen um die Schwachstellen und potenziellen Fehlerquellen ihrer Profession. Die für einen Rezensenten gültigen Normen für beruflich korrektes Verhalten (**Berufsethos**) unterscheiden sich zunächst nicht von denen, wie sie im Journalismus allgemein anerkannt sind.[128]

Zu den **journalistischen Qualitätskriterien** gehört
- die Verpflichtung zur Wahrheit und Wahrhaftigkeit,
- gründliche Recherche,
- Sorgfalt beim Zitieren sowie
- Richtigkeit der veröffentlichten Informationen.

Zum **Berufsethos des Kritikers** gehört es darüber hinaus,
- dass er sich das zum Verständnis und zur Bewertung des Buches nötige Wissen aneignet,
- dass er sich seiner Verantwortung gegenüber dem besprochenen Buch und seinem Autor, der Literatur und dem Leser bewusst ist,
- dass er nicht versucht, sich auf Kosten des besprochenen Autors oder Buches zu profilieren,
- dass er keine Gefälligkeits- oder Racherezensionen schreibt,

- dass er das zu besprechende Buch gründlich gelesen hat sowie
- dass er sein Urteil begründet oder es zumindest im Falle einer Nachfrage begründen könnte.

Blitzlicht

Kurz nach Erscheinen von Ulla Hahns Roman *Das verborgene Wort* rechnete der Kritiker Hellmuth Karasek ihn für *TV Hören und Sehen* zu den „schönsten Bücher[n] für diesen Herbst“ und rühmte die „imponierende Erzählkunst“ der Autorin.[126] Wenige Wochen danach besprach Karasek Hahns Buch auch im *Literarischen Quartett* (Sendung vom 19. 10. 2001). Diesmal fiel sein Urteil jedoch ganz anders aus: Seit langem habe ihn kein Buch „so wenig berührt (...) und so wenig bewegt“ wie dieses: „Ich habe das Buch nur schwer lesen können, muss ich ehrlich sagen (...)“[127]

3. Exemplarische Analysen von literaturkritischen Texten

3.1 Entwicklung eines analytischen Fragenrasters

Bei der Analyse von Rezensionen empfiehlt sich die Orientierung an einem analytischen Fragenraster, das verschiedene Aspekte berücksichtigt. Ein solches Raster könnte so aussehen:

Überblick

Fragenraster zur Analyse von Rezensionen und Kritiken
- Welchem **Texttypus** ist der Text zuzuordnen?
- Welche **Bestandteile** eines literaturkritischen Textes dominieren, sind unterrepräsentiert, fehlen?
- In welchem **medialen Kontext** ist der Beitrag erschienen?
- Welche(n) **Adressat**(en) hat der Text?
- Welche **Funktionen** dominieren?
- Welches **Rollen**selbstverständnis hat der Kritiker?
- In welchem **Stil** ist die Kritik geschrieben? Welche **sprachlichen Formen** und **rhetorischen Mittel** dominieren?
- Welche **Wertungen** nimmt der Text vor und wie wird gewertet? Welche Wertmaßstäbe legt der Kritiker zugrunde?
- Rekonstruktion der **literarhistorischen Hintergründe**

Nachfolgend werden die Fragen nochmals kurz erläutert. Die Verweise auf die Kapitel dienen der Vertiefung und Wiederholung.

- **Welchem Texttypus ist der Text zuzuordnen?**
  Die journalistische Literaturkritik kann sich einer ganzen Reihe von Gattungen (bzw. Texttypen oder -sorten) bedienen: Neben der Rezension (Buchbesprechung) sind dies z. B. das Autorenporträt, die Glosse, der (offene) Brief, das Interview, der Essay (▶ vgl. Kap. 2.2). Rezensionen lassen sich unterscheiden in: Einzel- oder Sammelbesprechungen, „klassische" Rezension oder problemorientierte Rezension.

- **Welche Bestandteile eines literaturkritischen Textes dominieren, sind unterrepräsentiert, fehlen?**
  Literaturkritische Texte, im Besonderen Rezensionen, können verschiedene Bestandteile enthalten. Solche Elemente sind z. B. Informationen über den Autor, über sein bisheriges Werk, über die Rezeption; Informationen zum Inhalt des besprochenen Buches, Vergleiche mit anderen Texten (dieses oder eines anderen Autors), Bewertungen usw.

In einem Text können diese Elemente gemeinsam oder nur in Auswahl auftreten; auch ihre Gewichtung kann sehr verschieden sein. Während der eine Kritiker den Schwerpunkt auf die Person des Autors und sein bisheriges Werk legt, dominieren in einer anderen Rezension Informationen über den Inhalt des besprochenen Werkes oder die Bewertungen. Die Analyse der Zusammensetzung dieser Elemente gibt Aufschlüsse über weitere Aspekte der Textanalyse, z. B. welche Funktion der Rezension zukommt oder für welche(n) Adressaten sie verfasst wurde.
Es empfiehlt sich, bei der Analyse auch darauf zu achten, welche (erwartbaren) Bestandteile einer Rezension fehlen (▶ vgl. Kap. 2.2.2).

- **In welchem medialen Kontext ist die Rezension erschienen?**
  Die Ermittlung des medialen Kontextes, in dem eine Rezension ursprünglich erschienen ist, kann wichtige Hinweise geben auf den vom Kritiker unterstellten Adressaten des Textes oder auf das Wertesystem des Kritikers: Erschien der Beitrag in einer auflagenstarken überregionalen Tageszeitung? Oder in einer Literaturzeitschrift mit geringer Auflage und einem überwiegend avantgardistisch interessierten Publikum? Oder im Feuilleton einer primär politisch ausgerichteten (z. B. sozialdemokratisch oder konservativ orientierten) Zeitschrift? Ist der Beitrag in einer bestimmten Rubrik erschienen (z. B. dem Rezensionsteil einer Zeitschrift)? (▶ vgl. Kap. 2.2.4 und 2.3.4)

- **Welche(n) Adressaten hat der Text?**
  Der Text eines Kritikers kann sich an verschiedene Adressaten richten: an das breite Lesepublikum bzw. die literarische Öffentlichkeit, an einen bestimmten Leserkreis, an Leser mit einer großen oder einer nur geringen literarischen Vorbildung, an den Autor, an konkurrierende Literaturkritiker, an den Verlag oder den Literaturbetrieb im Allgemeinen. Häufig liefert die Ermittlung des medialen Kontextes wichtige Hinweise auf die von den Autoren implizierten Adressaten. Weitere Hinweise lassen sich aus dem Text selbst entnehmen. Auch in diesem Fall kann es aufschlussreich sein zu fragen, an wen sich der Text *nicht* richtet (▶ vgl. Kap. 2.3.2).

- **Welche Funktionen dominieren?**
  Einem literaturkritischen Text kommt stets eine oder mehrere Funktionen zu. Solche Funktionen können z. B. sein: die informierende Orientierungsfunktion (die Rezension soll dem Leser einen Überblick über eine oder mehrere Neuerscheinungen verschaffen), die Selektionsfunktion (die Rezension soll durch die Auswahl und Bewertung dem Leser eine Entscheidungshilfe beim Kauf geben) usw.
  Zu welchem Zweck ein Text geschrieben wurde, lässt sich zum einen im Rückgriff auf die bereits erarbeiteten Ergebnisse der Analyse, zum anderen dem Text selbst entnehmen (▶ vgl. Kap. 2.1).

- **Welches Rollenverständnis hat der Kritiker?**
  Im Verhältnis des Kritikers gegenüber Leser, Literatur, Kritik und Autor ergeben sich verschiedene Rollenverständnisse. Sie drücken sich in der Haltung aus, die der Autor in der Relation zum Autor, der Literatur und der literaturinteressierten Öffentlichkeit bzw. dem Leser einnimmt. So kann der Kritiker sich als Richter gebärden und einen Autor (oder das Lesepublikum) verurteilen; er kann Lehrer sein und Ratschläge geben oder ein Freund des Autors sein, ein Anwalt usw. (▶ vgl. Kap. 2.3.3).

- **In welchem Stil ist die Kritik geschrieben? Welche sprachlichen Formen und rhetorischen Mittel dominieren?**
  Literaturkritische Texte können sich verschiedener Stile bzw. Stillagen bedienen. So kann eine Rezension beispielsweise in einem sachlich-informierenden, einem fachwissenschaftlichen („Seminarstil") oder einem polemischen Stil geschrieben sein. Die Wortwahl einer Rezension kann sich durch besonders viele Fremdwörter, Fachausdrücke, Metaphern oder umgangssprachliche Wendungen auszeichnen. Die Syntax kann aus komplexen Satzgefügen oder aus einfachen Satzreihen bestehen.
  Literaturkritische Texte haben eine persuasive Wirkungsintention, d. h., sie wollen den Adressaten von etwas (z. B. dem Urteil über ein Buch) überzeugen, womöglich sogar zu weitergehenden Handlungen veranlassen (das Buch zu kaufen oder nicht zu kaufen; den nächsten Roman anders zu schreiben usw.). Dazu bedienen sich Kritiker in ihren Texten häufig rhetorischer Figuren und Mittel. Eine ihrer Aufgaben ist es, die Wahrscheinlichkeit zu erhöhen, dass beim Adressaten die beabsichtigte Wirkung erzielt wird. Mittels rhetorischer Figuren soll kalkuliert an bestimmte Affekte beim Adressaten appelliert werden oder die Botschaft des Textes besonders überzeugend oder eindringlich vermittelt werden. Von großer Bedeutung ist dabei die Wortwahl, bei der entsprechend positiv oder pejorativ (abwertend) konnotierte Begriffe verwendet werden.
  Um möglichst viel Information oder Argumentation auf kleinem Raum unterzubringen, operieren Kritiker häufig mit Formen der Verdichtung. Dies können z. B. Allusionen (Anspielungen) sein, etwa auf literarische Autoren oder Werke oder aktuelle Ereignisse. Diese Strategien der Informationsverdichtung und -verknappung, des semantischen Komprimierens bauen – ähnlich wie auch ein literarischer Text – auf die kognitive Mitarbeit, die emotionale Reaktion und das Kontextwissen des Lesers. Im Folgenden sollen nur einige exemplarische Hinweise gegeben werden, welche Aspekte die Stilanalyse eines literaturkritischen Textes berücksichtigen kann (▶ vgl. Kap. 1.4 u. 2.2.3).

- **Welche Wertungen nimmt der Text vor und wie wird gewertet? Welche Wertmaßstäbe legt der Kritiker zugrunde?**
  Ein zentraler Aspekt der Analyse literaturkritischer Texte hat die Wertungen bzw. Wertungshandlungen, die der Kritiker in ihnen vornimmt, zu berücksichtigen. Positiv- oder Negativwertungen sind für Literaturkritik konstitutiv. Zu untersuchen sind z. B. die Formen der Bewertung (also etwa der Gebrauch wertender Ausdrücke) sowie die – objekt- oder subjektbezogene – Begründung literarischer Wertungen. Zu rekonstruieren ist dabei auch soweit möglich das Wertesystem des Kritikers, also die Wertmaßstäbe, auf die er sich bei seinen Wertungen bezieht, sowie, sofern dies aufgrund eines einzelnen Textes möglich ist, auch die Zuordnungsvoraussetzungen (► vgl. Kap. 1.3.1 u. 1.3.2).

- **Rekonstruktion der literarhistorischen Hintergründe**
  Die Analyse der Beispielrezensionen erfolgte bislang weitgehend textimmanent, d. h. ohne Rückgriff auf literarhistorisches Wissen. (Eine Ausnahme war freilich die Frage nach dem medialen Kontext und dem jeweiligen Publikationsorgan.) Handelt es sich um historisch gewordene Rezensionen, so lassen sich viele der Fragen, die sich aus der textimmanenten Analyse ergeben, erst durch Einbeziehung literarhistorischen Wissens beantwortet, d. h. durch den Rückgriff auf Literatur- und Mediengeschichte(n), die Biografien von Autoren oder Kritikern usw.

3.2 Musteranalysen

3.2.1 zu Arno Holz u. Julius Schlaf: *Papa Hamlet*. Erzählungen (1889)

von Michael Georg Conrad u. Conrad Alberti

***Bjarne P. Holmsen: Papa Hamlet*. Übersetzt und mit einer Einleitung versehen von *Dr. Bruno Franzius*. Leipzig, Carl Reißner. 1889. 182 S.**

Lesetext

In sehr guter Übertragung und so wunderschöner Ausstattung, wie sich ihrer fast nie ein junger deutscher Autor zu erfreuen hat, wird hier dem deutschen Publikum ein 28-jähriger norwegischer Novellist vorgestellt: Herr Holmsen.

Der Band enthält drei impressionistische Studien: Papa Hamlet (wie ein größenwahnsinniger, beschäftigungsloser Schmierenkomödiant verschnapst.) – Der erste Schultag (ein abenteuerlich-tragisches Abc-Schützen-Erlebnis) – und: Ein Tod (Ausgang einer studentischen Duell-Affäre). Die Technik der Darstellung ist in hohem Grade originell. Es sind fast lauter Farbenspritzer, jäh, grell, unvermittelt, die sich in der Fantasie des kunstgeübten Lesers sofort zum brennendsten Lebensgemälde zusammensetzen. Nur Bilder, keine Gedanken. Diese erschreckliche Virtuosität der Wirklichkeitsnachbildung in winzigen Ausschnitten, nur am Tragisch-Banalen geübt, macht den Leser

auf die Dauer ganz nervös. Dazu eine pessimistische Grundansicht von allem Menschlichen zum Verrückt werden. Also, was den impressionistisch-pessimistischen Effekt betrifft, darf man dem Autor zu seinem Können gratulieren. Hinsichtlich der reindichterischen Potenz seines Talentes – oder richtiger Temperamentes – erlaubt dieses erste Buch des jungen Norwegers noch kein abschließendes Urteil. Eine merkwürdige Künstler-Individualität, wenn auch kein Realist in unserem Sinne, ist Holmsen unter allen Umständen.
M. G. Conrad

Bemerkung der Redaktion: Wir schließen hier sofort noch eine zweite Besprechung dieses Autors an, um den Lesern zu zeigen, mit welcher Parteilosigkeit wir unseren Mitarbeitern das Recht freier kritischer Aussprache wahren. Herr Conrad Alberti schreibt uns über diese neueste norwegische Erscheinung folgende Kritik:

Ist das vorliegende Buch als Satire auf den Realismus gedacht, so muss man gestehen: Es ist nicht ungeschickt gemacht, die Äußerlichkeiten der realistischen Darstellungsweise sind mit Witz ins Groteske übertrieben. Wir lachen gern über einen gelungenen Witz, auch wenn er gegen uns gerichtet ist, wir achten wirklichen Geist überall, auch beim Gegner. Ist das Buch aber ernst gemeint (man wird sich wirklich darüber nicht klar), so ist es ein Machwerk der traurigsten Sorte. Glaubt der Verfasser ein Realist zu sein, wenn er nichts tut, als platte Ausdrücke anzuwenden und ekelhafte Einzelzüge auf einen Haufen zusammen zu tragen, dann täuscht er sich. Solche Bücher wie das vorliegende sind das rechte Futter für unsere Gegner (…), denn sie geben ihnen scheinbar recht. Gerade wir, die Vorkämpfer der Anschauung, dass der Künstler vor nichts zurückzuschrecken brauche, wenn er einen wirklichen Zweck damit verfolgt, ein Naturgesetz dadurch plastisch verkörpern will – gerade wir haben im höchsten Grade die Pflicht, uns gegen unreife Knaben zu wenden, welche den Realismus diskreditieren, indem sie seinen Namen benutzen, um ihre ganz gewöhnliche Unfähigkeit zu bemänteln, die sich hinter Groteskprüngen à la Hanswurst versteckt. Der Realismus ist eine ernste, heilige Sache, aber er ist keine Löwenhaut, in der sich Esel verstecken dürfen. Sonst kommen nächstens Herr Max Markus[129] oder Herr Jakobsthal[130] und kündigen ihre Verlagswerke als „realistisch" an: „Geheimnisse der Berliner Passage" u.s.w. Wir haben uns seiner Zeit gegen Herrn Oskar Welten[131] gewendet, der den Realismus als Deckmantel für seine Schlüpfrigkeiten missbrauchen wollte – wir müssen auch Herrn Holmsen von unseren Rockschößen abschütteln. Im übrigen scheint es mir, als habe der Übersetzer an Herrn H. stark gesündigt! Vieles in dem Buche will mir gar nicht recht norwegisch erscheinen. C.A.-i.

[Erstdruck und Druckvorlage: Die Gesellschaft, 5. Jg. 1889, S. 568–569.]

Musteranalyse

Welchem Texttypus ist der Text zuzuordnen?

Es handelt sich um zwei Rezensionen, die sich aufgrund ihres Umfangs zunächst als **Kurzrezensionen** kennzeichnen lassen. Da sie sich auf denselben Gegenstand, nämlich die Textsammlung *Papa Hamlet*, beziehen und in direkter Folge in der selben Ausgabe einer Zeitschrift erschienen sind, handelt es sich um eine **Doppelrezension**. Auf den Sinn einer Doppelrezension, nämlich ein neues Buch bereits innerhalb eines einzelnen Mediums kontrovers zu diskutieren und von verschiedenen Standpunkten zu beleuchten, weist die Redaktion der Zeitschrift *Die Gesellschaft* sogar explizit hin (Z. 21 ff.). Aufgrund der jeweiligen Wertung handelt es sich bei der ersten Rezension um ein **Lob**, bei der zweiten um einen **Verriss**.

Welche Bestandteile eines literaturkritischen Textes dominieren, sind unterrepräsentiert, fehlen?

Der erste Rezensent, Michael Georg Conrad, liefert dem Leser nach Informationen und Bewertung von Übersetzung und Ausstattung des Buches (Z. 1 f.) zunächst **biografische Informationen** über den Autor: Holmsen sei ein 28-jähriger Norweger (Z. 3). Da es sich um ein Erstlingswerk handeln soll (Z. 16), fehlen zwangsläufig Informationen über vorangegangene Werke oder bisherige Einschätzungen. Conrad gibt dem Leser vor allem **Informationen über Inhalt, Form und Sprache** der Novellen sowie über ihre mutmaßliche **Wirkung** auf den Leser (Z. 9–13), gefolgt von einer **Bewertung** und Einschätzung des Autors: „darf man dem Autor zu seinem Können gratulieren" (Z. 14), „erlaubt (…) noch kein abschließendes Urteil" (Z. 15).

Conrad Alberti, der zweite Rezensent, beschränkt sich dagegen fast ausschließlich auf die **Bewertung des Bandes** und auf die kritische Diskussion seiner Ästhetik. (Zu vermuten ist, dass ihm bereits Conrads Text bei der Abfassung vorlag, sodass er wusste, dass er auf diese Bestandteile in seinem Beitrag nicht noch einmal einzugehen brauchte.) Dabei vergleicht er *Papa Hamlet* auch mit den Werken eines anderen Autors (Z. 44), wobei sich die festgestellte Gemeinsamkeit darauf zu beschränken scheint, dass beide, Holmsen wie Welten, für Alberti den Realismus-Begriff missbrauchen.

Albertis Begründung gegen Ende seines Textes, warum er sich verpflichtet fühle, das Buch zu verreißen („Der Realismus ist eine ernste, heilige Sache", Z. 41; „wir müssen auch Herrn Holmsen von unseren Rockschößen abschütteln", Z. 46), lassen sich als **selbstreflexive Aussagen** über Problematiken bei der kritischen Bewertung einstufen.

Auf **Zitate** aus dem besprochenen Buch verzichten beide Rezensenten, was insofern erstaunt, als sich doch gerade bei diesem Buch eine originale Wiedergabe angeboten hätte, um dem Leser den damals völlig neuartigen Sekundenstil dieser Erzählungen nahezubringen.

In welchem medialen Kontext ist der Beitrag erschienen?
Die Doppelbesprechung ist 1889 in der Literaturzeitschrift *Die Gesellschaft* erschienen. *Die Gesellschaft* war seinerzeit das **führende Medium der frühnaturalistischen Bewegung**. Gegründet wurde diese kulturelle Rundschauzeitschrift 1885 in München von Michael Georg Conrad, der später als Herausgeber von Karl Bleibtreu abgelöst wurde. Die Zeitschrift war als ein **Diskussionsforum für gesellschaftliche, politische, ästhetische und literarische Themen** konzipiert. Ihr Hauptzweck war die **Kritik an den gesellschaftlichen, sozialen und literarischen Zuständen** der Zeit. Neben der Publikation literarischer Texte nahm von Beginn an die Literaturkritik in Form von Rezensionen, Autorenporträts und Essays großen Raum ein. Ihre Funktion bestand in der **Propagierung einer zeitgemäßen deutschen Literatur** im Sinne des Realismus/Naturalismus, der „Bekämpfung" der „verlogenen" Literaturkritik der Gründerzeit, der gesellschaftlichen Kritik sowie der Eigenwerbung der beteiligten Autoren und Kritiker, also der Durchsetzung der eigenen literarischen Produkte.

Welche(n) Adressat(en) hat der Text?
Aufgrund ihrer ausführlichen Informationen über Inhalt und Wirkung von *Papa Hamlet* lässt sich als Adressat der ersten Besprechung ein eher **breiteres Lesepublikum** bestimmen, das allgemein an realistischer Literatur interessiert ist und Erfahrung im Umgang mit moderner Dichtung Literatur hat („in der Fantasie des kunstgeübten Lesers", Z. 8). Der Adressat stimmt folglich mit dem Zielpublikum der Zeitschrift *Die Gesellschaft* überein.
Mit seiner kritischen Begründung, warum es wichtig sei, *Papa Hamlet* aus dem Kreis der realistischen Literatur auszuschließen, zielt Albertis Text dagegen primär auf jene Leser, die sich aktiv mit der Entwicklung des Realismus bzw. Naturalismus beschäftigen bzw. die sich dieser Richtung selbst als Autoren und Kritiker zugehörig fühlen. Alberti richtet sich also weniger an das Lesepublikum als vielmehr an den **Kreis der naturalistischen Autoren**.
Dass beide Kritiker generell mit einem Leser rechnen, der sich für realistische Literatur interessiert und mit ihren Intentionen übereinstimmt, wird daraus ersichtlich, dass sich beide einer **Wir-Sprache** bedienen („kein Realist in unserem Sinne", Z. 17; „Wir lachen gern über einen gelungenen Witz, auch wenn er gegen uns gerichtet ist", Z. 28 f.).

Welche Funktionen dominieren?
So unterschiedlich wie die Adressaten sind auch die Funktionen der beiden Rezensionen.
Conrads Text kommt zunächst eine **informierende Orientierungsfunktion** zu: Der Leser soll über eine wichtige Neuerscheinung in Kenntnis gesetzt werden. Des Weiteren besitzt Conrads Texte eine **didaktisch-vermittelnde Funktion** für das Publikum: Conrad beschreibt die Art der Technik und seine unterstell-

te Wirkung auf den Leser und versucht so, beim Publikum den Boden für die Aufnahme eines in ästhetischer Hinsicht neuartigen Werkes zu bereiten.
Albertis Rezension hat dagegen vor allem eine **didaktisch-sanktionierende Funktion** für Literaturproduzenten: Autoren vom Schlage Holmsens oder Weltens, die aus seiner Sicht das Schlagwort der neuen Literaturbewegung missbrauchen, soll deutlich gemacht werden, dass sie im Kreis der „echten" realistisch-naturalistischen Literatur nichts verloren haben. Auch fürchtet Alberti um den Ruf der neuen Bewegung, die noch um ihre Anerkennung beim Publikum zu kämpfen hat und sich, würde sie solche Werke dulden, lächerlich machen würde (Z. 41–44).

Welches Rollenselbstverständnis hat der Kritiker?
Es ist bei Kurzrezensionen oft schwierig, das Rollenselbstverständnis zu bestimmen, da sie dazu häufig zu wenig Material liefern. Dieses Problem stellt sich gerade bei Conrads Text. Doch ließe sich seine Rolle wohl am ehesten als die eines **Anwaltes** beschreiben, der um Verständnis für einen jungen, viel versprechenden Autor mit neuartigen Intentionen wirbt.
Klarer konturiert ist dagegen die Rolle Albertis. Er selbst bezeichnet sich als „Vorkämpfer" (Z. 35) der realistisch-naturalistischen Anschauung. Als solcher sieht er sich offenkundig in der Rolle des **Wächters**, der über die Reinheit der naturalistischen Lehre wacht und der Literatur, die das Label „Realismus" missbraucht, aussondert.

In welchem Stil ist die Kritik geschrieben? Welche sprachlichen Formen und rhetorischen Mittel dominieren?
Conrads Text ist in einem **sachlich-informierenden Stil** geschrieben. Die auffälligste Stilfigur ist die **Metapher**, mit der der Rezensent Stil und Technik des besprochenen Buches, aber auch seine Wirkung zu charakterisieren versucht: „Es sind fast lauter Farbenspritzer, jäh, grell, unvermittelt, die sich in der Fantasie des kunstgeübten Lesers sofort zum brennendsten Lebensgemälde zusammensetzen." (Z. 8 f.)
Alberti bedient sich dagegen einer aggressiven Sprache, einer Mischung aus **belehrendem und polemischen Stil**, mit dem er Holmsen verächtlich zu machen sucht. Auch ist die Metaphorik auffällig: Einerseits wird eine **Metaphorik des Kampfes** beschworen; Alberti spricht von „Gegner" (Z. 34), bezeichnet sich selbst als „Vorkämpfer" (Z. 35). Andererseits entfaltet Alberti eine **Erwachsener-Kind-Metaphorik**: Holmsen wird als „unreife[r] Knabe" (Z. 38) bezeichnet, den es von „unseren Rockschößen ab[zu]schütteln" (Z. 46) gelte: Der Autor als lästiges Kind, der Kritiker als reifer, sich eigenen Zielen verpflichtet wissender Erwachsener – in diesem Bild verbirgt sich natürlich bereits eine massive Abwertung. Beide Bildbereiche entsprechen den von naturalistischen Literaturkritikern favorisierten Werten „Männlichkeit" und „Mitleidlosigkeit".

Welche Wertungen nimmt der Text vor, und wie wird gewertet? Welche Wertmaßstäbe legt der Kritiker zugrunde?

Conrad wertet zunächst **explizit**, d. h. mit eindeutigen Wertausdrücken („gut", „wunderschön"), Übersetzung und Buchausstattung positiv (Z. 1). Die eigentliche Wertung der Texte bezieht sich auf Technik und Wirkung der Novellen: Die Technik wird als „in hohem Grade originell" (Z. 7 f.) bezeichnet, das Urteil bezieht sich folglich auf den relationalen Wertmaßstab **„Originalität"** (bzw. „Innovation"), der hier als erfüllt angesehen wird. Originalität ist ein für die naturalistische Literaturkritik typisches Kriterium und steht in enger Beziehung zu den Werten „Aktualität" bzw. „Modernität" (▶ vgl. Kap. 1.3.2).

Conrads Behauptung, dass sich die Novellen aufgrund der Art der Darstellung in der „Fantasie des kunstgeübten Lesers sofort zum brennendsten Lebensgemälde zusammensetzen" (Z. 8 f.), ist offensichtlich nicht nur deskriptiv gemeint, sondern stellt eine positive Wertung dar, wobei sich hier gleich zwei positive Wertmaßstäbe vermischen: „brennend" bezieht sich vermutlich auf den wirkungsbezogenen Wert **„Spannung"** (alternativ: „Intensität"), „Lebensgemälde" auf den obersten Wert der Naturalisten, nämlich **„Realismus"**, also getreue Abbildung der Wirklichkeit. Diesen Wert sieht Conrad verwirklicht, wenn er von der „erschreckliche[n] Virtuosität der Wirklichkeitsnachbildung" (Z. 10 f.) bei Holmsen schreibt. In „erschreckliche Virtuosität" vermischen sich wiederum wirkungsbezogene und relationale Wertmaßstäbe, wie auch der ganze dazugehörige Satz ein Beispiel einer Wertung darstellt, die **subjekt- und objektbezogene Argumente kombiniert** (Z. 10–14). Die Wirkungen, die die Lektüre im Leser erzeugt, „nervös" (Z. 12), „zum Verrückt werden" (Z. 13), lassen sich dem wirkungsbezogenen Wertmaßstab **„Krankheit"** zubilligen, der hier offensichtlich einen positiven Wert darstellt: Gute Literatur soll für Conrad nicht beruhigen, sondern den Leser in nervöse Unruhe versetzen, ja darf ihn ruhig in psychopathologische Zustände treiben. An der „pessimistische[n] Grundansicht von allem Menschlichen" (Z. 12 f.) hat Conrad nichts auszusetzen, und auch wenn Holmsen „kein Realist in unserem Sinne" (Z. 17) sei, so sei er doch eine „merkwürdige Künstler-Individualität" (Z. 16 f.), womit wiederum der Wertmaßstab **„Originalität"** bzw. **„Individualität"** erfüllt ist.

Alberti stellt zunächst Holmsens Intention in Frage: Halbwegs gelungen sei das Buch nur, sofern es als eine Satire auf den Realismus gedacht sei. Das dann mögliche Lob relativiert Alberti sogleich durch die litotische Wendung „nicht ungeschickt" (Z. 27). Dass der Rezensent aber nicht wirklich an eine satirische Lesart glaubt, der Vorschlag zu einer solchen vielmehr polemisch gemeint ist, wird deutlich mit der Vehemenz, mit der er mit **expliziten Negativwertungen** Buch und Autor für den Fall abwertet, dass *Papa Hamlet* ernst gemeint sei: „Machwerk der traurigsten Sorte" (Z. 31), „unreife[r] Knabe" (Z. 38), „ganz gewöhnliche Unfähigkeit" (Z. 39 f.). Die **objekt- und subjektbezogenen Begründungen** – „platte Ausdrücke" (Z. 32), „ekelhafte Einzelzüge" (Z. 32 f.) –

verweisen auf den negativen relationalen Wertmaßstab **„Konventionalität"** (womit dem Werk die Originalität gerade abgesprochen wird) und den negativen wirkungsbezogenen Wertmaßstab **„Unlust"** (bzw. „Ekel").
Wenn bei zwei Vertretern einer Literaturströmung bei der Bewertung eines Werkes Dissens besteht, liegt der Verdacht nahe, dass der Grund in **unterschiedlichen Zuordnungsvoraussetzungen** besteht, schließlich herrscht über die relevanten Wertmaßstäbe Einigkeit. Für beide Rezensenten sind **„Realismus"**, also größtmögliche Wirklichkeitsnähe, sowie „Wahrheit", „Originalität" usw. die wichtigsten Kriterien. Während aber Conrad diese Werte bei *Papa Hamlet* erfüllt sieht, erblickt Alberti in dem Werk nur ein Zerrbild, das den „wahren" Realismus verhöhnt. Zu vermuten ist daher, dass Albertis Realismus-Begriff sich von dem Conrads unterscheidet und das „Tragisch-Banale" (Z. 11) – wie die Beschreibung eines ersten Schultages – als möglichen Gegenstand von Literatur ausschließt; Alberti kann darin bestenfalls eine Satire auf den Realismus erkennen.

Rekonstruktion der literarhistorischen Hintergründe
Heutige Leser werden diese beiden Rezensionen nicht ohne Irritation und Amüsement lesen. Denn während sich so namhafte zeitgenössische Vertreter des Naturalismus wie Michael Georg Conrad (1846–1927) oder Conrad Alberti (1862–1918) alles andere als einig waren, ob *Papa Hamlet* ihrer Bewegung zuzurechnen sei, gilt diese Textsammlung heute als **Musterbeispiel für die naturalistische Literatur**. Geschrieben wurde sie freilich in Wahrheit von den Berliner Autoren **Arno Holz (1863–1929)** und **Johannes Schlaf (1862–1941)**, die sich zunächst hinter dem norwegischen Pseudonym Bjarne P. Holmsen versteckten. (Die skandinavische Literatur galt zu dieser Zeit als renommierter und moderner als die deutsche.) Bei der angeblichen Übersetzung handelt es sich somit um eine **Mystifikation**, die von den Rezensenten der *Gesellschaft* nicht durchschaut wurde, wenn auch Alberti das Buch immerhin als „nicht recht norwegisch" (Z. 48) erschien.
Die naturalistische Bewegung war viel weniger einheitlich, als sie in heutigen Literaturgeschichten in der Regel dargestellt wird, und veränderte sich in der Konkretisierung ihrer Wertmaßstäbe und literarischen Konzeptionen im Lauf der Jahre erheblich. Während der deutschtümelnde, von nationalen Heroen kündende Realismus, wie er in der Münchner Zeitschrift *Die Gesellschaft* von Alberti oder Karl Bleibtreu vertreten wurde, nach 1900 in der Literatur der Heimatkunst, zum Teil gar in der völkischen „Blut-und-Boden"-Dichtung mündete, radikalisierte sich die Bewegung in Berlin um 1889/1890 zum **„konsequenten Naturalismus"**. Autoren wie Holz, Schlaf und vor allem Gerhart Hauptmann (der, befreundet mit Holz und Schlaf, sein Drama *Vor Sonnenaufgang* augenzwinkernd „Bjarne P. Holmsen" widmete) experimentierten mit neuen formal-ästhetischen Techniken wie dem **Sekundenstil**, der die Realität möglichst objektiv, d.h. unter Ausschaltung aller dichterischen

Subjektivität, und in ihrer Totalität sprachlich abzubilden versuchte. In der Unsicherheit der beiden Münchner Naturalisten Conrad und Alberti im Umgang mit dem vermeintlichen norwegischen Debütanten zeichnet sich die kommende **Spaltung der Bewegung** bereits ab. Der **innernaturalistische Konflikt** zwischen der Münchner und der Berliner Literaturavantgarde war zum einen ein Kampf um die **Deutungshoheit über naturalistische Wertmaßstäbe**: „Falsche" Naturalisten sollten abgewehrt werden. Zum anderen war er aber auch ein Konkurrenzkampf mit ökonomischen Aspekten, ein Kampf um die Publikumsgunst, da alle Beteiligten nicht nur Kritiker, sondern auch Autoren waren. In der Folge bekämpfte nicht nur Alberti, sondern auch M. G. Conrad, der Herausgeber der *Gesellschaft,* den „konsequenten" Naturalismus" der Berliner Kollegen.

3.2.2 zu Heinrich Mann: *Der Untertan.* Roman (1914)

von Ludwig Rubiner

Lesetext

Vorbemerkung: Ludwig Rubiner bezieht sich zu Beginn seines Textes auf einen unter I. veröffentlichten Text von Friedrich Markus Huebner. Darin kritisiert Huebner ein Münchner Flugblatt für Aristokratie, in dem Heinrich Manns Roman „Der Untertan" verrissen wurde.[132]

II.

Im Gegenteil: Der Herr von den *Allgemeinen Flugblättern* hat Recht. Allgemeine Flugblätter? Zeitschrift. Hinten drauf steht: „Wir wollen deutsch und scharf sein." Vorn gibt es Proben von deutsch und scharf: Aus dem Atlilied[133]. Wahrhaftig aus dem At-li-Lied. (Denn noch deutscher als germanisch ist germanistisch.)

„Atli sandte einst zu Gunnar
Einen kundigen Reitersmann, Knefröd geheißen. Zur Grenze kam er der Gibiche und zu *Gunnars* Halle,
Zu den herdumgreifenden Bänken und zum Biere, dem süßen."

Na ja. Ein anderer von den Tatütataa-Leuten sagt, Picasso[134] ist ... Mist, weil ... Dazu am Bierhimmel der Atliliedersänger ein speckiger Holzschnitt für Haus und Reise. Also Ahnungslose.

Aber ist dieser Dümmling nicht mit Recht betroffen? Heinrich Manns Roman hat nichts mit Kunst zu schaffen. Dafür muss jeder, der ein Herz hat, Herrn Heinrich Mann danken. Mann war in der *Jagd nach Liebe* der größte Techniker von Deutschland; dafür innere Unsicherheit, Menschenkenntnis mit Naturromantik. Überall wurden ihm junge Herren, die das Knie ihrer Geliebten in Florentiner Hügeln sahen, nachgeschrieben.

Aber dieser *Untertan* ist nicht mehr für sich selbst da. Er ist eine Stimme. Stimme der Empörung. Dass er nicht die des Aufstandes ist, ist unsere Schuld. Warum halten wir nichtDeutschlands Wut auf solcher Hitze, dass Gemäßigtes gar nicht möglich wäre!

Wir müssen Heinrich Mann *danken*. Dafür, dass er sich nicht mehr um Kunst kümmert, sondern um Großes, Übergeordnetes: Geistiges. Um Politisches. Um den Willen. Hinter ihm steht heute unser aller Drang nach Änderung. Umsturz. (Oh, wär' er nur noch utopischer; noch verlachbarer; noch verzweifelter!) Hat denn ein Mensch, der in Deutschland die Feder eintunkt, Einer, den alle sehen, diesen Mut? Schmutzige Partikularisten!

Umsturz! Absicht in diesem Buch. Ziel! Wer wagt das sonst bei uns!

Die Herren Deutschen sind lumpenhafte Erfolgsfeiglinge. Sie haben Angst, nicht gelesen zu werden, kein Jeld zu kriegen. Der Willen über einem Werk schädige die Kunst. (Kunst bringt Zinsen.) Alter Beweis die Nazarener[135]; Gutzkow[136]. Sollt es nicht daran liegen, dass diese Unerträglichen nicht – ja, deutlich – nicht radikal genug waren; nicht genug *gewollt* haben; den Geist noch durch Kunst trübten?

In Frankreich, der berühmte Herr Anatole France[137], präsidert Arbeiterversammlungen und schreibt darnach neckische Bücher. Da habt ihr eure Kunst. Das ist ja Hermann Bahr[138]: Gott als Anregung zur Produktion. Wie herrlich, wie ruhmvoll, nein wie anständig ist dieser Deutsche Heinrich Mann: ein öffentliches Leben dazu da, um Aufreizendes zu verbreiten. Eine Schrift, nicht der Unzufriedenheit, sondern der Deutlichkeit. Ein Buch, wirkend, dass die Bourgeoisie, die es lesen muss, sich selbst ins Gesicht kotzt.

In dem Lande Russland ist ein Dichter ein Prophet. In Italien ein Führer, in England ein Aufrüttler, in Frankreich ein Parteimann. In Deutschland ein Dreck. Mit Recht:

Ich bin ein Dichter und dichte.
Doch einmal kommt der Tag,
Wo ich euch alle vernichte
In meinem eignen Verlag.

In Deutschland weiß man alles mögliche vom Dichter. Am ehesten, mit wem er in Krach liegt und wie viel er verdient.

Eins weiß man bei uns nicht: dass er eine aktive Wirkung ausüben kann. (Wenn sich nach dem Werther die Leute totschießen, so ist das Buch gut; wenn sie auf andere schießen, besser.) Heinrich Mann, zufällig, kann das. Früher gingen Nebenwirkungen von ihm aus, zur Radikalisierung; junge Herren, hoffnungslos frisiert nach Claude Marehn[139], waren zwar Missverständnisse, aber zersetzend. Jetzt, unter dem unverpackten, von draußen drängenden, politischen Willen des *Untertans* werden in Deutschland viele tausend ahnungslose Frauen und Männer politisches Blut eingespritzt bekommen. Ach, zunächst wird die Wirkung noch sehr zweideutig sein; Organisation, Partei, Parlament. (Jüdisch-sozialdemokratische Reserveoffiziere.) Man wählt. Statt 111 Stimmen im Reichstag hundertundfünfzehn. Also wie ist das mit Frankreich? Wo der berühmte Herr Anatole France offen sagt: Ich bin stolz, Aufrührer zu sein; und danach neckische Bücher schreibt.

Besser Bücher, die stolz darauf sind, Aufrührer zu sein. Wir müssen Heinrich Mann für den *Untertan* danken. Solange bis er einen „Roman" schreibt, der selbst Aufrührer ist. Wonach, als Wirkung des Buches, nicht mehr gewählt, sondern getan wird. „Kunst" kann nie diese Wirkung haben, nur der Geist. Dann wird auch unser Dank für den (vorhergehenden) „Untertan“ ganz überflüssig sein. Dann wird nämlich Heinrich Mann im Gefängnis sitzen, und seine Leser wissen, dass sie vorstoßen müssen.

[Erstdruck und Druckvorlage: Die Aktion, hg. v. Franz Pfemfert, 4. Jg. 1914, Sp. 335–337.]

Musteranalyse

Welchem Texttypus ist der Text zuzuordnen?

Bei Rubiners Text handelt es sich um eine **Glosse**. Wichtiger als eine Vorstellung und Bewertung des Buches sind hier Kommentierung, Polemik und Agitation. In stark zugespitzter Form wird auf die Willensbildung des Lesers Einfluss zu nehmen versucht, wobei sich Rubiner auch der Mittel der Satire bedient.

Welche Bestandteile eines literaturkritischen Textes dominieren, sind unterrepräsentiert, fehlen?

Dass es sich um eine **Glosse** und nicht um eine Rezension handelt, wird auch daraus ersichtlich, dass zahlreiche Bestandteile, die für eine Besprechung typisch sind, fehlen: Rubiner sagt nichts zu Inhalt oder Thema des Romans, es werden weder biografische Informationen zum Autor noch Zitate aus dem besprochenen Buch geliefert. Dagegen dominieren Einschätzungen und Wertungen, die sich auf die vermutete bzw. erhoffte Wirkung des *Untertans* beziehen (Z. 19 f.), außerdem Vergleiche mit anderen Autoren und Werken (Anatole France, Goethes *Werther*, Hermann Bahr) sowie Vergleiche mit einem früheren Roman Heinrich Manns (Z. 15 ff., Z. 51 ff.).

In welchem medialen Kontext ist der Beitrag erschienen?

Der Text ist 1914 in der expressionistischen Zeitschrift *Die Aktion* erschienen. Diese seit 1911 von Franz Pfemfert herausgegebene Zeitschrift zählt neben den *Weißen Blättern*, dem *Sturm* und dem *Forum* zu den wichtigsten expressionistischen Publikationsorganen. *Die Aktion* wurde für die **jungen Intellektuellen** zu einem **Forum**, wo sie ihren **Widerstand gegen die Wilhelminische Gesellschaft**, gegen Militarismus und Chauvinismus artikulieren konnten. Mit seiner in radikaldemokratisch-revolutionärer Tradition stehenden Zeitschrift wurde **Pfemfert** zu einem der wichtigsten Förderer und Organisatoren des Frühexpressionismus, vor allem auf dem Gebiet der Lyrik. Die Literaturkritik der Zeitschrift hatte wesentlich zwei **Funktionen**: die (Eigen-)**Werbung** für die jungen expressionistischen Autoren sowie die **politische Kritik**.

Welche(n) Adressaten hat der Text?

Rubiners Text hat mehrere Adressaten. Zunächst ist er eine Antwort auf den Text seines „Vorredners“ **Friedrich Markus Huebner**, der sich über die Kritik konservativer Leser an Manns Roman, die sich in einem *Münchner Flugblatt für Aristokratie* artikulierte, empörte (Z. 2). Rubiner widerspricht Huebner, indem er die Kritik der konservativen Leser als allzu berechtigt beurteilt (freilich im Sinne von: Das konservative Bürgertum habe allen Grund, Heinrich Manns

Roman zu fürchten). Des Weiteren richtet er sich an die **Leser der *Aktion*,** also an den Kreis der an der jungen, avantgardistischen Literatur der Frühexpressionisten interessierten Leserschaft. Dass Rubiner Heinrich Mann nicht weiter vorstellt, zeigt, dass er davon ausgehen kann, dass seinen Lesern dieser Autor wohl bekannt ist. Ein weiterer Adressat ist der **Autor Heinrich Mann**, dem für seinen neuen Roman gedankt wird (Z. 22) und der zumindest indirekt aufgefordert wird, beim nächsten Mal einen noch radikaleren Roman vorzulegen (Z. 61–64). Als letzter Adressat lassen sich die **deutschen Literaturproduzenten** bestimmen, denen Rubiner vorwirft, sie kümmerten sich nur um sich und ihren Erfolg, statt sich aktiv für gesellschaftliche Veränderung zu engagieren (Z. 49–58).

Welche Funktionen dominieren?
Rubiners positive Wertung von Heinrich Manns Roman entspricht zunächst der Selektionsfunktion: Dem Leser wird damit eine Kauf- bzw. eine Lektüreempfehlung gegeben. Diese Funktion ist allerdings nicht die dominierende, ebenso wenig wie die didaktisch-vermittelnde Funktion für das Publikum: Bei den für ästhetisch oder politisch radikale Literatur aufgeschlossenen Lesern der *Aktion* ist es nicht nötig, erst um Verständnis für Heinrich Manns Roman zu werben.
Dominant ist dagegen die **reflexions- und kommunikationsstimulierende Funktion:** Rubiner diskutiert am Beispiel von Heinrich Manns Roman und den zu erwartenden Reaktionen auf ihn den Zustand der (wilhelminischen) Gesellschaft. Noch wichtiger erscheint jedoch die **politische Funktion**, und zwar deshalb, weil es Rubiner letztlich nicht um Heinrich Manns Roman geht, sondern um aktive Veränderung der Gesellschaft bzw. Revolution. *Der Untertan* wird von Rubiner ja nur deshalb positiv gewertet, weil er glaubt, dieser Roman würde aufgrund seiner Wirkung den überfälligen Umsturz der Verhältnisse, wenn schon noch nicht selbst auslösen (Z. 62 f.), so zumindest entscheidend vorbereiten (Z. 23–27, Z. 53–56).

Welches Rollenselbstverständnis hat der Kritiker?
Rubiner tritt teils als **Freund des Autors** auf („Wir müssen Heinrich Mann für den *Untertan* danken., Z. 61 f.), teils als ein **politischer Agitator und Revolutionär**, der zur aktiven Veränderung der Gesellschaft bis hin zur Revolution aufruft: „Hinter ihm [Heinrich Mann] steht heute unser aller Drang nach Änderung. Umsturz." (Z. 24 ff.)

In welchem Stil ist die Kritik geschrieben? Welche sprachlichen Formen und rhetorischen Mittel dominieren?
Der Stil von Rubiners Glosse ist ausgesprochen **heterogen**: Einige Sätze sind in einem **emphatischen** Stil geschrieben („Oh, wär' er nur noch utopischer", Z. 24 f.), einige in einem **polemisch-satirischen** („Denn noch deutscher als

germanisch ist germanistisch.", Z. 5), einige in einem **vulgär-drastischen** („sich selbst ins Gesicht kotzt.", Z. 39 f.) und einige in einem **agitatorischen** („Umsturz! Absicht in diesem Buch. Ziel! Wer wagt das sonst bei uns!", Z. 28). **Umgangssprache** („Hinten drauf steht ...", Z. 3) wechselt mit **Beschimpfungen** („Die Herren Deutschen sind lumpenhafte Erfolgsfeiglinge.", Z. 29) und **dialektalen Ausdrücken** wie das berlinerische „Jeld" (Z. 30). Die Syntax ist von einer **Tendenz zur Verknappung** und Verkürzung bestimmt, mit einem parataktischen (nebenordnenden) Satzbau, Ein-Wort-Ausrufen („Umsturz!", Z. 28) und Ellipsen („In Deutschland ein Dreck.", Z. 42). Ein wichtiges rhetorisches Mittel, um die Wirkung seiner Worte zu steigern, ist die **Wiederholung**: dass man dem Autor für seinen Roman danken müsse, wird gleich dreimal gesagt (Z. 15, Z. 22, Z. 62).
Die von diesen Stilmitteln erzeugte Wirkung ist die einer **temporeichen, gehetzten, wütend gesprochenen (mündlichen) Rede**, die ganz auf Zustimmung beim Hörer/Leser und seine daraus resultierende Tat (dem überfälligen Umsturz) zielt. Dass hier mit den Mitteln der Schrift **Mündlichkeit nachgebildet** wird, zeigt z. B. der Satz: „Wahrhaftig aus dem At-li-Lied." (Z. 5)

Welche Wertungen nimmt der Text vor, und wie wird gewertet? Welche Wertmaßstäbe legt der Kritiker zugrunde?
Rubiners Wertungen sind bereits in all den aufgeführten rhetorischen Figuren zu finden, so die Abwertung des konservativen, modernefeindlichen Bürgertums durch die Mittel der Polemik und Satire (Z. 2–14). Des Weiteren bedient sich Rubiner des Mittels, durch **Kontrast und Vergleich** zu werten. So vergleicht der Kritiker Heinrich Manns neuen Roman mit einem seiner Vorgängerwerke, dem Roman *Die Jagd nach Liebe*, und setzt ihn von diesem positiv ab (Z. 15–18). Darin lässt sich der relationale Wert „Fortschritt" erkennen, der für Rubiner erfüllt ist, der sich hier teils auf die individuelle Entwicklung des Autors Heinrich Mann bezieht, teils auf die deutsche Literatur, innerhalb der *Der Untertan* etwas Neues darstelle (Z. 53–56). Der Vergleich mit dem französischen Autor und Zeitkritiker Anatole France dient dem Kritiker dazu, Heinrich Mann als mehr als nur ebenbürtigen gesellschaftlich engagierten deutschen Intellektuellen zu positionieren: Während bei France, dem damaligen Vorzeige-Intellektuellen, Engagement und literarische Praxis für Rubiner in Wahrheit auseinanderklafften, stimmten sie bei Heinrich Mann überein. (Weshalb zu diskutieren wäre, ob Rubiner, der sich im ersten Absatz noch von der Deutschtümelei der Konservativen distanziert, hier nicht selbst nationale Ressentiments bedient.)
Die Einbettung des Romans in die politisch-gesellschaftliche Situation, die zu dem positiven Urteil führt, dass *Der Untertan* zu einer überfälligen Politisierung der jungen Generation führe, lassen sich als **Kontextualisierung und Symptomatisierung** deuten. Indem Rubiner seine positive Wertung des Romans von dessen Wirkung abhängig macht, wertet er **subjektbezogen**

(Z. 36 f.) sowie **heteronom**: Literatur soll für ihn kein Selbstzweck sein, sondern steht im Dienst der Politik bzw. des gesellschaftlichen Engagements: „Wir müssen Heinrich Mann *danken*. Dafür, dass er sich nicht mehr um Kunst kümmert, sondern um Großes, Übergeordnetes: Geistiges. Um Politisches." (Z. 22 f.) Aufgrund der Kontrastierung *Der Untertan* vs. *Jagd nach Liebe* werden autonome ästhetische Wertmaßstäbe wie technische Vollkommenheit (die Heinrich Mann in seinem Vorgängerroman bewies) tendenziell abgewertet (Z. 15), statt dessen soll der Dichter „eine aktive Wirkung" (Z. 49) ausüben. Als oberster Wertmaßstab Rubiners lässt sich der wirkungsbezogene, praktische Wert **„Handlungsorientierung"** bestimmen: „Besser Bücher, die stolz darauf sind, Aufrührer zu sein." (Z. 61) Diesem Wert entspreche *Der Untertan* zwar, allerdings noch nicht vollkommen, da er den überfälligen Umsturz nur vorbereiten helfe, aber den Umsturz eben noch nicht wirklich auslöse (Z. 62 f.) „Aufruhr" und „Umsturz" schließen bei Rubiner sogar Gewaltbereitschaft mit ein („Wenn sich nach dem Werther die Leute totschießen, so ist das Buch gut; wenn sie auf andere schießen, besser.", Z. 49–51).
Dem Wert Handlungsorientierung untergeordnet ist der hedonistisch wirkungsbezogene Wertmaßstab „Ekel" (hier positiv verstanden) im Hinblick auf das bürgerliche Publikum (Z. 38 ff.).

Rekonstruktion der literarhistorischen Hintergründe
Der Dichter und Essayist Ludwig Rubiner (1881–1920) war ein Vertreter des Expressionismus. Sein obiger Text, am 18. April 1914 zusammen mit der Glosse Friedrich Markus Huebners in der *Aktion* erschienen, reagiert auf den Vorabdruck von Heinrich Manns Roman in der Publikumszeitschrift *Zeit im Bild* und stellt die erste literaturkritische Reaktion auf den *Untertan* dar. (Der Vorabdruck wurde kurz darauf im August 1914 vorzeitig beendet, da mit dem Kriegsausbruch literarische Kritik an den Zuständen im wilhelminischen Deutschland unmöglich geworden war; die Buchausgabe konnte erst nach dem Krieg erscheinen.) Im Unterschied zu seinem Bruder Thomas zählte Heinrich Mann zu dieser Zeit zu den maßgeblichen Vorbildern der jungen frühexpressionistischen Dichtergeneration, wofür Rubiners Text Zeugnis ablegt. Mit seinem Essay *Geist und Tat* (1910) begründete Heinrich Mann den **Aktivismus** in der Literatur; der „Geist" – dieser Schlüsselbegriff des Expressionismus fällt auch bei Rubiner (Z. 23, 33) – sollte (endlich) aktiv in die Realität eingreifen und diese verändern. Ästhetik um ihrer selbst willen wurde abgelehnt; die Kunst sollte im Dienste des gesellschaftlichen und politischen Fortschritts stehen.
Auch Ludwig Rubiner war ein Vertreter des Aktivismus, der zwei Jahre vor dieser Glosse ebenfalls in der *Aktion* das berühmt gewordene **Manifest** *Der Dichter greift in die Politik* (1912) veröffentlichte. Die Literatur des Expressionismus war eine engagierte, politische Kunst, Literatur und Politik wurden als Einheit verstanden. Die expressionistische Kunst zielte auf **Veränderung**

und Engagement, auf Handeln und Tat, auf gelebte Solidarität mit den Opfern und Außenseitern (Kinder, Frauen, psychisch Kranke, Tiere usw.) der Gesellschaft – wie auch an den **Titeln expressionistischer Zeitschriften** deutlich wird (*Die Aktion*, *Die Tat* usw.). In die als geistfeindlich empfundene wilhelminische Gesellschaft sollten Leben, Vitalität, Energie, Emotion und „Geist" gebracht werden. Bekämpft wurden Militarismus, Chauvinismus und die Unterdrückung des Einzelnen in der patriarchalischen Gesellschaft. Das Ziel war die durch emotionale Erschütterung und Wandlung bewirkte **Geburt eines neuen Menschen**, einer neuen Gesellschaft.

Dieses **Verlangen nach einem gesellschaftlichen Aufbruch** aus den als erstarrt empfundenen Verhältnissen war so stark, dass gerade viele Expressionisten, trotz ihrer vorherigen pazifistisch-internationalen Einstellung, den **Kriegsausbruch 1914** bejubelten und ins Feld zogen. Die aus heutiger Sicht schwer begreifliche Gewaltbereitschaft, wie sie auch aus Rubiners Text spricht, steht mit der folgenden Kriegsbegeisterung (auf die freilich rasch die Ernüchterung angesichts der zahllosen Toten folgte) in engem Zusammenhang. Rubiner selbst gehörte jedoch zu den wenigen, die sich von der allgemeinen Begeisterung nicht anstecken ließen, er ging 1914 in die Schweiz ins Exil.

3.2.3 zu Christa Wolf: *Was bleibt.* Erzählung (1990)

von Ulrich Greiner

Lesetext

Das ist ja ein Ding: Die Staatsdichterin der DDR soll vom Staatssicherheitsdienst der DDR überwacht worden sein? Christa Wolf, die Nationalpreisträgerin, die prominenteste Autorin ihres Landes, SED-Mitglied bis zum letzten Augenblick, ein Opfer der Stasi? Sie berichtet es uns in ihrer neuen Erzählung. „Ende der siebziger Jahre", so teilt der Verlag uns mit, sei sie „wochenlang" überwacht worden. Aufgeschrieben habe sie den Text 1979, überarbeitet „im Herbst 1989". Wann genau? In diesem Herbst ist viel passiert, da kommt es auf das Datum an. Christa Wolf ist ein bisschen genauer. Am Ende der Erzählung steht: Juni–Juli 1979/November 1989.

Nun gut. Was will die Dichterin uns damit sagen? Will sie sagen: Die Stasi war so blöde, dass sie sogar eine Staatsdichterin bespitzelt hat? Oder will sie sagen: Seht her, ihr Armen, von der Stasi um Ansehen und Zukunft gebrachten Mitbürger und ehemaligen Genossen, auch ich wurde überwacht, auch ich war ein Opfer, ich bin kein Staatsdichterin, ich bin eine von euch?

Das Unglück will es, dass wir inzwischen sehr viel über die Stasi wissen, dass wir sozusagen täglich mehr über diesen monströsen Apparat erfahren, über seine Rolle als Staat im Staat und über die Opfer, manchmal waren es Leichen, über die er hinwegging. Daran gemessen ist die Nachricht, Christa Wolf sei „wochenlang" überwacht worden, einigermaßen komisch. Es mag zwar die Tatsache, dass damals ein Wartburg mit drei jungen Staatssicherheitsbeamten vor ihrer Wohnung in der Ost-Berliner Friedrichstraße stand, durchaus lästig und vielleicht bedrückend gewesen sein, aber wäre es nicht richtiger gewesen, eingedenk des wirklich lebensbedrohenden Terrors der Stasi, über diese Bagatelle stillschweigend hinwegzusehen? Vor allem jetzt? Denn der 9. November ist doch mindestens in dieser Hinsicht eine historische Wasserscheide. *Davor* wäre die Publikation dieses Textes eine Sensation gewesen, die sicherlich das Ende der Staatsdichterin Christa Wolf und vermutlich ihre Emigration zur Folge gehabt hätte. *Danach* ist die Veröffentlichung nur noch peinlich. Peinlich wie ihr Parteiaustritt zu einem Zeitpunkt, der keine Risiken mehr barg.

Christa Wolf erzählt uns, wie sie am Bahnhof Friedrichstraße vorbeigeht, „in dem die Umwandlung von Bürgern verschiedener Staaten, auch meines Staates, in Transitäre, Touristen, Aus- und Einreisende vollzogen wurde". Sie sagt uns, sie habe „den Argwohn" gegen diese „Objekte" lernen müssen (und meint offenbar die Amtsgebäude staatlicher Kontrolle), sie habe begriffen (und nun bitte genau hinhören), „dass sie alle dem Herrn gehörten, der unangefochten meine Stadt beherrschte: der rücksichtslose Augenblicksvorteil".

Ist das nicht schön gesagt? Ja, es ist dieser angenehme Christa-Wolf-Sound, diese flaue Unverbindlichkeits-Melodie in der apart formulierten Sprache, es ist diese für Christa Wolf typische Unschärfe-Relation zwischen der wirklichen Welt, die als ferne Ahnung herüberschimmert, und der poetischen Welt ihrer Texte. Aus dieser Unschärfe-Relation hat sie schon immer ästhetischen Mehrwert geschlagen, nur war der Mehrwert noch nie so gering und so schäbig erkauft wie in diesem Text. Erkauft durch vorgebliches Nichtwissen, durch sträflich naives Erstauntsein. Denn hat nicht, soweit müsste Christa Wolf doch ihren Brecht kennen, das Verbrechen Namen und Anschrift? Der „Herr", der ihre Stadt beherrscht, hat einprägsame Namen: Vopo, Stasi, SED. Sie weiß es, und sie schreibt „der rücksichtslose Augenblicksvorteil". Und was heißt „Umwandlung von Bürgern"? Sollen wir auch diese Wendung als Mittel ironischer Distanzierung betrachten? Eine miese Ironie, die von „Umwandlung" spricht, wo es die Wahl gab zwischen Ausbürgerung und Ausreiseverbot.

Aber missachten wir nicht, wenn wir so mit Christa Wolf ins Gericht gehen, ein elementares Gebot, dass wir schon im Proseminar gelernt haben? ***Was bleibt*** nennt sich Erzählung, soll also Literatur sein, Fiktion, die wir nicht verwechseln sollten mit einem wahrheitsgetreuen Bericht. In der Tat: Der vorliegende Text vermeidet jede Konkretion. Weder von Stasi ist die Rede noch von Berlin. Terror findet statt. Aber kein Ort, nirgends. Eine Frau, offenbar Schriftstellerin, allein in ihrer Wohnung. Der Mann befindet sich einer Operation wegen im Krankenhaus. Und auf der Straße vor dem Haus drei Männer in einem Auto, Tag und Nacht, wartend, Kaffee trinkend, Bockwürste kauend. Das ist die Situation.

Ein literarischer Stoff, in der Tat. Zwar haben wir ihn schon häufiger gelesen, aber das macht nichts. „Nur keine Angst." So beginnt die Erzählung. Viel später wird die Frau von sich sagen: „Ich – habe – Angst." Dazwischen sagt sie: „Also nun mal der Reihe nach, und keine Hektik." Das sagt sie noch zweimal. Wir begreifen: Die Frau gerät in Panik. Wir begreifen noch mehr. Auf Seite 26 heißt es: „Ich hatte schon ziemlich lange nicht mehr geweint." Auf Seite 43 lesen wir: „Ich weinte." Es bleibt uns nichts erspart. Das etwa wären die dramatisch-literarischen Höhepunkte dieser „Erzählung".

Inhaltlich gibt es noch eine kleine Steigerung: Die Autorin soll eine Lesung abhalten. Die Geheimpolizei hat den Saal mit Spitzeln besetzt, das Publikum vor dem Gebäude, so berichtet man es der Autorin später, wird mit Gewalt auseinandergetrieben. Wie so oft nutzt Christa Wolf auch hier den scheinbaren Vorteil der Fiktion, nämlich im Ungefähren bleiben zu dürfen, und beansprucht zugleich die Dringlichkeit der harten Fakten. Nein, es hat keinen Zweck, so zu tun, als wüssten wir nicht, wer da spricht und wovon er spricht. Es ist Christa Wolf, es ist der SED-Staat. Sie entdeckt auf einmal, erfährt es am eigenen Leib, dass es das wirklich gibt: Terror und Repression. Als hätte sie nicht längst gewusst, dass Lesungen kontrolliert, dass Leser und Autoren drangsaliert, dass harmlose Bürger überwacht und inhaftiert wurden. Niemand verlangt von ihr, dass sie diese ihr offenbar spät zuteil gewordene Erkenntnis hinausposaunt. Sie hätte ja leicht Unterkunft im Westen finden können. Sie ist dageblieben, hat am Projekt des Sozialismus festgehalten. Ein Irrtum, den ihr niemand vorwerfen darf, denn auch wir (das heißt, von wenigen Ausnahmen abgesehen, die Literaturkritiker) haben uns geirrt, und das mit geringerem Einsatz und mit geringeren Risiken.
Unbegreiflich aber bleibt, dass sie jetzt, zehn Jahre danach, ein solches Getöse um traurige Geläufigkeiten veranstaltet. Gleich am Anfang heißt es: „In jener anderen Sprache, die ich im Ohr, noch nicht auf der Zunge habe, werde ich eines Tages auch darüber reden." Von dieser „neuen, freien Sprache" schwärmt sie insgesamt fünfmal, und sie fragt sich: „Wie viel Zeit will ich mir noch geben?" Wir kennen die Antwort: bis zum November 1989. Immer wieder verblüfft sie uns mit ihrer Entwaffnungstechnik, indem sie alle Einwände schon gegen sich selber vorbringt: „Mein beschämendes Bedürfnis, mich mit allen Leuten gut zu stellen." Oder: „Mit simplen Selbstbezichtigungen würde ich diesmal nicht davonkommen." Wohl wahr.
Ach ja, diese anmutige Melancholie Christa Wolfs, diese zarte Entsagung! Der Tag beginnt, sie tritt ans Erkerfenster, „durch das zwar keine Morgensonne hereinfiel, denn es war ein sonnenarmes Frühjahr, aber doch Morgenlicht, das ich liebe, und von dem ich mir einen gehörigen Vorrat anlegen wollte, um in finsteren Zeiten davon zu zehren". Kennen wir das nicht? Wie klang es in der Erzählung ***Sommerstück*** (1989): „Ein Alleinsein würde kommen, gegen das wir einen Vorrat an Gemeinsamkeiten anlegen wollten."
Hier begegnen wir der inneren Logik des Wolfschen Erzählens. Es ist die altbekannte machtgeschützte Innerlichkeit, die sich literarische Fluchtburgen baut. Das erklärt zugleich den ungeheuren Erfolg Christa Wolfs: Sie ist die Malerin des Idylls. Mit süßer Wehmut beschwört sie die Natur (***Sommerstück***) oder das unbeschädigte Leben (***Störfall***, 1987) oder die Wonnen eines leckeren Frühstücks (***Was bleibt***). Das Idyll aber gewinnt seine Leuchtkraft erst vor dem schwarzen Himmel. Allgegenwärtig lauert eine dunkle Gefahr, die nirgends konkret und namhaft gemacht wird. Dagegen stimmt Christa Wolf ihre trauten Gesänge an, und Lieder im finsteren Wald klingen allemal eindrucksvoller als auf dem Marktplatz. Sie singt ja immerzu: Volkslieder aller Art, auf der Wiese, unter der Dusche, im Garten. Märchen fallen ihr ein. Und das summt so schön und leuchtet so schön, wenn diese kleinen Inseln flüchtiger Glückseligkeit in einem Meer grauer Melancholie schwimmen. Und insofern ist die Publi-

kation dieses Textes doch nicht unbegreiflich. Sie entspricht dem literarischen Kalkül Christa Wolfs, einer Autorin, die sprachliche Intelligenz mit schwermütiger Sentimentalität zu paaren weiß. Das kommt gut an.

Es ist ja nicht so, dass es keine deutschen Schriftstellerinnen gäbe, die so gut schreiben könnten wie Christa Wolf. Mir fallen Katja Behrens oder Keto von Waberer ein, vergleichsweise unbekannt natürlich, denn ihnen fehlt die real existierende Bedrohlichkeit, die Christa Wolf ebenso virtuos wie verlogen literarisch immerzu verwertet hat. Jetzt aber rückt ihr die Stasi auf die Pelle. Da schrumpft das Idyll auf das Erkerfenster zusammen. Da wächst das Rettende nicht mehr. War Christa Wolf vordem als Staatsdichterin wirklich machtgeschützt, so erlebt sie nun, wie die Macht sich gegen sie kehrt: „Ich – habe – Angst."

Ein trauriger Fall. Ein kleines Kapitel aus der langen Geschichte „Deutsche Dichter und die Macht". Mut zu haben ist schön, aber niemand darf verurteilt werden, ihn haben zu müssen. Dass Christa Wolf diesen Text in der Schublade behielt, ist ihr gutes Recht. Dass sie ihn jetzt veröffentlicht, verrät einen Mangel nicht an Mut, denn Gefahren drohen keine mehr, sondern an Aufrichtigkeit gegen sich selbst und die eigene Geschichte, einen Mangel an Feingefühl gegenüber jenen, deren Leben, deren Leben der SED-Staat zerstört hat.

[Erstdruck: DIE ZEIT, 1. 6. 1990. Druckvorlage: Thomas Anz, Es geht nicht um Christa Wolf, S. 66–70.]

Musteranalyse

Welchem Texttypus ist der Text zuzuordnen?

Bei Greiners Text handelt es sich um die Besprechung einer Neuerscheinung (Z. 4), also um eine **Rezension**. Aufgrund ihres negativen Tenors lässt sich der Text als **Verriss** einstufen. Mit seinen Reflexionen über das Verhältnis von Christa Wolf zur SED bzw. zur Macht weist der Text Züge einer **problemorientierten Rezension** auf.

Welche Bestandteile eines literaturkritischen Textes dominieren, sind unterrepräsentiert, fehlen?

Greiners Text enthält sämtliche Bestandteile, die für eine Buchbesprechung typisch sind. Dazu gehören **biografische Informationen über die Autorin** wie der Hinweis, dass Christa Wolf Nationalpreisträgerin und prominenteste Autorin der DDR war (Z. 2 f.) oder dass sie erst spät aus der Partei ausgetreten (Z. 26 f.) und anders als andere ostdeutsche Autoren bis zuletzt im SED-Staat geblieben ist (Z. 75 f.). Des Weiteren erhält der Leser **Informationen über vorangegangene Werke der Autorin** und Vergleiche mit ihnen: *Was bleibt* ähnele in sprachlicher Hinsicht früheren Werken der Autorin wie der Erzählung *Sommerstück* (Z. 98 f.), auch die Stimmung und Machart des neuen Werkes erinnerten an frühere Bücher (Z. 95 f., 99–103). **Informationen über die bisherige Einschätzung der Autorin** finden sich nur insofern, als auf den „ungeheuren Erfolg" (Z. 97) Christa Wolfs hingewiesen wird. **Vergleiche mit**

anderen Autorinnen und ihren Werken finden sich gegen Ende von Greiners Text, wenn auf Katja Behrens und Keto von Waberer als die für den Rezensenten zum Teil besseren deutschsprachigen Schriftstellerinnen hingewiesen wird (Z. 113). **Selbstreflexive Aussagen über Problematiken bei der kritischen Bewertung** lassen sich nur in jener Passage finden, in der der Kritiker darüber nachdenkt, ob er die Erzählung nicht mit dem falschen Maßstab bewertet und einen literarischen Text an den Kriterien eines Tatsachenberichts misst (Z. 49–51).
Die bis dahin aufgezählten Bestandteile sind jedoch nicht die dominierenden. Eindeutig **übergewichtet** vom Rezensenten sind die folgenden Bestandteile: **Zitate** aus dem besprochenen Buch, die teilweise sogar noch einmal vom Rezensenten wiederholt werden (Z. 28–30, 32–34, 44 f., 58–60, 62, 80–83, 85 ff.), **Informationen über Intention und Thema** des Buches (Z. 7–10), **Informationen über seinen Inhalt** (Z. 53–56, Z. 64–66) und seine **Sprache** (Z. 41–44, 110 f.) sowie (der wichtigste Bestandteil) Greiners **Bewertung** und kritische Diskussion des Textes (Z. 9–27, 35–47, 62 f., 73–80, 90, 95–97, 99–103, 107–124).

In welchem medialen Kontext ist der Beitrag erschienen?
Ulrich Greiners Rezension erschien am 1. Juni 1990 in der Hamburger Wochenzeitung *DIE ZEIT*. Ein Blick in die damalige Ausgabe dieser Zeitung zeigt, dass der Beitrag Teil einer Doppelbesprechung war, die sich nach Art von Pro und Contra gegenüberstanden. Während Greiner für den Contra-Part zuständig war, verfasste die Pro-Rezension der Literaturkritiker Volker Hage[140].

Welche(n) Adressaten hat der Text?
Im Hinblick auf das Medium, in dem der Beitrag erschienen ist, sowie seine Bestandteile, lässt sich als Adressat zunächst die **breite Leserschaft,** und zwar (nach der Wende) in West- wie in Ostdeutschland, feststellen. Dafür, dass der Kritiker mit einem literarisch gebildeten Publikum rechnet, sprechen seine literarischen Anspielungen (s. u.).
Es ist jedoch nicht nur das an Literatur interessierte Publikum angesprochen, aufgrund der Bedeutung von Christa Wolf und den zeitgeschichtlichen Begleitumständen, dem allgemeinen Interesse an den Entwicklungen nach dem Ende der DDR und der sich vollziehenden Wiedervereinigung, die **gesamte politisch und gesellschaftlich interessierte deutsch-deutsche Öffentlichkeit**.
Insofern es dem Rezensenten um eine Neubewertung (Abwertung) dieser bis zu diesem Zeitpunkt in Ost und West von Publikum und Kritik gefeierten Autorin geht, lässt sich als weiterer Adressat die **professionelle Literaturkritik**, also Greiners Kollegen, bestimmen, die davon überzeugt werden sollen, diese Autorin in Zukunft angemessener, d. h. kritischer, zu bewerten. Dies gilt im Besonderen für die Anhänger und **Verteidiger Christa Wolfs:** „… denn auch wir (das heißt, von wenigen Ausnahmen abgesehen, die Literaturkritiker) haben uns geirrt" (Z. 77 f.).

Welche Funktionen dominieren?

Wie für einen Verriss typisch, gehört die **Selektionsfunktion** in Greiners Beitrag zu den dominierenden Funktionen: Der Leser soll darüber informiert werden, dass sich eine Lektüre von Christa Wolfs neuem Buch nicht lohnt. Insofern sich Greiners Kritik auch auf das Gesamtwerk der Autorin ausdehnt, das bei den Lesern in Ost- wie in Westdeutschland Riesenauflagen erzielte, lässt sich auch die **didaktisch-vermittelnde Funktion für das Publikum** anführen, hier freilich im negativen Sinne: Dem Publikum soll nicht neue, innovatorische Literatur vermittelt werden, sondern es soll endlich erkennen, warum die Werke dieser Autorin „ebenso virtuos wie verlogen" (Z. 113) sind und dass sich die Leser bis dahin von Wolfs ‚kalkulierten Idyllen' haben blenden lassen.
Noch wichtiger erscheint jedoch die **reflexions- und kommunikationsstimulierende Funktion**: Greiner diskutiert und bewertet Wolfs neues Buch und seine Ästhetik vor dem Hintergrund der zeitgeschichtlichen Ereignisse (die deutsche Wende, das Ende der DDR) sowie des Gesamtwerkes der Autorin. Sein Beitrag ist offensichtlich der Versuch, die Literaturkritik zu einer Neubewertung der Erfolgsautorin zu bewegen, also den Sturz einer Großautorin einzuleiten.

Welches Rollenselbstverständnis hat der Kritiker?

Die Rolle des Kritikers in Greiners Text lässt sich mit der eines **Anklägers** (bzw. Staatsanwaltes) beschreiben. Dieser Ankläger versucht, eine Autorin zu überführen und hält dazu sein Schlussplädoyer vor den Geschworenen (das wären die Leser der Rezension). (Parallel dazu käme Volker Hage in seiner „Pro-Christa-Wolf"-Besprechung die Rolle eines Verteidigers der Autorin zu.) Es fällt auf, dass sich der anklagende Rezensent dabei durch Verweis auf die Opfer des SED-Regimes zu legitimieren versucht (Z. 14–17, Z. 123 f.).

In welchem Stil ist die Kritik geschrieben? Welche sprachlichen Formen und rhetorischen Mittel dominieren?

Greiners Text ist im Stil **moralischer Empörung** geschrieben, es fallen Wörter wie „schäbig" (Z. 40), „mies" (Z. 46) oder „verlogen" (Z. 113). Der Rezensent bedient sich dabei verschiedener Mittel wie etwa **salopp-umgangssprachlicher Wendungen**, die teils Ungläubigkeit, also Zweifel an der Behauptung Christa Wolfs, sie sei von der Stasi überwacht worden, zum Ausdruck bringen sollen („Das ist ja ein Ding", Z. 1), teils sowohl den Gegenstand seiner Kritik als auch die Autorin ins Lächerlich-Komische zu ziehen versuchen (Z. 17–20). Weitere Mittel sind **Ironie** („Ist das nicht schön gesagt?", Z. 35) oder Sarkasmus („Ach ja, diese anmutige Melancholie Christa Wolfs, diese zarte Entsagung!", Z. 88). Greiner bedient sich häufig **rhetorischer Fragen**, manchmal sogar ganzer Serien von ihnen, mit denen die ästhetische und moralische Qualität von Buch und Autorin problematisiert werden und die eine negative Beantwortung nahe legen. (Z. 9–13. 20–22. 41–43, 44 ff., 49 f., 92) In der Regel folgt die negative Beantwortung durch den Rezensenten selbst: „Sollen wir auch diese Wendung als Mittel ironischer Distanzierung betrachten? / Eine miese Ironie, die von ‚Umwandlung' spricht (...)" (Z. 45 f.).

Greiners wichtigstes rhetorisches Mittel, um Buch und Autorin zu kritisieren bzw. bloßzustellen, ist das **(entlarvende) Zitat**, wobei der Rezensent mitunter Zitate noch einmal aufgreift, variiert bzw. wiederholt zitiert: So wird „Ich – habe – Angst." (Z. 59) zum Schluss noch einmal angeführt (Z. 119).

Auffallend ist die **Wir-Sprache,** die Greiners Text dominiert (Z. 4 f., 9, 14 f., 30). Wer sich ihr bedient, will den Leser sprachlich zu seinem Verbündeten machen. Der Autor behauptet eine Gemeinschaft – und zieht zugleich eine Grenze, d. h., schließt andere aus der Gemeinschaft aus: Wir – und die anderen. Auf der Seite der anderen, die wohl die des DDR-Regimes ist, also die Seite der Täter, steht hier offenkundig die gleich zu Beginn abwertend als „Staatsdichterin" (Z. 1) titulierte (denunzierte?) Autorin Christa Wolf. Zumindest an einer Stelle wird das „Wir" näher bestimmt: „... denn auch wir (das heißt, von wenigen Ausnahmen abgesehen, die Literaturkritiker) haben uns geirrt" (Z. 69).

Darüber hinaus hat der Rezensent einige **literarische Anspielungen** in seinen Text montiert, die teils wiederum polemische Funktion haben: So ist „Aber kein Ort, nirgends" (Z. 52 f.) eine boshafte Anspielung auf den Titel von Christa Wolfs Erzählung *Kein Ort. Nirgends* (1979), in der es um die Frage eines utopischen Rückzugsortes für den Intellektuellen in einer ihm feindseligen Gesellschaft geht. „Da wächst das Rettende nicht mehr" variiert Hölderlins berühmte Verszeilen aus dem Gedicht *Patmos:* „Wo aber Gefahr ist, wächst das Rettende auch." Greiners Wendung von der „altbekannte[n] machtgeschützte[n] Innerlichkeit" (Z. 95 f.) wiederholt ein viel zitiertes Wort Thomas Manns, der in seinem Essay *Leiden und Größe Richard Wagners* (1933) über den Komponisten kritisch schrieb: „Er ist den Weg des deutschen Bürgertums gegangen: von der Revolution zur Enttäuschung, zum Pessimismus und einer resignierten, machtgeschützten Innerlichkeit."[141] Gemeint ist damit, dass sich der deutsche Intellektuelle gerne mit den herrschenden Verhältnissen arrangiere, anstatt dagegen zu protestieren und sie aktiv zu verändern – was im Hinblick auf Christa Wolf, die sich von Anfang an als engagierte Autorin verstand, einen deutlich polemischen Angriff darstellt. Auch Greiners Berufung ausgerechnet auf Bertolt Brecht (Z. 41–43), den Übervater der DDR-Intellektuellen, ist von ausgesuchter Boshaftigkeit.

Welche Wertungen nimmt der Text vor, und wie wird gewertet? Welche Wertmaßstäbe legt der Kritiker zugrunde?

Greiners Kritik richtet sich auf verschiedene Aspekte, die nicht nur das Buch, sondern auch die Autorin betreffen.

Da wäre zunächst die **Kritik am Zeitpunkt der Veröffentlichung** („da kommt es auf das Datum an", Z. 7): Der Vorwurf lautet, dass Christa Wolf ihren 1979 geschriebenen Text entweder vor dem Fall der Mauer am 9. November 1989 hätte veröffentlichen müssen – oder gar nicht mehr: „*Davor* wäre die Publikation dieses Textes eine Sensation gewesen (...). *Danach* ist die Veröffentlichung nur noch peinlich." (Z. 24–27) Unterstellt wird somit, dass der literarische Text gleichsam mit einem Verfallsdatum versehen war und dass er aufgrund der historischen Ereignisse Makulatur geworden sei. Was zu DDR-Zeiten aufgrund von Zensur und Unterdrückung mutig gewesen wäre, erscheine nach der Wende als „peinlich" (Z. 26) bzw. als „Mangel an Feingefühl" (Z. 123) gegenüber den „wahren" SED-Opfern. Als entsprechender nicht erfüllter Wertmaßstab wäre hier **„Aktualität"** zu nennen, der allerdings von Greiner moralisch aufgeladen wird: Die verspätete Publikation wird als unangemessenes Verhalten gegenüber den DDR-Opfern betrachtet bzw. als Opportunismus.

Des Weiteren kritisiert Greiner den **Inhalt** bzw. Plot des Buches (die Bespitzelung einer Erzählerin, die der Autorin Christa Wolf ähnelt): Gemessen an dem, was in der DDR tatsächlich an Terror und Unterdrückung stattfand, sei dieser Plot verharmlosend, eine „Bagatelle" (Z. 22) bzw. ein „Getöse um traurige Geläufigkeiten" (Z. 79 f.) (Wertung durch **Wortwahl**), und seine Wirkung die einer unfreiwilligen Komik (Z. 18) (**subjektbezogene Wertung**). Greiner misst also den Text an der Realität, sodass sich hier der (nicht erfüllte) relationale Wertmaßstab **„Realismus"** bzw. „Wirklichkeitsnähe" feststellen lässt. Dieser Wertmaßstab spielt auch bei der Abwertung früherer Werke Christa Wolfs eine Rolle: Der Vorwurf, die Autorin habe sich „literarische Fluchtburgen" (Z. 96) gebaut, schwermütige Idyllen vor einem zwar finsteren, aber völlig unkonkreten Hintergrund gezeichnet, läuft letztlich darauf hinaus, der Autorin **Eskapismus** vorzuwerfen: Statt in ihren Texten mutig die Missstände aufzudecken, habe sie eine melancholische Trostliteratur produziert, für die ihr ihre Leserschaft auch noch dankbar gewesen sei (Z. 96–109). Diese Abwertung ist als **heteronom** zu charakterisieren, da Greiner die Literatur in den Dienst politischen Engagements stellt.

Auch auf die **sprachlichen Qualitäten** von *Was bleibt* richtet sich Greiners Kritik. Statt die Täter beim Namen zu nennen, „vermeidet [der Text] jede Konkretion" (Z. 51 f.). Greiner spricht hier von der „flaue[n] Unverbindlichkeits-Melodie", der „für Christa Wolf typischen Unschärfe-Relation zwischen der wirklichen Welt" und ihren Texten (Z. 35–40). Der Rezensent problematisiert die Berechtigung dieser Kritik selbst, indem er die Frage aufwirft, ob er nicht einen literarischen, also fiktiven Text mit den Kriterien für einen Tatsachenbericht misst. So wäre es tatsächlich denkbar, dass ein Kritiker Christa Wolf, wäre sie in *Was bleibt* konkreter geworden, ihr genau das zum Vorwurf gemacht hätte bzw. dem literarischen Text mangelnde Literarizität attestiert hätte. Ebenso wäre es denkbar, dass ein Kritiker die Autorin gerade dafür lobt, einer konkreten Bedrohungssituation durch ästhetische Abstraktion eine überzeitliche Bedeutung verliehen zu haben. Greiner verwirft solche Alternativen mit dem Hinweis, dass Christa Wolf zwar Konkretionen vermeide, dennoch die reale Folie ihrer eigenen Biografie und Lebenssituation viel zu deutlich bleibe, um den Text als fiktive Erzählung lesen zu können: „Nein, es hat keinen Zweck, so zu tun, als wüssten wir nicht, wer da spricht und wovon er spricht. Es ist Christa Wolf, es ist der SED-Staat." (Z. 69–71). Neben dem Wert Realismus beansprucht Greiner an dieser Stelle demnach auch den formalen Wert „**Eindeutigkeit**": Statt „im Ungefähren" (Z. 68), im Vieldeutigen, zu bleiben – wie es ja meist von Literatur gefordert wird (Wertmaßstab „Vieldeutigkeit)! –, erwartet Greiner von Christa Wolf, in ihrem Buch „Namen und Anschrift" (Z. 42 f.) der Verantwortlichen des Regimes zu nennen.

Neben dem Zeitpunkt der Veröffentlichung sowie Inhalt und Sprache des Buches richtet sich Greiners Kritik ebenso auf die **Person der Autorin**, deren moralische Integrität in Frage gestellt wird (**Argumentum ad hominem**.) Bereits die Bezeichnung „Staatsdichterin" (Z. 1) macht deutlich, wo der Rezensent die Christa Wolf verortet: auf der Seite des SED-Regimes, der Täter, nicht auf der der Opfer, als das sie sich, so der Vorwurf, mit ihrem Buch stilisiere. Sie habe sich bis zuletzt mit den Mächtigen der DDR arrangiert, um sich hinterher als Opfer darzustellen – ein Verhalten, für das Greiner die bereits zitierten Wörter „schäbig" (Z. 40), „mies" (Z. 46) und „verlogen" (Z. 113) findet. Der Autorin wird dabei ein bewusstes „literarisches Kalkül" (Z. 107) unterstellt, mit der sie ihre tröstliche Schwermutliteratur an die Leserschaft bringe. Als Wertmaßstab lässt sich hier der relationale Wert **„Authentizität"** anführen, der für Greiner offenkundig nicht erfüllt ist („Mangel [...] an Aufrichtigkeit gegen sich selbst", Z. 122). Dies stellt insofern eine massive Abwertung Christa Wolfs dar, als gerade die Ästhetik dieser Autorin seit den 1970er Jahren beansprucht, auf dem Konzept einer „subjektiven Authentizität" zu beruhen, also selbst diesen Wert für sich reklamiert.

Mittels **Kontextualisierungen und Symptomatisierungen** wird aus der Kritik an einem zum falschen Zeitpunkt veröffentlichten Buch eine Generalabrechnung mit der „Staatsdichterin" Christa Wolf sowie ein exemplarischer Fall für die oft fatale Nähe deutscher Autoren zur Macht: Statt rechtzeitig wie andere ostdeutsche Autoren in den Westen gegangen zu sein, habe Christa Wolf bis zuletzt naiv (Z. 41) „am Projekt des Sozialismus festgehalten" (Z. 76), vor den Verbrechen der SED feige weggesehen („vorgebliches Nichtwissen", Z. 41) und sich mit der Macht gut zu stellen versucht (Z. 85 ff.) – mit der nur folgerichtigen Konsequenz, dass sie am Ende erleben muss, „wie die Macht sich gegen sie kehrt" (Z. 116 ff.): „Ein kleines Kapitel aus der langen Geschichte ‚Deutsche Dichter und die Macht'". Aus der einst in Ost wie West gefeierten Autorin, die als Nobelpreiskandidatin gehandelt wurde, wird so der „Fall Christa Wolf".

Rekonstruktion der literarhistorischen Hintergründe

Mit der Doppelbesprechung von Ulrich Greiner und Volker Hage in der *ZEIT* vom 1. Juni 1990 begann eine Literaturdebatte, die als **„deutsch-deutscher**

Literaturstreit" in die Geschichte einging.[142] Sie fand nicht nur in Ost- und Westdeutschland, sondern auch im Ausland große Beachtung; es kam zu einer Flut von Kommentaren, Beiträgen und Stellungnahmen. An der Debatte beteiligten sich Literaturkritiker (Marcel Reich-Ranicki, Walter Jens) ebenso wie Schriftsteller (Günter Grass, Martin Walser), Philosophen (Jürgen Habermas, Karl-Heinz Bohrer) und in den Westen emigrierte DDR-Dissidenten (Wolf Biermann). Verteidiger Christa Wolfs sprachen von einer „Treibjagd" auf die Autorin und von einer „Hetzkampagne" gegen Intellektuelle aus der DDR allgemein. Der Ausgangspunkt des Streites, Christa Wolfs Erzählung *Was bleibt*, erscheint im Rückblick nur als ein **beinah zufälliger Auslöser**, um nach dem Fall der Mauer und dem Ende der DDR ganz verschiedene, zu diesem Zeitpunkt ebenso aktuelle wie konfliktträchtige Fragen und Probleme diskutieren zu können:

- Haben ostdeutsche Autoren, die nicht in den Westen gegangen sind, sondern die wie Christa Wolf in der DDR blieben, um dort für einen besseren, menschlicheren Sozialismus zu kämpfen, letztlich mit den Mächtigen paktiert? Hat ihre Literatur, die sich nach außen hin oppositionell-kritisch gab, dem System der Herrschenden am Ende mehr genutzt als geschadet? (Eine ähnliche Diskussion um Wert und Unwert von Literatur, die in einer Diktatur entstanden ist, wurde nach 1945 geführt, als es zu einem Streit zwischen emigrierten Autoren wie Thomas Mann und den Autoren der so genannten „Inneren Emigration", die im „Dritten Reich" geblieben waren, kam.)
- Lässt sich die Situation der DDR-Intellektuellen mit der der Intellektuellen im „Dritten Reich" vergleichen?
- Haben Sozialismus und linksintellektuelle Positionen nach dem Zusammenbruch der DDR ihre Glaubwürdigkeit verloren?
- Wurde die DDR-Literatur im Westen aufgrund systemkritischer Inhalte ästhetisch überbewertet? Bekam sie von der westdeutschen Literaturkritik eine Art Ost-Bonus?
- War die deutsch-deutsche Nachkriegsliteratur (also nicht nur die der DDR, sondern auch die der BRD) von einer „Gesinnungsästhetik" beherrscht, die die Kunst nicht als Selbstzweck betrachtete, sondern sie politisch-gesellschaftlichen Zwecken unterwarf? Wurden autonome ästhetische Kriterien durch heteronome ersetzt?

Bald wurde nicht nur das Werk Christa Wolfs, sondern auch das anderer DDR-Autoren in Frage gestellt, ja sogar die ganze deutsche Nachkriegsliteratur, soweit sie sich als (politisch oder gesellschaftlich) **„engagierte" Literatur** begriff, d. h. auch die Literatur der Autoren der (westdeutschen) Gruppe 47. Christa Wolfs Werk erfuhr im Zuge dieser Auseinandersetzung eine **abrupte Abwertung**: Noch unmittelbar vor der Wende 1989 war sie von westdeutschen

Kritikern als Literaturnobelpreiskandidatin gehandelt worden; während der Wende war sie aufgrund ihres Ansehens und ihrer moralischen Integrität als Staatspräsidentin einer Nach-SED-DDR im Gespräch. Nach *Was bleibt* galt sie, wie gesehen, für viele nur noch als „Staatsdichterin", ihr Werk als verlogene Trostliteratur.

Im Hinblick auf literarische Wertung ist dabei gerade die Kritik Ulrich Greiners interessant: Hatte er Christa Wolf zunächst zu wenig Realismus und Eindeutigkeit vorgeworfen, da sie die Täter nicht beim Namen nenne (und damit ihr Werk implizit am Anspruch politisch engagierter Literatur gemessen), so warf er ihr am 2. November 1990 in der *ZEIT* in einer „Zwischenbilanz" zum Literaturstreit „**Gesinnungsästhetik**" vor: „Sie lässt der Kunst nicht ihr Eigenes, sondern verpflichtet sie (wahlweise) auf die bürgerliche Moral, auf den Klassenstandpunkt, auf humanitäre Ziele oder neuerdings auf die ökologische Apokalypse."[143] Ein solcher Vorwurf steht freilich im Widerspruch zur ersten Rezension: Greiner wechselte von einer zunächst heteronomen Wertung (Literatur soll politisch eingreifen) zu einer autonomen Wertung (politisch engagierte Literatur ist ein Verrat an der Kunst).

Heute, mehr als 15 Jahre später, hat Christa Wolf längst wieder von der gesamtdeutschen Literaturkritik **ihren alten Rang zurückerhalten**, wurden viele der damals erhobenen Vorwürfe widerlegt, gilt sie wieder unbestritten als bedeutendste deutschsprachige Autorin. Selbst die *ZEIT* (deren Literaturchef noch immer Ulrich Greiner heißt), gewährt ihr längst wieder ganzseitige huldigende Interviews[144] …

3.2.4 zu Kathrin Groß-Striffler: *Gestern noch.* Roman (2007)

von Dorothea Dieckmann

Lesetext

Kommen wir am Anfang zum Ende. Eben ist ein Kuss getauscht worden. Lesen wir: „In diesem Augenblick wusste ich, dass ich sie verloren hatte. Kälte kroch mir den Rücken hinauf. Ich wandte mich ab. Sie nahm meine Hand, doch ich entzog sie ihr. ‚Jetzt weißt du es', sagte ich mühsam. … ‚Ich habe dich sehr lieb', sagte sie. ‚Weißt du das?' Ich nickte stumm." Noch eine halbe Seite, und es heißt: „Das ist die ganze Geschichte." Endlich. Es ist die Geschichte einer jungen, schlanken Frau mit langen, schlanken Fingern und langem, im Nacken zusammengebundenem Haar, aus dem sich ab und zu eine freche Strähne löst. Sie hat „etwas Natürliches, Frisches", anders als die Mädchen, „die sich schminkten und in ihren Miniröcken über den Pausenhof stolzierten", und ist trotzdem „irgendwie einsam und verletzlich".

Aus der feinen Oberstadt kommt Maria zum Reiten auf den Bauernhof und verliebt sich bei der Pflege eines verletzten Kätzchens in den Jungbauern und großen Bruder des Erzählers, Johann, der längst an einer einschlägigen Halsentzündung leidet – ist doch seine Stimme in ihrer Gegenwart stets »rau« oder „heiser". Bald darf er mehr als nur schützend den Arm um sie legen, denn man heiratet gegen den Willen von Marias reichen Eltern, doch zur Freude der guten alten Bäuerin, die bei jeder Gelegenheit „Vergelt's Gott" sagt. Nur ach, Johann ist zwar „groß und muskulös und hatte ein breites, freundliches Gesicht", ist aber doch etwas zu bescheiden für ein Mädchen, das sich auch mal nach dem Lichtermeer der Großstadt namens W. sehnt – offenbar Würzburg, Geburtsort der Autorin (man rate, für welche Stadt dieses Kürzel steht: „B.!' flüsterte meine Mutter ehrfürchtig"). Aber auch der Erzähler Nikolas, fünfzehn und hochbegabt (daher sein Talent zum Dichten), verliebt sich in die Schwägerin, die im Lauf der Ehe nicht nur „weicher und fraulicher", sondern auch immer unglücklicher wird... und so weiter und so weiter.

Kein Zweifel, *Gestern noch* ist die ideale Lektüre für den Pauschalurlaub in Fuerteventura, wenn man früh mit dem Handtuch den Platz am Pool belegt hat und beim Sonnenbad die deutsche Reiterhofidylle genießen will, inklusive ihrer tragischen Schattenseiten und ihres holzgeschnitzten Vokabulars – „hingegen" und „indes", „Brauch" und „Behaglichkeit", „bitterlich" und „bang", „pulsierendes Leben" und „zarter Schmelz".

Kathrin Groß-Striffler debütierte als 45-Jährige, nach einem Sprachenstudium und einigen Auslandsjahren, darunter ein Jahr auf einer Pferdefarm im amerikanischen Mittelwesten, im Jahr 2000 mit einem Kurzgeschichtenband. Das Buch ist vergriffen, doch vermittelt eine Kurzgeschichte in der Onlinezeitschrift *Wandler* (Heft 27/2001, *Wintertraurigkeit und wie man darüber hinwegkommen kann*) einen Eindruck. Beginnend mit dem Satz „Wenn eine leichte Brise durch die alten Pappeln unten am Parcoursplatz weht, fangen die Blätter an zu flüstern", behandelt sie das Hauptthema der Autorin.

Um Pferde geht es auch im ersten Roman *Das Gut*; hier heiratet ein kleiner Mann in eine adlige Gutsbesitzerfamilie ein – in Umkehrung des jüngsten Romans, aber, trotz aufwendiger Perspektiv- und Zeitwechsel, in ebenso klischierter Sprache: „Erst als sich die Gäste verabschiedet hatten, war er aus dem Dunkel des Hofes auf sie zugetreten... Und dann hatte er sie, die mit einem Mal gänzlich willenlos war, ...ins Schlafzimmer geführt. Aus dieser Nacht war Malte hervorgegangen."

Im zweiten Roman *Die Hütte*, im selben Jahr erschienen, wandelt sich der Stil um 180 Grad. Diesmal befinden wir uns unter Pferden in den USA und in einer monoton treibenden, aufzählend-beschreibenden Erzählung von beachtlicher Sogkraft, die allmählich – leider – ein kläglich melodramatisches Frauenopfer mit allen Missbrauchsschikanen enthüllt. Ein weiterer Erzählungsband von 2004 experimentiert mit allerlei Schreibweisen und zielt, ganz in der Tradition der Short Story mit ihrer Tendenz zur Entlarvung, auf die Denunziation dessen, was der Titel – *Herr M. und der Glaube ans Glück* – verspricht. „Am Abend klopft die Nachbarin an meine Tür. Dass dem Jakob im Forst die Kettensäge ausgerutscht und in den Bauch gefahren sei, hat sie zu vermelden."

Mal Schmus, mal Splatter, mal butterweich, mal beinhart: Groß-Strifflers Schreiben hat die Konstanz eines Chamäleons. Auf der anderen Seite überrascht die Reaktion der literarischen Instanzen. Für die „harten" Produkte gewann die Autorin Preise und Wettbewerbe, wurde aber von der Kritik weitgehend ignoriert beziehungsweise höchst skeptisch beurteilt; im Feuilleton erklang gar, wie ein nachträglicher Rückzieher, Ablehnung aus Jurykreisen. Das verhinderte nicht einmal der Durchbruch mit dem Alfred-Döblin-Preis für einen Auszug aus der *Hütte*. Chamäleonhafte Verwirrung also auch in der professionellen Rezeption.

Bleibt als größtes Rätsel der Offenbarungseid des neuen Buchs, das die Klischees und die in kommerziellen Mustern von vorgestern erstarrte Sprache von *Das Gut* wieder aufnimmt und zu einem Trivialroman erster Güte verbindet – diesmal zudem ohne jede erzählerische Eigenheit, sondern im braven Wechsel von Situation und erläuterndem Exkurs. Da röhrt der Hirsch, da kalbt die Kuh, da springen die Eichhörnchen behände von Ast zu Ast, und in der Stube knistert alleweil das Herdfeuer. Das Mädchen umschließt mit beiden Händen die warme bauchige Tasse, der Junge kauert fröstelnd mit um die Knie geschlungenen Armen. Kein Ironiesignal, keine Stilbrechung deutet auf eine Parodie- oder Kolportageabsicht.

Wenn literarische Kunst, wie unterhaltsam auch immer, der Betäubung und Automatisierung unserer Wahrnehmung entgegenwirkt – gehört dann dieser versteinerte Kitsch in einen Autorenverlag beziehungsweise in die Spalten der Feuilletons? Die Antwort ist billig, die Realität aber spricht eine eigene Sprache. Das Phänomen Kathrin Groß-Striffler konnte nur in einer Umgebung entstehen, die sich indifferent gegenüber dem fundamentalen Unterschied zwischen poetischer und abgenutzter Sprache zeigt.

Damit kommen wir am Ende zum Anfang zurück. Lesen wir: „Deutlich glitzerte das Kollier der Plejaden. Er schaute sich nach Asia um und bemerkte, daß sie ihn betrachtete. Sie öffnete die Lippen…, doch nicht, um etwas zu sagen. Ihre Finger glitten ineinander.“ Das Zitat stammt aus einem Roman von ungleich höherem Anspruch, der sich jüngst auf der SWR-Bestenliste und der Shortlist des Deutschen Buchpreises befand – *Woraus wir gemacht sind* von Thomas Hettche. Und nun? Tja, und nun – wer hätte das gedacht –, nun küssen sie sich.

[Erstdruck und Druckvorlage: DIE ZEIT, 22.3.2007, Literaturbeilage zur Leipziger Buchmesse]

Musteranalyse

Welchem Texttypus ist der Text zuzuordnen?

Es handelt sich um eine Rezension, und zwar um einen Verriss („Offenbarungseid“, Z. 63, „Trivialroman erster Güte“, Z. 65 sowie Z. 73 f.). Insofern in der Rezension über die Grenze von (echter, wahrer) Literatur und Trivialliteratur reflektiert wird, besitzt sie auch einige Züge einer **problemorientierten Rezension**.

Welche Bestandteile eines literaturkritischen Textes dominieren, sind unterrepräsentiert, fehlen?

Dorothea Dieckmanns Text enthält fast alle der für eine Buchbesprechung typischen Bestandteile: Informationen über Inhalt, Thema und Sprache von *gestern noch* (Z. 11–30, Z. 63–71), biografische Informationen über die Autorin (Z. 31 ff.), Informationen über frühere Werke der Autorin (Z. 33–54),

Informationen über bisherige Einschätzungen Groß-Strifflers (Z. 55–62), eine Bewertung des Romans (v.a. Z. 25–30, Z. 63–74) sowie zum Schluss noch einen Vergleich der Sprache von *gestern noch* mit der eines Romans von Thomas Hettche (Z. 79–85). Der dominierende Bestandteil der Besprechung sind allerdings – ähnlich wie im Text Ulrich Greiners – **(entlarvende) Zitate**, und zwar sowohl aus dem besprochenen Buch (v.a. Z. 2–10, Z. 28–30), als auch aus früheren Werken der Autorin (Z. 36 f., Z. 41–44, Z. 52–54) sowie aus einem Werk eines anderen Autors, Thomas Hettche (Z. 79–82).

In welchem medialen Kontext ist der Beitrag erschienen?
Die Rezension ist in der Hamburger Wochenzeitung *DIE ZEIT* erschienen, und zwar in der Literaturbeilage zur Leipziger Buchmesse.

Welche(n) Adressaten hat der Text?
Der Hauptadressat von Dieckmanns Text ist zunächst, wie für eine Rezension in der Literaturbeilage einer Qualitätszeitung üblich, die breite **Leserschaft**, das Literatur interessierte Publikum der *ZEIT.* Dabei unterscheidet Dieckmann zwischen einem Publikum, das Gefallen an Kitsch und Trivialliteratur findet (ihm wird in ironisch-polemischer Form das Buch empfohlen, Z. 25–30), und – hier darf sich der Leser der *ZEIT* angesprochen fühlen – dem anspruchsvollen Leser echter literarischer Kunst (Z. 72–74), der mit diesem Verriss vor einer etwaigen Lektüre gewarnt werden soll.
Daneben gibt es jedoch noch einen zweiten Adressaten Dieckmanns, nämlich den **Literaturbetrieb**, im Besonderen die „professionelle Rezeption" (Z. 62), der aufgrund ihrer widersprüchlichen Urteile „chamäleonhafte Verwirrung" (Z. 61) attestiert wird. Dazu gehören zunächst die **Jurys von Literaturpreisen**, deren bisheriger wohlwollender Umgang mit Groß-Striffler von der Rezensentin kritisiert wird (Z. 55–62, Z. 73–78). **Literaturkritik und Feuilleton** erhalten die Auskunft, dass sie mit Recht die Autorin bislang weitgehend ignoriert haben (Z. 58 ff.). Aber auch der **Verlag** der Autorin muss sich angesprochen fühlen, da die Rezensentin zu dem Schluss kommt, dass sich ein seriöser Verlag (wie es der Berliner Aufbau Verlag ist) mit solch einem Buch blamiert (Z. 72–74).

Welche Funktionen dominieren?
Als Grundfunktion lässt sich zunächst die **informierende Orientierungsfunktion** anführen, da die Rezensentin den Leser über eine Neuerscheinung der Saison informieren will.
Wichtiger als diese sind jedoch andere Funktionen: Die **Selektionsfunktion** kommt dem Beitrag insofern zu, als Dieckmann über ihre (Negativ-)Wertung dem Leser ein klares Signal gibt, dieses Buch nicht zu kaufen bzw. nicht zu lesen. Ebenso wichtig ist die **didaktisch-sanktionierende Funktion für Literaturproduzenten**, wobei hier weniger die Autorin Groß-Striffler ins „Visier" der

Rezensentin gerät, als vielmehr der Verlag, die Jurys von Literaturpreisen sowie das Feuilleton bzw. die Literaturkritik. Offenkundig ist es Ziel der Rezension, den Verlag davor zu warnen, weitere Bücher dieser Autorin zu publizieren, und die Jurys und die Kritikerkollegen anzuhalten, diese Autorin, sofern sie sie nicht besser ganz ignorieren, endlich als die Kitschproduzentin zu entlarven, die sie für Dieckmann ist, statt sie mit Preisen zu überhäufen (Z. 55–78).
Die am Ende ventilierte Frage, warum diese Entlarvung bislang nicht stattgefunden hat (Z. 72–78), lässt sich der **reflexions- und kommunikationsstimulierenden Funktion** zuordnen: Als Grund für dieses Versäumnis behauptet die Rezensentin eine zunehmende Indifferenz der ästhetischen Wahrnehmung (in der Gesellschaft, bei den Lesern, den Kritikern usw.) bezüglich des Unterschiedes zwischen poetischer und Alltagssprache (Z. 75–78).

Welches Rollenselbstverständnis hat der Kritiker?
Explizite Hinweise darüber, wie Dorothea Dieckmann ihr Rollenselbstverständnis sieht, finden sich in der Rezension nicht. Aufgrund der ermittelten Funktionen lässt sich ihre Rolle wohl am ehesten mit einer **Staatsanwältin** (oder Kommissarin) vergleichen, die eine preisgekrönte Autorin als Produzentin von Trivialliteratur entlarven will (Z. 60–65), sowie mit einer **Türhüterin**, die darüber wacht, dass nur die richtigen Werke ins Reich der literarischen Kunst zugelassen werden (Z. 72–74).

In welchem Stil ist die Kritik geschrieben? Welche sprachlichen Formen und rhetorischen Mittel dominieren?
Dieckmanns Kritik ist überwiegend in einem **polemisch-ironischen Stil** geschrieben, der das Werk dieser Autorin vorführen und als lächerlich kennzeichnen will. Das beginnt bereits mit der Überschrift: „Da lachen die Hirsche" variiert die Redewendung „Da lachen ja die Hühner" (für etwas, das man nicht ernst nehmen kann) und spielt auf Z. 67 an: „Da röhrt der Hirsch". Röhrende Hirsche zählten zu den Lieblingsmotiven des Bildungsbürgertums des 19. Jahrhunderts: Mit dieser **Anspielung** (Allusion) macht die Rezensentin deutlich, dass für sie dieser Roman hoffnungslos veraltet ist. Im Dienste der Polemik steht auch das **entlarvende Zitat** (z. B. Z. 2–10), die einem Stoßseufzer gleichkommende Interjektion („Endlich.", Z. 6) oder die Wendung „und so weiter und so weiter" (Z. 24), mit der die Inhaltsangabe abgebrochen wird und die dem Leser signalisiert, dass die Handlung so klischeehaft sei, dass man sich die Aufzählung des Restes sparen könne. Auch der Parallelismus dient Dieckmann dazu, den verzopften Inhalt bloßzustellen: „Da röhrt der Hirsch, da kalbt die Kuh (...)" (Z. 67 f., ebenso Z. 55). Des Weiteren lassen sich an rhetorischen Figuren in Dieckmanns Text finden: Metaphern („ihres holzgeschnitzten Vokabulars", Z. 28), metaphorische Vergleiche mit deutlich ironischer Intention („Groß-Strifflers Schreiben hat die Konstanz eines Chamäleons", Z. 55 f.), sowie, auf der Ebene der Textorganisation (Textkohärenz)

die **Rekurrenz** (Wiederaufnahme sprachlicher Ausdrücke) am Textanfang und -ende: Der Beitrag beginnt selbstreferentiell (selbstbezüglich) mit „Kommen wir am Anfang zum Ende" (Z. 1), gefolgt von einem Zitat aus Groß-Strifflers Roman, und endet im letzten Absatz mit „Damit kommen wir am Ende zum Anfang zurück" (Z. 79), gefolgt von einem weiteren Zitat, von dem sich jedoch nachträglich herausstellt, dass es trotz seiner Ähnlichkeit gar nicht von der besprochenen Autorin, sondern von einem anderen, noch höher gehandelten Autor stammt. Durch den dadurch erzielten Überraschungseffekt will die Rezensentin dem Leser nachdrücklich bewusst machen, dass das „Phänomen Groß-Striffler" (Z. 75 f.) kein Einzelfall ist, sondern dass die von Dieckmann behauptete allgemeine Indifferenz zwischen poetischer und abgenutzter Alltagssprache noch viel weiter reicht.

Welche Wertungen nimmt der Text vor, und wie wird gewertet? Welche Wertmaßstäbe legt der Kritiker zugrunde?
In Dorothea Dieckmanns Verriss wird **implizit und explizit** gewertet. Dabei bestätigen die impliziten Wertungen – wie sie vor allem in Form des entlarvenden Zitats oder der polemisch abgebrochenen **Inhaltszusammenfassung** (Z. 24) vollzogen werden –, die Aussage der explizit getroffenen Wertungen: Zitate und Inhaltszusammenfassung sollen das Beweismaterial liefern, dass zu dem entschieden negativen Urteilsspruch führt: „dieser versteinerte Kitsch" (Z. 73 f.) bzw. „der Offenbarungseid des neuen Buchs, das die Klischees und die in kommerziellen Mustern von vorgestern erstarrte Sprache von *Das Gut* wieder aufnimmt und zu einem Trivialroman erster Güte verbindet." (Z. 63–65)
Zur **Verwendung echter Wertausdrücke** wie „Trivialroman" und „Kitsch" kommen noch die Epitheta „versteinert", „erstarrt" sowie „kommerziell": alle drei im Zusammenhang mit Literatur und Kunst eindeutig negativ konnotiert. Die Wertung findet primär **objektbezogen** statt, d. h. im Rückgriff auf Merkmale des besprochenen Buches (Sprache und Inhalt).
Weitere Formen der Wertung sind vor allem **Kontextualisierung und Symptomatisierung**: So lässt sich die beinahe zur Publikumsbeschimpfung geratende Beschreibung des Zielpublikums (Z. 25–30) als Kontextualisierung deuten, die Einstufung des Romanwerks dieser Autorin als „Phänomen Kathrin Groß-Striffler" (Z. 75 f.) im Verein mit der Behauptung einer allgemeinen Indifferenz zwischen poetischer und abgenutzter Alltagssprache bei Publikum und Kritik (als Voraussetzung des Phänomens) als Kontextualisierung und Symptomatisierung.
Als Dieckmanns Kriterien lassen sich zunächst die (positiven) relationalen Wertmaßstäbe „**Originalität" und „Innovation**" bestimmen, denen der Roman nicht entsprechen soll. Erfüllt seien vielmehr die zugehörigen negativen relationalen Wertmaßstäbe „**Konventionalität" und „Kitsch".** Als ein dem Wert der Innovation noch übergeordnetes Kriterium dient Dieckmann der wirkungsbezogene Wertmaßstab „**Entautomatisierung**" (im Sinne von: Lite-

ratur soll irritieren, die Welt in einem neuen Licht zeigen, Vorurteile des Lesers in Frage stellen usw.), das für die Kritikerin als Hauptmerkmal echter literarischer Kunst gilt (Z. 72 f.): Groß-Strifflers „versteinerte[r] Kitsch" (Z. 73 f.) sorge dagegen nur für eine Bestätigung der ohnehin üblichen „Betäubung und Automatisierung unserer Wahrnehmung" (Z. 72 f.) im Alltag. Als weitere *negative* wirkungsbezogene Wertmaßstäbe ließen sich noch „Rührung" und „Harmonie" anführen („wenn man (...) beim Sonnenbad die deutsche Reiteridylle genießen will, inklusive ihrer tragischen Schattenseiten", Z. 26 ff.).

Klärungsbedürftig ist Dieckmanns Behauptung, Groß-Strifflers Schreiben habe „die Konstanz eines Chamäleons." (Z. 56) Dass dies nicht nur deskriptiv, sondern als Abwertung gemeint ist, signalisiert das vorausgehende: „Mal Schmus, mal Splatter, mal butterweich, mal beinhart" (Z. 55). Was sich positiv als Vielseitigkeit oder Abwechslungsreichtum deuten ließe, wird von Dieckmann offensichtlich zu dem Vorwurf umgemünzt, Groß-Strifflers Werk sei haltungslos bzw. opportunistisch: Diese Autorin habe keine eigene Stimme, sondern probiere einfach durch, mit welcher Sorte Literatur sie am meisten Erfolg habe. Als nicht erfüllter positiver Wertmaßstab wäre hier demnach „**Authentizität**" anzuführen.

Rekonstruktion der literarhistorischen Hintergründe

Bei Rezensionen zur Gegenwartsliteratur ist es oft schwierig, literarhistorische Hintergründe zu eruieren. Mit ein wenig Recherche gelingt es in diesem Fall aber doch, ein paar weiterführende Hinweise zu geben. So stößt man zum Beispiel über Google darauf, dass die freie Kritikerin Dorothea Dieckmann in der *ZEIT* vom 22.11.2001 ein „Plädoyer für die Wiedereinführung des Begriffs Trivialliteratur" publiziert hat, mit dem sie eine zumindest kleine Literaturdebatte anstieß.[145] In ihrem literaturkritischen Essay *Wenn Literatur zum Geschwätz verkommt* (▶ vgl. Kap. 7, S. 172–174) holt die Rezensentin zu einem Rundumschlag gegen weite Teile der (zum Teil in den Feuilletons gefeierten) Gegenwartsliteratur aus. Hinter vielen hoch gehandelten Namen und Werken verberge sich, so Dieckmann, unter dem Deckmantel der Literatur nichts anderes als das, was man bis vor einigen Jahren noch als **Trivialliteratur** bezeichnet hätte (genannt werden Namen wie Hanns-Josef Ortheil, Tanja Dückers, Ulrich Woelk, Julia Franck oder Judith Hermann). Dieser Begriff ist jedoch seit den 1960er Jahren zusammen mit der **traditionellen Unterscheidung zwischen (anspruchsvoller, elitärer) E- und (populärer, trivialer) U-Kunst** zunehmend in Frage gestellt bzw. verabschiedet worden – zum Schaden für die Kunst, so Dieckmann: „Wer nicht über Trivialliteratur als Trivialliteratur spricht, kann auch nicht über Kunstwerke sprechen, ohne sie zu verraten. Trivialliteratur verdient ihren Namen genauso wie das, was im emphatischen Sinn Literatur ist."[146]

Durch die Aufgabe dieser Unterscheidung sei zwischen U und E eine gut verkäufliche Pseudo-Literatur entstanden, die tatsächlich nur Trivialliteratur mit ein bisschen verkaufsfördernder „Poetizität" sei. Das entscheidende Kriterium, das das eine vom anderen trenne, sei dabei die **Sprache**: „Nun ist noch das trivialste Thema neu und seine Lektüre eine unterschwellige oder bewusstseinshelle Erkenntnis, sofern die Sprache, in der es erscheint, nicht trivial ist. Doch die Schamlosigkeit der neueren Literaturerzeugnisse ist eine ästhetische. Abgesunkene Metaphern, vernutzte Wortgesten, gespreizte Feuilletonwendungen, Sentimentalitäten, Jugendlichkeitsattitüden, lakonisches Imponiergehabe, coole Manierismen, sensibles Betroffenheitsgetue, bluttriefendes Pathos, hohler Zynismus et cetera, alles, was dem Gesetz von Effekt, Trend, Serie, Pose, kurz der Trivialität gehorcht, gehört zu dem Handwerk, das die Berge dessen, was als Literatur gehandelt wird, in massige Höhen wachsen lässt."[147]

Dieckmann setzt demnach eine **Diskussion** mit einer in der deutschen Literaturgeschichte langen, **bis in die Weimarer Klassik zurückreichenden Tradition** fort. Sechs Jahre nach diesem Essay bietet Kathrin Groß-Striffler's Roman *gestern noch* für Dieckmann offenkundig eine Gelegenheit, neues Beweismaterial für ihre Thesen vorzulegen. Interessant wäre eine Untersuchung weiterer Rezensionen dieser Kritikerin, um zu sehen, inwieweit der exemplarische Verriss von, für Dieckmann, Trivialautoren Programm ist.

Die Recherche bringt jedoch noch etwas anderes ans Licht: Dorothea Dieckmann **schreibt selbst Literatur**: 1999 veröffentlichte sie die Novelle *Die schwere und die leichte Liebe,* 2002 den Roman *Damen & Herren* und 2004 den Roman *Guantanamo.* Unterstellt man, dass sich Dieckmann als Autorin der anspruchsvollen „echten" Literatur verpflichtet fühlt, so wäre ihren Buchbesprechungen, in denen sie gefeierte Gegenwartsautoren als Trivialautoren entlarvt, nachträglich die **Werbefunktion** zuzuschreiben, genauer: Dieckmann betreibt mit ihrem obigen Verriss letztlich auch Werbung in eigener Sache. Inwieweit sie ihren eigenen Ansprüchen gerecht wird, ist dabei eine andere Frage.

4. Anhang: Kritiken. Eine Textsammlung

Emphatiker und Gnostiker

Über eine Spaltung im deutschen Literaturbetrieb – und wozu sie gut ist.

Von Hubert Winkels

Der Literaturbetrieb, einem Gemeinplatz zufolge immer noch ein Ort empfindsamer Seelen, pflegt Sitten wie in einem Boxstall. So wie neulich im Literarischen Colloquium Berlin: »Du bist doch ein richtiges Arschloch! Einen Autor mit seinem neuen Buch fertig zu machen! Drei gegen einen. Hinterhältig und feige. Ich will darüber nicht diskutieren! Mit dir nicht!«

Was, in Gottes Namen, war passiert? In Berlin wurde das Buch *Lichtjahre – Eine kurze Geschichte der deutschen Literatur von 1945 bis heute* von Volker Weidermann vorgestellt, dem Literaturredakteur der *Frankfurter Allgemeinen Sonntagszeitung* . Es wurde daraus gelesen, und es wurde kritisiert, wie es dieses Deutschlandfunk-Forum namens *Studio LCB* seit 16 Jahren vorsieht. Die Literaturgeschichte von Weidermann ist subjektiv, orientiert sich an den Biografien der 135 vorgestellten Autoren und erzählt nach den Kriterien Lebendigkeit, Lebensnähe, Leidenschaft und Lässigkeit. Aber leider geht es nur am Rande um Literatur, das heißt um Texte, um Machart, Form, Sprache und Dramaturgie. Man kann das so machen, aber der Preis ist hoch, und er ist sichtbar.

Die Diskussionsteilnehmer Ulrich Greiner von der *ZEIT* und der Kritiker Christoph Bartmann kamen nicht umhin, das auch zu bemerken. Ich selbst, der später Beschimpfte, auch nicht, obwohl meine Moderatorenrolle Zurückhaltung gebot. So kam es, dass Weidermann drei höflichen und durchaus lobenden, aber eben auch sehr kritischen Lesern gegenübersaß. Er trug es mit Fassung. Andere nahmen es weniger lässig und zeigten die unschöne Seite der dauerbegeisterten Literaturemphase: die erregte Beschimpfung. Namentlich ein literarischer Autor, aus einer älter gewordenen Halbstarkengruppe hervortretend: Maxim Biller meinte lautstark, nicht darüber reden zu wollen (mit einem Arschloch). Doch das eben, lieber Erregungskünstler, geht nun gerade nicht.

Die einen suchen das wahre Leben, die anderen die wahre Literatur

Die Emphatiker des Literaturbetriebs, die Leidenschaftssimulanten und Lebensbeschwörer ertragen es nicht länger, dass immer noch einige darauf bestehen, dass Literatur zuallererst das sprachliche Kunstwerk meint, ein klug gedachtes, bewusst gemachtes, ein formal hoch organisiertes Gebilde, dessen Wirkung, und sei sie rauschhaft, von sprachökonomischen und dramaturgischen Prinzipien abhängt. Und dass sich der Lustgewinn in spätmodern abgeklärten Zeiten der Erkenntnis dieser Prinzipien verdankt. Dass wir im Wissen genießen, durch die Erkenntnis und mit analytischen Mitteln.

Das ist eigentlich so selbstverständlich, dass selbst der Fußballfan zustimmen kann. Ohne taktisches Verständnis kein Spaß am Spiel. Doch ausgerechnet bei einem so abstrakten Vergnügen wie der mühseligen Übertragung einer unansehnlichen Zeichenballung auf weißen

Seiten in Lust- und Leid-Empfindung soll das anders sein? Hier schreibt sich das Herz, der Wille, die Not, die Liebe ganz unmittelbar? Lebenserfahrung übersetzt sich in Schrift, um lebenserfahrene Leser zu stimulieren, noch mehr wirkliches Leben zu erfahren?

Wenn man die literarische Landschaft zurzeit verstehen will, ist eine Zweiteilung hilfreich: die Unterscheidung zwischen Emphatikern und Gnostikern. Die Emphatiker sind die mit dem unbedingten Hunger nach Leben und Liebe; Gnostiker sind die, denen ohne Begreifen dessen, was sie ergreift, auch keine Lust kommt; die sich sorgen, falschen Selbstbildern, kollektiven Stimmungen, Moden und Ideologien aufzusitzen. Die Emphatiker haben den Autor im Blick, sie bewerten Haltungen, Zugehörigkeiten, organisieren sie geschickt und genießen im Übrigen die Lebenskämpfe in Alltag und Politik; die Gnostiker sehen erst einmal Texte und dann frühere Texte und diese auch noch in größeren Kontexten. Sie sind zwei Absätze in der Zeitung oder drei Kapitel im Roman lang spröde. Das kann den Emphatiker nervös machen. Ja, wann macht es denn endlich klick? Wann rasten die Systeme Lebenswelt und Literatur denn endlich ein? Wann passiert endlich was?
Muss ich hinzufügen, dass kein Akteur des Betriebs sich Leidenschaft oder Erkenntniswillen absprechen lässt, dass es keinen gibt, der voll aufgeht in der Rolle, und dass hier von Typen die Rede ist? Mit Namen wird die ganze Unterscheidung sofort plausibel, aber leider auch heikel. Vater aller Emphatiker, wenn wir denn bei der Nachkriegsliteratur bleiben, ist zweifellos Marcel Reich-Ranicki, zumal der späte, nach einigen erfolgreichen Medienumdrehungen. Sein Erbe wird keineswegs in der *FAZ* angetreten, sondern in Person von Elke Heidenreich im Fernsehen. Frank Schirrmacher, als pseudowissenschaftlicher Alarmist selbst Emphatiker, hat für die wachsende Emphatikerwelle die *Frankfurter Allgemeinen Sonntagszeitung* geschaffen, die sich um Stadionberichte aus dem literarischen Leben bemüht. Hier ist auch eine der Mündungen eines Stroms aus den achtziger Jahren, der über *Wiener* und *Tempo* die subjektive Schreibweise propagierte, mit Tom Wolfe und Hunter S. Thompson als amerikanischen Paten. Maxim Biller, Moritz von Uslar, Christian Kracht kommen daher. Der *Tempo*-Macher Markus Peichl ist heute Redaktionsleiter bei *Beckmann* und lässt gelegentlich Pop-Autoren passieren, wenn sie Drogenprobleme haben oder Nummer-eins-Bestseller sind. Auftritte in Talkshows wiederum gehören zu den wichtigsten Zielen jener Buchverlage, die mit Auflagen ab 50000 rechnen. Dagegen sind Rezensionen in den fünf klassischen überregionalen Zeitungen ökonomisch relativ unbedeutend.
Schon diese ganz einfache Ableitung macht klar, wie gut sich der einstmals subversiv gedachte affirmative Charme der Anti-Hippies und Anti-Achtundsechziger mit der dynamisierten Warenwelt verträgt. Das alles ist nicht verwerflich, nicht einmal wirklich störend, es ist schlicht eine Entwicklung in der Welt, die wie jede andere auch Teil der Literatur selbst werden kann. Doch als begriffene Entwicklung, bitte schön, und als geschaute – nicht als Voraussetzung und Betriebssystem. Die Emphatiker jedoch genießen genau die Regeln

der Übertreibung und Exaltation, der Personalisierung und Gemütsunmittelbarkeit, die im Fernsehen entwickelt wurde. Ihr Basisprogramm ist durch und durch performativ, selbst in Buch und Zeitung. Es teilt die Ansprüche an Mimik, Gestik und Ganzkörperausdruck und überträgt sie gegebenenfalls ins andere Medium. Auch das ist erst einmal eine Feststellung. Wenn es gut gemacht ist, mag es die Genres bereichern.

Die Suhrkamp-Kultur ist tot, es lebe die KiWi-Kultur!

Passiert ist aber etwas anderes, weit darüber hinaus Wirkendes: Die Standards einer diskursiv flankierten, über Kritik, formale Skrupel und sprachliche Experimente funktionierenden Literatur sind unter die Räder gekommen. Oder besser gesagt: Die Akteure dieser Kultur sind in die Defensive geraten. Die gesamte Tradition einer sprachbezogenen Literatur, wie sie sich in Österreich seit den fünfziger Jahren entwickelt hat – mit Artmann, Rühm, Priessnitz: bestenfalls Literaturgeschichte, im Extremfall ganz vergessen; dasselbe mit den Heißenbüttels oder Gomringers oder Wührs hierzulande. Die Verbindung mit der linken Totalkritik am Chauvinismus der herrschenden Grammatiken wie bei Jelinek: mit ihrem Nobelpreistriumph spätestens untergegangen. Das Gefäß für die Verbindung kulturkritischer Diskurse mit Avantgardeansprüchen in der Literatur, der Suhrkamp Verlag: in einem Abwehrkampf, der auch ihn selbst zu Fehlern zwingt, wenn er sich nämlich der gehobenen Unterhaltung annehmen will, was er nicht wirklich kann.

Damit sind wir in der Phase einer Umschrift der Erinnerung, der Neuformierung des literarischen und damit auch des Nachkriegsgedächtnisses. Hier schlägt die Zweiteilung der Welt, die so viel produktive Neuschreibung hervorbringen könnte, um in Fälschung. Hier müssen die Emphatiker den Harnisch ablegen und selber lässig werden: Auch wer Wörter zerschießt wie Kling oder neu verlötet wie Reinhard Jirgl, kämpft und liebt und hasst wie Ballack, Bachmann oder Macbeth. Und die Gnostiker müssen heraus aus ihrem durchlöcherten Verhau und ein halbes Jahr nicht nur Hubert Fichte, sondern auch Jörg Fauser und Jörg Schröder lesen oder Bret Easton Ellis und Martin Amis oder Stephen King und Frank Schätzing, bevor sie ins Kino gehen und die drei Folgen *Herr der Ringe* von Peter Jackson nachholen.

Der Riss zwischen Emphatikern und Gnostikern geht nämlich mitten durch die Lager selbst, daher kommt doch die verdruckste Wut und demonstrative Ignoranz. Es reißt und scheppert auf beiden Seiten. Im Theaterstreit hat sich die aufgestaute Energie jüngst an einem toten Schwan entladen. Es ist nicht dasselbe Phänomen, aber auch hier findet die Feindschaft nur mühselig eine Bühne, auf der sie sich produktiv austrägt. Im Bücherwesen gibt es noch solche Orte. Ein weites und inzwischen geschmacks- und diskursprägendes Forum bildet der Kölner Kiepenheuer & Witsch Verlag, eine Plattform für gegenstrebende Kräfte. Hier finden sich Uwe Timm und Stuckrad-Barre, ein ebenso unwahrscheinliches Paar wie Frank Schätzing und Anne Duden oder Joachim Lottmann und Thomas Hettche. Aber eben das macht die Sache spannungsvoll. Verlagsfeiern sind inzwischen gesellschaftliche Ereignisse mit Harald Schmidt und Joschka Fischer, mit Feridun Zaimoglu und seinen angegifteten »Knabenwindelprosaschreibern« von der Pop-Fraktion. Wie halten die Lektoren, wie hält der Verleger das aus? Halten sie es weiter aus, dann wird man die laufende Zeit irgendwann im Begriff der Kiepenheuer-&-Witsch-Kultur zu fassen bekommen. (…)

DIE ZEIT 30.03.2006 Nr. 14

Im Niemandsland

Wolfgang Hilbig beschrieb die Tristesse in dem so kleingeistigen Land DDR. Auch im Westen, der ihn mit Literaturpreisen überschüttete, wurde er nie heimisch. Nun ist der Schriftsteller gestorben

Von Susanne Messmer

Noch vor kurzem konnte man Wolfgang Hilbig manchmal in einer seltsamen Berliner Kneipe sichten. In der „MS Völkerfreundschaft", benannt nach einem großen Urlauberschiff der DDR, gehen sonst eher Touristen und vollfinanzierte Studenten aus Schwaben trinken. Die Umgebung der Gaststätte ist längst schick geworden; nichts erinnert mehr daran, dass sich hier einmal das Epizentrum der Prenzlauer-Berg-Connection befand, eine Revolte der Lebensstile, die die aufmüpfigste Literatur der DDR hervorgebracht hat. Diese Kneipe ist ein Denkmal, das ins Leere läuft, ein Ort, der weder in die Gegenwart passt noch zurückkann in die Vergangenheit. Sie war ein guter Ort für einen Ortlosen wie Wolfgang Hilbig.

Da saß er also hin und wieder, dieser kleine Mann mit dem mächtigen Oberkörper, mit der weißen Mähne eines Löwen und dem zerdepperten Gesicht eines Boxers, und niemand, wirklich niemand, sprach ihn je an. Obwohl er gerade vom Literaturbetrieb gefeiert wurde, obwohl er nach vielen anderen nun auch noch dem Georg-Büchner-Preis abgeräumt hatte, den bestdotierten Preis der Republik: Es war, als würde sich niemand trauen, ihm auch nur in die Augen zu sehen. Man spürte seinen Furor, den Ernst, mit dem er das freie, einsame und unruhige Dichterleben lebte, das Schreiben mit all seinen Gefahren und Blockaden, seiner Herkunft aus Schmerz, Mangel und Arbeit. Wolfgang Hilbig wirkte in dieser Kneipe verloren und fehl am Platz.

Wolfgang Hilbig war ein Heimatloser. Geboren 1941, wuchs er bei seinem Großvater auf, einem Analphabeten, Waise und Bergmann – und das in der hässlichsten Landschaft der Welt, in Meuselwitz, einem giftigen, apokalyptisch aufgerissenen Braunkohlenrevier südlich von Leipzig. Diese Gegend hat sich in die Lyrik und Prosa des Wolfgang Hilbig geschaufelt, der selten Schönes fand, wenn er begann zu graben. Und nicht nur diese: Nach acht Jahren Schule arbeitete er als Bohrwerkdreher, Tiefbauarbeiter, Werkzeugmacher, Heizer und Abräumer in einer Ausflugsgaststätte. Währenddessen las er im Kesselhaus Becket, Proust, Tieck und Chamisso und begann bald nach der Schicht „im allerfinstersten Winkel der Küche" oder „auf der Bettkante", wie er sagte, zu schreiben. Die DDR hatte ihren ersten schreibenden Arbeiter – zehn Jahre nachdem die Machthaber ihre Autoren in die Betriebe gebeten hatten, nachdem sie von ihren Arbeitern verlangten, zur Feder zu greifen, und auf diese Art Container voller Literatur entstanden waren, die man heute getrost unter dem Stichwort Geschichte abheften kann.

Es war nur eine Frage der Zeit, dass Wolfgang Hilbig, dieser Charles Bukowski des Ostens, im Westen entdeckt werden musste. Er stieß dort auf eine Liebe, der er naturgemäß wenig Gegenliebe entgegenbringen konnte. 1978 erschien sein erster Gedichtband im Fischer Verlag, Lyrik über die provinzielle Tristesse in einem ebenso kleinen wie kleingeistigen Land. Der DDR blieb nur, sich ein weiteres der immer mehr werdenden Probleme vom Hals zu schaffen. Wolfgang Hilbig durfte ausreisen. Fortan war der Autor nicht mehr zerrissen zwischen Werkbank und Schreibtisch, er wurde ein Reisender zwischen zwei schlechten Alternativen: im Osten voller Hoffnung auf die große Freiheit, im Westen voller Sehnsucht nach dem Osten. Weder hierhin gehörte er noch dorthin, er wollte nicht vorwärts in die schöne, neue Konsumwelt der Funktionalität und Fröhlichtuerei und auch nicht rückwärts in die DDR, die trotz allem der Unterdrückungsstaat blieb, der ihm das Leben gestohlen hatte. Noch bevor Hilbig diese abgrundtiefe Obdachlosigkeit beschreiben konnte, ein Alter Ego fand, das sich nur im Suff, an Bahnhofsimbissen und in Sexkinos heimisch fühlte, noch bevor 2002 sein dritter und letzter Roman „Das Provisorium" erschien, da redete man jahrelang über Hilbigs besten Roman „Ich", der 1993 erschien.

„Ich" erzählt vom ersten Verlust der DDR vor Wolfgang Hilbigs Ausreise, dem zweiten Verlust. Es geht um den Untergang der DDR von innen her, um einen Mann, der Dichter werden will, sich in den Fängen der Stasi verstrickt und dann in den feuchten und dunklen Kellern und Katakomben Berlins zu retten versucht – die Unterwelt als wiederkehrendes Motiv. Die Grenzen zwischen Wirklichkeit und Traum geraten ins Schwimmen, kein Wunder in einem Land, wo jeder jeden observierte, wo am Ende nur noch Text blieb, der Text erzeugt. Für „Ich" hat Wolfgang Hilbig sein Schreiben ins Radikalste getrieben: Es ist zerrissen, asynchron, multiperspektivisch, voller wuchernder, archaischer und bizarrer Paraphrasenschübe, Genitivketten, Metaphernfluten. Und dennoch bleibt immer diese Kraft bestimmend, die unbarmherzig präzise Beschreibung von kaputter Körperlichkeit, von Alkohol und kaltem Schweiß, vom sauren Geruch des Erbrochenen, vom Qualm der nachlässig ausgedrückten Kippen.

Heute, wo Literatur oft nur noch ein Spielfeld unter vielen ist, wirkt sie erschreckend unzeitgemäß, diese Sprachwut. Wolfgang Hilbig ist mit seiner romantischen Verzweiflung, seiner Rückhaltlosigkeit ein Außenseiter geblieben, ein Grenzgänger im Niemandsland, und das auch noch in letzter Zeit, als die DDR restlos verschwunden war und der Literaturbetrieb ihn nicht mehr aufhören wollte zu rühmen. Der Schriftsteller Ingo Schulze hat kürzlich in einer Laudatio geschildert, wie sich Wolfgang Hilbig aus der Unterhaltung schlich und Ingo Schulze ihn nur noch den Hügel hinabgehen sah, mit seinen „breiten Schultern", dem „Stiernacken" und dem „schweren, zottigen Kopf". Es wäre schön, wenn es Wolfgang Hilbig wirklich geschafft hätte, auf die andere Seite des Baches, dorthin, „wo die Minotauren weiden". Vielleicht hätte der Ortlose dort endlich einen Ort. Am Samstag ist er im Alter von 65 Jahren an einem Krebsleiden gestorben.

http://www.taz.de/index.php?id=archiv&dig=2007/06/04/a0188 [Stand: November 2007]

Weltbürger, kein Untertan

Gut gerüstet ins Schiller-Jahr 2005: Gleich fünf neue Biografien laden dazu ein, uns mit dem 1805 verstorbenen Genie zu befassen

Von Ursula Homann

Eine der ersten Schiller-Biografien schrieb noch zu Goethes Lebzeiten der englische Schriftsteller Thomas Carlyle. Der Weimarer Dichterfürst hat sie positiv bewertet, da sie, seiner Meinung nach, „eine genügende Einsicht in den Charakter und das hohe Verdienst dieses Mannes verschafft, so klar und so gehörig, als es kaum aus der Ferne zu erwarten gewesen." Seitdem wurde Schillers Leben oft beschrieben, sein Werk unterschiedlich gedeutet und mitunter fatal popularisiert. Nicht selten wurde der Dichter mit pathetischen Worten gefeiert und als nationales Fanal missbraucht – im Kaiserreich und unter den Nazis. In den vergangenen Jahrzehnten entstanden freilich kaum noch bedeutende Schiller-Biografien, vielleicht, weil durch neuere Forschungen zu viel Gegensätzliches das Bild Schillers zwar differenziert, doch auch äußerst widerspruchsvoll gemacht hat. Erst vor einigen Jahren wurde wieder eine Schiller-Biografie veröffentlicht, diesmal zweibändig und äußerst gelehrt vom Germanisten Peter-André Alt. Sie fand allerdings ein zwiespältiges Echo. Mittlerweile ist das Schiller-Jahr 2005 angebrochen, das seine Schatten in Gestalt zahlreicher neuer Schiller-Bücher vorausgeworfen hat.

Die Berliner Schriftstellerin Sigrid Damm, ausgewiesene Kennerin der Weimarer Klassik, konzentriert sich ganz auf den Menschen und das Leben von Friedrich Schiller. Nicht so sehr seine Werke, sondern vor allem die Umstände und Bedingungen ihrer Entstehung sind für sie von Belang. Um die zu erfahren, bedurfte es eines eifrigen und fleißigen Quellenstudiums, das sich zweifellos gelohnt hat, wie man schnell feststellt, denn die Autorin hat viel Interessantes und nicht nur sattsam Bekanntes zutage gefördert.

(...)

Ausführlich geht die Autorin auf Schillers Existenzbedingungen – um nicht zu sagen: Existenznöte – ein, auf seine oft verzweifelte finanzielle Lage. Schulden, Vorschüsse, Sonderzuwendungen, Darlehen all die Jahre hindurch werden exakt aufgelistet. Auch gesundheitliche Zusammenbrüche, Fieberanfälle, Schnupfen, Wetterfühligkeit, Unpässlichkeiten, Trinkkuren, verschiedene Krankenlager sowie Depressionen und Schreibkrisen werden haargenau registriert. Nebenbei erzählt Damm von ihren eigenen Besuchen der Schiller'schen Wohnstätten und ihren Leseeindrücken seiner Werke. Hin und wieder nähert sie sich dem Dichter mit gegenwartsbezogenen Fragen sowie dem Wissen von heute und zieht Parallelen zur damaligen Zeit.

(...)

Wenige Wochen nach Schillers Tod – er stirbt am 9. Mai 1805 und wird am 12. Mai auf dem Jakobsfriedhof zu Grabe getragen – klagt Goethe, er habe durch den Verlust des Freundes „die Hälfte seines Daseins verloren."

Der durch Bücher und Essays über Goethe und Grabbe bekannt gewordene Schriftsteller und Regisseur Jörg Aufenanger wendet sich mit seiner Schiller-Biografie offenkundig an Leser, die den Dichter allenfalls dem Namen nach kennen – und das dürften mittlerweile nicht einmal so wenige sein.

Die Biografie beginnt mit einem resignativen Unterton. Gleich auf den ersten Seiten erscheint Schiller als bemitleidenswerte Kreatur, als jemand, der ein in Grau getauchtes Leben geführt hat. Als er im Mai 1805 starb, „hatte er gerade einmal fünfundvierzig Jahre hinter sich gebracht", bemerkt Aufenanger, „in denen er zum Leben kaum hatte kommen können und ein Lebensziel nicht gefunden zu haben glaubte." Der „arme" Schiller – so hat ihn Nietzsche einmal genannt – habe die Gewissheit eines kurzen Lebens mit der Unfähigkeit, es zu genießen, bezahlt, meint Aufenanger und führt Schillers angebliche Unfähigkeit zum Glücklichsein auf seine pietistische Erziehung zurück. Doch lasse sich niemand von diesem düsteren Anfang abschrecken, nicht nur, weil es auch in Schillers Leben Glücksmomente gegeben hat, sondern auch weil sich im Laufe der Lektüre das Bild von Schiller allmählich aufhellt. Man erlebt die einzelnen Stationen seines Lebens, das Entstehen seiner Werke, insbesondere das seiner Dramen, wie auch die Gespräche und Begegnungen Schillers mit seinen Freunden hautnah mit, nicht zuletzt deshalb, weil der Autor häufig ein reportagehaft vergegenwärtigendes Präsenz bevorzugt.

Im Gegensatz zu Sigrid Damm, die die Stationen von Schillers Kindheit nur in großen Zügen wiedergibt, werden diese von Aufenanger minutiös beschrieben. Während Damm sich oft in Vermutungen und eigenen Vorstellungen ergeht und manches nur diskret andeutet, wird von Aufenanger alles chronologisch erzählt und mitunter breit ausgemalt. Zudem hat auch er interessante Einzelheiten ausgegraben. Obgleich einiges an der Oberfläche bleibt, liest sich die Biografie insgesamt recht spannend und fesselnd.

(...)

Die reich bebilderte Schiller-Biografie von Marie Haller-Nevermann besticht durch souveräne Darstellung, durch neue aktuelle Perspektiven sowie durch eine reizvolle und originelle Gliederung des Stoffes. Denn zwischen den Kapiteln, in denen die promovierte Germanistin und Romanistin die Stationen von Schillers Leben Revue passieren lässt, sind verschiedene Porträts eingefügt: über Schiller als Dichterarzt und scharfsinnigen Psychologen, über seine Freundschaften, über Schiller als Theaterdichter und Publizisten sowie über „Schiller und die Musik". Dadurch ergeben sich bisweilen Wiederholungen und Überschneidungen, die jedoch kaum ins Gewicht fallen.

Die Autorin beleuchtet Schillers Werdegang und sein Werk vor dem Hintergrund seiner Zeit und sieht in seinem von Anfang an labilen Gesundheitszustand die Tragik seines Lebens. Sie betont nicht nur seine Doppelbegabung als Dichter und Denker, sie hebt auch seine ärztliche Ausbildung hervor und seine medizinisch-psychologischen Erfahrungen, die in seine dichterische Arbeit mit eingeflossen sind. Obwohl zu seiner Zeit psychosoziale Faktoren kaum Beachtung fanden, entwickelte Schiller – die Verfasserin nennt ihn einen „Seelenforscher und Menschenkenner" – eine psychosomatische Orientierung, die vom ganzen Menschen ausgeht.

Sachkundig und gründlich analysiert Haller-Nevermann Inhalt und Wirkung der Schiller'schen Dramen. Sie weist nach, wo Schillers ärztlicher Blick auf seine Figuren erkennbar wird, und meint, dass deren innere Abgründe, die der Dichter mit großem Scharfsinn bloßgelegt habe, ihm selbst nicht fremd gewesen seien und dass manche seiner Annahmen bereits die Theorie des Unbewussten von Sigmund Freud vorwegnähmen.

(...)

Wer Rüdiger Safranskis Biografien über E. T. A. Hoffmann, Arthur Schopenhauer, Martin Heidegger und Friedrich Nietzsche kennt sowie seine philosophischen Essays über die Wahrheit und das Böse, erwartet sicher auch von seinem Schiller-Buch ein großes Leseabenteuer. Diese Erwartung – das sei hier gleich vorausgeschickt – wird nicht enttäuscht.

Faktenreich, prägnant und verständlich beschreibt Safranski Schillers Leben und lotet das Umfeld seines Protagonisten präzise aus, wobei er seine Darstellungen immer wieder durch komplexe philosophische Gedankengänge und geistreiche Exkurse ergänzt, die ebenfalls flüssig und nie langatmig oder gar langweilig zu lesen sind. Wenn er beispielsweise erzählt, wie Schillers Lehrer Jakob Friedrich Abel seinem Schüler Shakespeare nahe gebracht und ihn für die Philosophie eingenommen hat, dann erhält der Leser bei dieser Gelegenheit vergleich eine Einführung in die Popularphilosophie jener Zeit, um zu verstehen, in welche spannungsreichen und gegensätzlichen Denkströmungen Schiller hineingezogen wurde.

Alle großen Persönlichkeiten, denen Schiller im Laufe seines Lebens begegnet ist, werden hier vorgestellt und eingehend gewürdigt: Herder, Novalis, Hölderlin, Schelling, die Brüder Schlegel, Hegel, Tieck, Brentano, Wieland, Rousseau, Klopstock, nicht zu vergessen Goethe und viele andere. Letztlich habe Schiller, so Safranski, eine ganze Epoche in Schwung gebracht. Sogar Goethe habe sich von seinem Enthusiasmus anstecken lassen. Außerdem sei Schiller ein großer Anreger der Philosophie und an epochalen philosophischen Ereignissen zwischen Kant und Hegel beteiligt gewesen. Er wirkte mit bei der Erfindung des Idealismus und wurde zusammen mit Goethe zum Zentralgestirn des deutschen Geisteslebens. Wie das alles kam, erzählt Safranski genau, mit langem Atem und überaus packend. Mitunter gerät er fast ins Schwärmen, aber jenseits aller früheren Beweihräucherei und Harmonisierungssucht. Mit Schiller gelangt man, so Safranski, „in das unvergessliche goldene Zeitalter des deutschen Geistes. Es sind Wunderjahre, die einem helfen, den Sinn für die wirklich wichtigen, für die geistvollen Dinge des Lebens zu bewahren."

(…)

Rüdiger Safranski ist mit seiner Schiller-Biografie, die Verstand und Gefühl gleicherweise anspricht und viele überraschende Einsichten und Entdeckungen bietet, fraglos ein großer Wurf gelungen. Sie regt an, sich mit Schiller näher zu befassen – erneut oder zum ersten Mal, je nachdem. Aber auch Safranskis Werk selbst lädt ein zum Wiederlesen und Nachschlagen, ist es doch eine wahre Fundgrube, die man so schnell nicht ausschöpft.

In den bisher vorgestellten Biografien wird Schillers Beziehung zum Schwesternpaar Charlotte und Karoline Lengefeld fair und verständnisvoll gezeichnet. Eva Gesine Baur indes hat sich die Aufgabe gestellt, Charlotte Schiller, geborene Lengefeld, von dem Schattendasein und dem Geruch einer perfekten Ehefrau zu befreien, zu dem sie, nicht zuletzt durch ihre eigene Schwester Karoline, bis heute verurteilt worden sei. Allerdings hat sich die Autorin so engagiert ihrer Aufgabe unterworfen, dass man im Laufe der Lektüre den Eindruck gewinnt, Schiller sei als Ehemann ein wahres Ekelpaket gewesen, rücksichtslos, egoistisch, selbstgerecht und seine Schwägerin Karoline ein cleveres, intrigantes Flittchen und leichtsinniges Luder. Lotte wird dagegen als introvertiert, aber entschieden in ihrer Meinung charakterisiert, als angepasst, doch bereit zum Widerspruch, als arglos, aber durchaus nicht einfältig, als wissensdurstig, aber auch voller Zweifel, und als keineswegs gefällige und schon gar nicht als gefallsüchtige Person, sondern als „eine kritische und selbstkritische Eigenbrötlerin." Daneben lernen wir Weimar als einen Sumpf aus Lügen, Gerüchten, Anfeindungen und Intrigen kennen. Da wird gelästert und geklatscht auf Deubel komm raus, selbst die Humboldts sind sich dafür nicht zu schade.

Am Ende fragt man sich, ob Eva Gesine Baur, wie sie es vorgehabt hat, Charlotte Schiller wirklich gerecht geworden ist, und man ist gewillt, die Frage zu bejahen. Aber im Hinblick auf Schiller und Karoline darf man gelinde Zweifel hegen. Doch diesen beiden gerecht zu werden, das hat die Autorin wohl auch nicht im Sinn gehabt.

Alle fünf Bände, so unterschiedlich sie auch akzentuiert sind, überzeugen durch Informationsreichtum, gute Lesbarkeit und solide Kenntnisse ihrer Verfasser über Schillers Leben und Werk. Wohlan, das Schillerjahr 2005 kann beginnen. Ob uns mit ihm auch eine Schiller-Renaissance ins Haus steht, bleibt abzuwarten.

Der Beitrag erschien zuerst am 22. 9. 2004 in der „Frankfurter Rundschau“. Wir danken der Autorin für die Publikationsgenehmigung

literaturkritik.de Nr. 1/2005, http://www.literaturkritik.de/public/rezension.php?rez_id=7741&ausgabe=200501 [Stand: November 2007]

Ihre Freiheit ist unsere Niederlage

Schirrmachers Vorwürfe

Von Frank Schirrmacher

„Lieber Herr Walser, Ihr neuer Roman wird behandelt wie ein Staatsgeheimnis. Nur ein kleiner Zirkel von Eingeweihten kannte bisher den Inhalt. Mittlerweile kenne auch ich ihn. (…) Sie selbst haben uns (…) die Fahnen gegeben. Sie wünschen, daß Ihr neuer Roman, ‚Tod eines Kritikers‘, in dieser Zeitung vorabgedruckt wird. (…) Ich muß Ihnen mitteilen, daß Ihr Roman nicht in dieser Zeitung erscheinen wird. (…) Ihr Roman ist eine Exekution. Eine Abrechnung – lassen wir das Versteckspiel mit den fiktiven Namen gleich von Anfang an beiseite! – mit Marcel Reich-Ranicki. Es geht um die Ermordung des Starkritikers. (…) Am Ende die Aufklärung: Der Kritiker ist nicht tot, er hat nur tot gespielt, um sich mit seiner Geliebten zu vergnügen. (…) In Wahrheit aber: die Beschreibung eines Verhängnisses, das sich in André Ehrl-König alias Marcel Reich-Ranicki über die Literatur in Deutschland legt. (…)

Ich aber halte Ihr Buch für ein Dokument des Hasses. (…) Ihr Buch ist nichts anderes als eine Mordphantasie. Daß der Mord keiner ist, macht die wonnevolle Spekulation unangreifbar. (…) Doch es geht hier nicht um die Ermordung des Kritikers als Kritiker. (…) Es geht um den Mord an einem Juden. (…) Natürlich kann Ihr Kritikerpapst nicht richtig Deutsch. Ihr Reich-Ranicki sagt nicht „deutsch“ sondern „doitsch“ (…) und er hat einen kapitalen Messiaskomplex. (…)

Als Adolf Hitler seine Kriegserklärung gegen Polen formulierte (…) war dies auch eine Kriegserklärung an den damals in Polen lebenden Marcel Reich und seine Familie. Nicht viele europäische Juden haben diesen Satz von Adolf Hitler überlebt. (…) Zwei davon (…) sind (…) Marcel Reich-Ranicki und seine Frau Teofila. Verstehen Sie, daß wir keinen Roman drucken werden, der damit spielt, daß dieser Mord fiktiv nachgeholt wird? Verstehen Sie, daß wir der hier verbrämt wiederkehrenden These, der ewige Jude sei unverletzlich, kein Forum bieten werden?

Ich muß diese Absage öffentlich machen. Sie haben bereits vorauseilend die Vermutung geäußert, eine Absage wäre nur auf den undurchschaubaren Einfluß Marcel Reich-Ranickis zurückzuführen. Doch die reale Hauptfigur Ihres

Romans weiß nichts von diesen Vorgängen. Es gibt keine Verschwörung. Sie, lieber Herr Walser, haben oft genug gesagt, Sie wollten sich befreit fühlen. Ich glaube heute: Ihre Freiheit ist unsere Niederlage.

Mit bestem Gruß Frank Schirrmacher“

http://www.morgenpost.de/content/2002/05/30/feuilleton/523209.html?redirID [Stand: November 2007]

Am anderen Ende der Geschichte

„Die Straße“ von Cormac McCarthy: Ein ungeheurer und ungeheuer finsterer Roman. Will man so etwas lesen?

Ein Selbstgespräch von Ulrich Greiner

Cormac McCarthy also. Reden wir über diesen merkwürdigsten Einsiedler der amerikanischen Literatur. Sein Werk ist der geistige Wallfahrtsort aller untergangsseligen Fantasten. Sehr suggestiv, in der Tat, sehr unheimlich und ziemlich verdächtig.

– Verdächtig? *All die schönen Pferde* oder *Die Abendröte* im Westen sind grandiose Romane. Erst recht das neue, absolut apokalyptische Buch *Die Straße*. Es gibt dafür keinen Vergleich in der Gegenwart. Das hat den Rang von Edgar Allan Poe oder Herman Melville.

– Du greifst zu hoch. Vergiss nicht: Misstrauen ist die erste Kritikerpflicht. Deine Begeisterung führt dich mitten in die schwärzeste Romantik.

– Warum nicht? Aber Begeisterung ist das falsche Wort. Ich erfahre jenes Schaudern, wofür einst das sogenannte Erhabene zuständig war. Caspar David Friedrichs Mönch am Meer, der am äußersten Rand des festen Bodens steht, blickt hinaus in die Nacht des Chaos. Er wendet uns den Rücken zu, wir sehen seine Augen nicht, aber sie können nicht anders als schreckensstarr gewesen sein. Schreckensstarr wie meine Augen, als ich McCarthys Roman *Die Straße* las.

– Auch mich rührte die Geschichte zu Tränen. Gerade das gab mir den Verdacht schierer Sentimentalität. Wir kennen doch den sauren Kitsch zur Genüge, den moralisch-intellektuellen Masochismus, das Schwelgen im Monströsen.

– Verwechselst du McCarthy mit Bret Easton Ellis und all den anderen Talkmastern der Finsternis? Monströs ist der Roman in der Tat, aber nicht monströser als die Realität. Die globale Katastrophe ist seit Erfindung der Atombombe möglich. Und sie ist insofern wahrscheinlich, als jede Pistole, die in einer Kriminalgeschichte auftaucht, unweigerlich losgeht. Die Menschheitsgeschichte war immer [illegible]

– Jetzt muss ich lachen. Du erinnerst mich an Günther Anders und die legendäre Atomtod-Debatte.

– Oder an die Nachrüstungsdedatte der Achtziger und Filme wie *The Day After*. Aber du lachst zu früh. Dass die Angst vorm Atomtod außer Mode ist, spricht nicht gegen sie. Du redest lieber von der Klimakatastrophe. Aber für McCarthys Roman ist das unerheblich. Bei ihm hat die Katastrophe, welchen Ursprungs auch immer, schon stattgefunden, vor schätzungsweise zehn Jahren. Etwa so alt ist der Junge. Er wurde geboren, als sie hereinbrach. Jetzt stolpert er an der Hand seines Vaters durch ein Toten- und Todesreich. Alles verbrannt, zerstört, geplündert. Irgendwie essbare Tiere sind ausgestorben, die Städte leer. Nur hier und da noch, in Höhlen und Lagern, Abkömmlinge der menschlichen Rasse. Die meisten sind Untermenschen. Sie nähren sich von Raub und Mord und Menschenfleisch. Der Vater nennt sie „die Bösen". Wie viele von den „Guten" es noch gibt, weiß er nicht. Seine größte Sorge ist, den Kannibalen zu begegnen. Er hat noch einen einzigen Schuss in seinem Revolver. Vater und Sohn schieben ihren Einkaufswagen mit wenigen Habseligkeiten durch ein Gestöber aus Asche und Schnee. Ewiger Winter herrscht über der Erde.

– Erlaube den Hinweis, dass wir das nicht wissen. Wir wissen nicht, ob dieser Winter die ganze Welt beherrscht oder nur Virginia. Ein einziges Mal ist von Piedmont die Rede, und davor sind die beiden einen höheren Berg hinauf- und schließlich hinabgestiegen. Ich nehme an, es sind die Appalachen. Aus unklaren Gründen vermutet der Vater, es müsse im Süden, unten am Meer, besser oder wärmer sein, was natürlich nicht zutrifft, im Gegenteil, alles wird immer schlimmer, noch nässer und noch kälter. Woher die beiden kommen, erfahren wir nicht. Sie müssen schon Jahre unterwegs sein. Der Vater hustet sich die Seele aus dem Leib, wird schwach und schwächer und stirbt schließlich in den Armen seines Sohnes. Der wird wenig später von den „Guten" aufgelesen.

– Wie du das erzählst, klingt es missmutig.

– Es gibt ja nicht viel zu erzählen. Wir haben das andere Ende der Geschichte vor uns, und es bedeutet in gewisser Weise auch das Ende der Geschichten. Im Grunde geht das gar nicht, was McCarthy hier macht. Er variiert ein einziges Standbild. Es ist ein Endspiel, aber anders als Beckett schwelgt er im Düsteren. Du erinnerst dich an die Szene, als beide mal wieder kurz vorm Verhungern sind und auf die Reste eines Lagerfeuers stoßen. Der Vater will sich das genauer ansehen, in der Hoffnung, etwas Essbares zu finden. Der Junge hat schreckliche Angst: „Kann ich dich bei der Hand halten? – Ja. Natürlich. – Der Wald bestand nur aus verbrannten Stämmen. Ich glaube, sie haben uns gesehen, sagte der Mann. Ich glaube, sie haben uns gesehen und sind abgehauen. Sie haben gesehen, dass wir einen Revolver haben. Sie haben ihr Essen zurückgelassen. – Ja. – Sehen wir's uns mal an. – Ich habe richtig Angst, Papa. – Da ist niemand. Keine Sorge. – Sie traten auf die kleine Lichtung, der Junge an seine Hand geklammert. Bis auf das schwarze Ding, das über der Glut auf einem Spieß steckte, hatten die Leute alles mitgenommen. Er stand da und schaute prüfend in die Runde, als der Junge sich zu ihm umdrehte und das Gesicht an seinem Körper vergrub. Mit raschem Blick versuchte er festzustellen, was passiert war. Was ist denn?, fragte er. Was ist denn? Der Junge schüttelte den Kopf. O Papa, sagte er. Der Mann sah genauer hin. Was der Junge gesehen hatte, war der verkohlte Leib eines Kleinkindes, ohne Kopf, ausgeweidet und auf dem Spieß langsam schwärzer werdend. Er bückte sich, nahm den Jungen auf den Arm und lief, während er ihn fest an sich drückte, in Richtung Straße los. Es tut mir leid, flüsterte er. Es tut mir leid. Er wusste nicht, ob der Junge je wieder etwas sagen würde."

– Das ist schrecklich. Es gibt einige solche Szenen. Trotzdem hast du das Buch bis ans Ende gelesen.

– Sogar mit Spannung. Obgleich ich nicht sagen kann, weshalb. Ich habe gefroren beim Lesen. Es ist ein beklemmendes Gefühl, unseren Alltag aus der postapokalyptischen Perspektive beschrieben zu sehen:

geplünderte Supermärkte, entgleiste Züge mit Toten darin, Kreuzungen mit verlassenen Autos, Landstraßen mit Leichen an den Telegrafenmasten. Warum liest man das, warum tut man sich das an?

– Du musst ja nicht. Nur wenige Bücher taugen als Wärmestube. Die großen Werke der Weltliteratur sind oftmals Expeditionen in die Nacht. Und bei Expeditionen zählen lediglich Mut und Präzision. Du musst zugeben, dass McCarthy diese Tugenden besitzt. Er schwafelt nie. Am Rand des Überlebens sind technische, handwerkliche Details von größter Bedeutung. Etwa, wie man aus Altöl, Benzinresten und anderen Hilfsmitteln eine Lampe konstruiert. Derlei beschreibt McCarthy mit Akkuratesse.

– Also mein Strom kommt aus der Steckdose. Warum sollte ich mich für das Leben nach dem Leben interessieren?

(...)

– Es ist ja nicht nur schwarze Monotonie. Es ist auch die Geschichte einer Liebe zwischen Vater und Sohn, wie sie reiner und schöner kaum gedacht werden kann. Am Ende dreht sich das Verhältnis des Sohnes zum Vater um. Jetzt ist der Alte schwach, und der Sohn ist der Erbe.

– Was er erbt, ist nichts.

– Aber es ist auch ein Beginn. Auf den ersten Seiten wird erzählt, wie der Vater dem Jungen eine Flöte schnitzt. Als sie weiterziehen, hört er ihn spielen: „Nach einer Weile fiel der Junge zurück, und wieder etwas später konnte der Mann ihn spielen hören. Eine formlose Musik für das kommende Zeitalter. Oder vielleicht die letzte Musik auf der Erde, beschworen aus der Asche ihres Untergangs."

– Ja, das ist eine schöne Passage, und schön sind auch die Dialoge, äußerst wortkarg, voller Nähe. Jeder ist, wie es einmal heißt, die ganze Welt des anderen. Eine religiöse Vorstellung.

– Genau. Das ist der Grund, weshalb ich dieses Buch mit so großer Anteilnahme lese. Es ist ein Werk der Transzendenz, es überschreitet die bequeme, aber doch kümmerliche Welt unsres Alltags, unsrer kleinen Egoismen.

(...)

Cormac McCarthy: Die StraßeRoman; aus dem Englischen von Nikolaus Stingl; Rowohlt Verlag, Reinbek 2007; 252 S., 19,90 €

DIE ZEIT, 29.03.2007 Nr. 14, http://www.zeit.de/2007/14/L-McCarthy [Stand: November 2007]

Der elende Kapituminismus

Ein mitfühlender Brief an die Hauptfigur in Marlene Streeruwitz' Roman „Entfernung".

Von Eberhard Falcke

Liebe Selma,

nachdem wir nun 475 Seiten miteinander zugebracht haben, drängt es mich, Dir ganz persönlich ein paar Worte zu schreiben. Schließlich warst Du die ganze Zeit verdammt alleine. Deine Autorin hatte nichts anderes zu tun, als Dich von Anfang an dem Untergang zu weihen. Wie jemand, der ein Wesen, das noch lebendig ist, in Formaldehyd untertaucht, um zu demonstrieren: Schaut mal, was haben wir denn da für einen hoffnungslosen Fall! Das ist bei unseren weiblichen – oder soll ich sagen: feministischen? – Wiener Masterminds ja nichts Neues. Bei der Jelinek und Deiner Autorin, der Marlene Streeruwitz, gab es für die Frauen noch nie viel zu hoffen, wenn auch aus ganz verschiedenen Gründen.

Du hast Schreckliches durchgemacht, liebe Selma, und ich habe Dir dabei zugesehen. Ein Spaß war das nicht, Du hast mir leid getan. Andererseits hat mich Deine furchtbar gut durchdachte Wehleidigkeit ungeheuer genervt. Zugegeben, Dein Mann hat Dich für eine Jüngere verlassen und der auch gleich noch ein Kind gemacht. Er hat Dich damit aus der sozialen und beruflichen Stellung gedrängt, die Du dank seiner Position im Wiener Kulturleben innehattest. Das hat Dich umgehauen. Verstehe ich vollkommen! Aber muss frau deshalb wirklich 400 Seiten auf den Knien ihres Selbstbewusstseins durch einen Roman rutschen?

Sicher, Du hast Dich zurückgeworfen gefühlt, weil Du wieder in die Wohnung Deines alten Vaters einziehen musstest. Als Du dann nach London fliegst, glaubst Du deshalb schon vorher nicht, dass es gelingen könnte, dort Dein Sarah-Kane-Theaterprojekt an den Mann zu bringen. Du meinst, Du habest alles verloren, nichts vorzuweisen, fühlst Dich als Witwe Deines eigenen Lebens, ohne Libido. Nicht nur der Anton, nein, die ganze Welt habe Dir den Krieg erklärt. Und Deine Vergangenheit, Deine Erinnerung habe dieser, Dein Exmann, der Müllverbrennung überantwortet. Und gleich ein paar Sätze später bringst Du die Vernichtung der Juden ins Spiel...

Ehrlich, liebe Selma, da bin ich dann beim Mitfühlen nicht mehr nachgekommen. Aber ich weiß: Schuld bist nicht Du, sondern die Streeruwitz, die es Dir so schwer macht. Kein Wunder, dass Du sechzig Seiten brauchst, um es zum Flughafen zu schaffen, oder zwölf Seiten, bis Du in eine U-Bahn hineinkommst. Schließlich musst Du in dieser selmafeindlichen Welt Deinem Demütigungshunger Nahrung geben, indem Du auf Schritt und Tritt, Blick um Blick Dir die kleinsten Kleinigkeiten zu verletzenden Anstößigkeiten aufbläst und fortwährend Deine Untergangsgedanken denkst. Andererseits, zugegeben, auch viele sehr gescheite, ätzende Durchblicksgedanken

Trotzdem, was für ein zäher Text, was für ein quälender Handlungslauf! Gewiss, es ist keine andere als die Streeruwitz, die so schaurig in der dritten Person von Dir und gleichzeitig aus Dir herausredet, erlebte Rede eben. In ihrem höchsteigenen Stil, den sie wie eine Sauce fast unterschiedslos über allem auszugießen pflegt. Eine Diktion des Missglückens, eine Sprache des Stockens und Stoppelns. Obwohl doch, wenn ich das sagen darf, unter den heutigen Frauenleiden die Sprachhemmung ja eher eine kleinere Rolle spielt. Gleichwohl: Dieser demolierte Satzbau hat was. Der große Adorno, dem über die größten Fragen die kürzesten Sätze gelungen sind, meinte ja, das Ganze sei das Unwahre. Und genau daraus hat die Streeruwitz eine Syntax gemacht. Da möchte ich dann doch wieder sagen: Küss die Hand, gnä Frau!

Nur, was sie hier mit Dir anstellt, ist eine echte Pein. (...)

Sie hat Dich, liebe Selma, für ihre Demonstrationszwecke total platt gemacht. Es darf Dir überhaupt nichts gelingen. Natürlich gerät das Essen mit dem Londoner Theatermann, dem Du Dein Projekt verkaufen willst, zur Farce. Mittendrin machst Du Dich davon, um Dich an einer dunklen Ecke der fremden Stadt „down and out" zu fühlen. Nicht gerade überraschend, würde ich sagen, andererseits ist das die Peripetie, der Wendepunkt des Romans. Vorher ging es zitternd und zagend bergab, nun geht die Romantitel-"Entfernung" zagend und zitternd weiter.

Immerhin hat die Streeruwitz noch ein paar Szenen eingebaut, die Dein Abgleiten bildkräftig illustrieren. Emblematisch, wenn Du weißt, was ich meine. Zum Beispiel in dem Künstlerclub, in den Du Dich verläufst. Da machst Du aufgrund eines Missverständnisses das Modell für einen Aktzeichenkurs. Nackt kniest Du auf dem Podest, mit den Händen über dem Kopf. Was für eine triste Pose, wenn auch ohne Trauer und Mitleid. Hier sehen wir die Kulturmanagerin, die gerade noch überlegt hat, ob sie einen Underground-Film für ein Festival einkaufen soll, degradiert zum niedrigverdienenden Kulturdienstpersonal, zum Objekt. Sie gehört nicht mehr zur Oberschicht der Beschreibenden, sondern zur Unterklasse der Beschriebenen.

Kurz darauf habe ich dann gehofft, dass Du es doch noch schaffst. Wie habe ich mich gefreut, als Du in diesem Frauenclub zu den Songs der Singing Tampons („Fuck your father. Rape your mother. Rip open their guts...") auf Deiner schicken Designertasche herumtanzt und nur eine Interpretation möglich erscheint: Jetzt endlich zerstampft sie ihr altes Leben, jetzt lässt sie sich anstecken von der Energie dieser coolen Mädels. Leider war das dann aber nicht so richtig weiterführend. Muss an der Musik gelegen haben.

Wie auch immer: Schuld ist die Streeruwitz. (...)

Glücklicherweise gibt es dann zum Schluss doch noch eine unverhoffte Wendung. Fürs Romanpersonal allerdings auch wieder übel. Da schickt sie Dich in die Hölle eines Terroranschlags auf die Londoner U-Bahn. Ganz aktuell. Entsetzlich, wie Du in dem Waggon zwischen wimmernden und toten Menschen ausharren musst, bis Rettungskräfte Dich und andere Unverletzte hinauf ans Licht führen. Andererseits wird dadurch die Glasglocke Deiner fürs Leben und Lesen so lähmenden Verfassung zerschlagen. War der Schrecken zuvor hermetisch und eng, so weitet er sich nun ins Offene, das schaudern macht.

(...)

Ach, Selma, nun muss ich Dich doch bitten, Deiner Autorin meine respektvollen Grüße auszurichten. Trotz allem, vielleicht auch wegen allem. Und im Übrigen drücke ich die Daumen, dass es für Dich als Frau und für die Frau von heute als Selma noch ein Leben nach dem Roman gibt.

Mit herzlichem Gruß
Dein Eberhard Falcke

Marlene Streeruwitz: Entfernung
Roman; S. Fischer Verlag, Frankfurt a. M. 2006; 475 S., € 19,90

http://images.zeit.de/text/2006/40/L-Streeruwitz [Stand: November 2007]

Die Ästhetik des Bösen

Oder gibt es eine böse Kunst?

Von Karl Heinz Bohrer

Von den antiken Dramen bis in die literarische Moderne verbindet sich mit den Darstellungen des Bösen dessen Ästhetisierung. Freilich noch weniger als sonst geht es der Kunst hier um eine Abbildung der Wirklichkeit: Im sinnlos Bösen findet sie ein Äusserstes an Ausdruckskraft. (…)

Friedrich Schiller hat einen berühmt gewordenen tragödientheoretischen Aufsatz mit dem Titel versehen: „Über den Grund des Vergnügens an tragischen Gegenständen“. Seine Frage gilt einem aporetischen Phänomen der Kunst: Warum gefällt uns etwas an sich Ungefälliges? Die antike Kunstphilosophie hat diese Frage mit Hilfe der Formel vom „Schiffsuntergang mit Zuschauern“ zu beantworten versucht: Solange der Mensch vom sicheren Ufer das Unglück der anderen betrachtet, hat dieses Unglück den Reiz des aufregenden Thrills. Schiller fand natürlich eine andere, spirituellere Antwort, indem er das Gefühl des Erhabenen, das sich beim Anblick der Tragödie einstellt, als den Sieg unserer Reflexionskraft über den Schrecken schierer Natur charakterisierte. Wenn wir nun die gleiche Frage bezüglich des Bösen in der Literatur stellen, das ja eine gewisse thematische Verwandtschaft mit dem Tragischen hat, dann ist als Erstes die Frage präzisiert: Es geht offenbar um die rezeptions- und produktionsästhetische Qualität des Bösen. Diese Qualität ist auf einer rein inhaltlichen Ebene gar nicht zu finden, zumal dort das Böse immer als Widerpart des Guten unter einer moralischen Kontrolle steht.

Epiphanie des Schreckens

Als Basis aller Beispiele des inhaltlich Bösen in der Literatur kann die griechische Tragödie gelten. Die transformierten Mythen aus Betrug, Inzest und Geschlechtermord, vor allem die Atridensage, häufen die Schrecken der bösen Tat, die sich über Generationen fortpflanzt. Hier ist die Figur Klytämnestra aus Aischylos' „Agamemnon“, dem ersten Teil einer Tetralogie, die den Gatten- und Muttermord und dessen Entsühnung zeigt, wohl der beste Kandidat, um zu verstehen, inwiefern das Böse durch seine Erscheinungsweise fasziniert, inwiefern das Böse das „Unnennbare“ impliziert, wie es bei Foucault heisst.

(…)

Man könnte denken, dass sich dieses ästhetisch Böse, wenn es denn so eindeutig einem mythisch-mythologischen Denken entspringt, eigentlich in der Moderne nicht wiederholen kann. Es wird ja schon in der griechischen Tragödie dadurch relativiert, dass am Ende der Atridentetralogie die neuen Gesetze des Stadtstaates Athen das Böse des Geschlechterfluchs bannen. Aber die moderne Literatur hat gerade dort, wo keine geschichtsphilosophische Ethik waltet, das Motiv des Bösen im hier befragten Sinne eines ästhetischen Modus, also nicht einfach einer inhaltlichen Darstellung, immer wieder für sich entdeckt. (…)

Es ist ganz offensichtlich, dass der moderne Dichter nicht mehr an den Schrecken der Mythen glaubt. Das hat in naiver Weise auch nicht mehr das Athener Publikum von 450 vor Christus getan. Aber der archaische Mythos ist dort erst durch seine Ästhetisierung ins Fiktive aus der reinen Archaik versetzt worden, aber er war immer noch ganz nahe: Das Böse an ihm musste überwunden werden. Der moderne Dichter – und hier darf man neben Baudelaire im 19. Jahrhundert vor allem Flaubert und Lautréamont, im 20. Jahrhundert die Surrealisten oder Kafka nennen – will das Böse gar nicht überwinden, er sucht es geradezu.

Kafkas „In der Strafkolonie“

(…)

Provozierender noch erscheint das ästhetisch Böse ohne Angebot einer entlastenden Erklärung in Kafkas Erzählung „In der Strafkolonie“. Es hat immer nahegelegen, diesen berühmt gewordenen Text als eine prophetische Allegorese der Folterlager des aufkommenden totalitären 20. Jahrhunderts zu lesen. Wie im Falle von Flauberts Roman „Salammbô“ handelt es sich um eine minuziös beschriebene, sich in Details fortsetzende Tortur, an deren Ende der Folterer sich selbst der Tötungsapparatur ausliefert. Das Thema schreit geradezu nach einer psychologisch- sozialen Erklärung im Sinne einer politischen Parabel. Aber das ist eine Fehllektüre, so verständlich sie auch sein mag.

Die Tortur, die hier beschrieben wird, ist vielmehr eine Metapher der Selbstfolter des Dichters im poetischen Prozess, ein Zeichen für die ästhetische Imagination als Tortur. Es ist nicht zu vergessen, dass viele von Kafkas kurzen Prosastücken von einem Stil der Grausamkeit gekennzeichnet sind. Texte wie „Auf der Galerie“, „Ein altes Blatt“, „Schakale und Araber“, „Ein Brudermord“, „Die Brücke“, „Bericht für eine Akademie“, „Ein hoher Künstler“ – alle diese Texte sind geprägt durch die Darstellung grausam- sadistischer Handlungen, ohne dass man wüsste, warum.

Denn die Gewaltakte lassen sich nur in der Sprache Kafkas nachvollziehen, sind nicht etwa Nachbildungen von vorstellbarer Realität. Wir fragen nicht: Was bedeutet das? Wir setzen für die atavistischen Szenen keine sozialen Handlungen ein, es sei denn Kafkas Wort von der „Evidenz“, nicht vom „Sinn“ des Lebens. Die Genauigkeit der Schilderung unterschiedlicher Formen des Tötens bekommt einen automatischen Dynamismus. Ein Faszinierenwollen und ein Fasziniertsein mit und von Instrumenten und Stimmungen des Tötens. Es handelt sich nicht um Metaphern eines élan vital, sondern um eine Konzentration auf körperliche Details, so charakteristisch für Kafkas Prosa generell. Diese Konzentration läuft am Ende auf die Wahrnehmungsbeschreibung des künstlerischen Aktes hinaus, wie folgende Tagebucheintragung es tut:

Immerfort die Vorstellung eines breiten Selchermessers, das eiligst und mit mechanischer Regelmässigkeit von der Seite her in mich hineinfährt und ganz dünne Querschnitte losschneidet, die bei schneller Arbeit fast eingerollt davonfliegen. (4. Mai 1913)

Die Identifikation mit dem Schmerz, die Erfindung der Metapher des Schmerzes als Zeichen des Künstlers ist eine Erfindung der Romantik, wurde von Nietzsche und Baudelaire aufgenommen im Bild des „Selbsthenkers“ und ist bei Kafka zur Pathosformel der Selbstfolter geworden. Und so entfaltet eben auch der Text „In der Strafkolonie“ eine Phantasie der Folter. Dieser Text ist selbst die Foltermaschine, die ein enigmatisches Ereignis darstellt. Die Bestrafungsgründe stehen in keinem Verhältnis zum Bestrafungsakt. Die Todesfolter und ihr ausgedachter Sadismus verdanken sich vor allem der Darstellungsform, die sich durch Gleichzeitigkeit absoluter Kälte der Beobachtung und absoluter Gewaltphantasie im Ereignis auszeichnet.

Sinnentzug

Es kommt zu keiner moralischen Erklärung, zu keiner externen Perspektivierung vonseiten des Erzählers oder der Beobachterfigur. Die Kritik am Hinrichtungsverfahren bleibt selbst ein Bestandteil der sadistischen Phantasie des Textes, der diese, wie wir sahen, mit vielen anderen Kafka-Texten teilt. Die Selbstauflösung der Maschine entwirft keine Art von Erlösungsallegorie. Eine solche wäre auch absonderlich, wo es doch um die Konstruktion der selbstmörderischen schriftstellerischen Existenz geht. Findet aber nicht ebendiese im Text ihre Allegorie? Auch dies ist nicht gegeben: Ein furchtbares internes Textgeschehen kann nicht durch ein externes Textwissen erläutert werden, auch wenn wir hier zur Erläuterung des Problems die Metapher vom Selchermesser zitiert haben.

Die Grausamkeitsmotive sind nunmehr völlig entromantisiert zu eiskalten Chiffren einer neuen Schrift. Sie sind dabei auch abstrakter geworden. Das gibt uns einen entscheidenden Hinweis zum Verständnis des ästhetisch Bösen in der Moderne des 20. Jahrhunderts. Es geht nicht mehr – wie in der romantischen und selbst nachromantischen Baudelaireschen Fassung – um eine äusserste Strahlkraft des absolut Schönen.

Vielmehr ist der Sinnentzug im Entsetzen, so unsere Formel für das ästhetisch Böse, noch weiter fortgeschritten in Richtung eines absoluten Bewusstseins der künstlerischen Phantasie, von einem Ausgesetztsein im Unendlichen im Sinne von Maurice Blanchot. Es wären hier auch Søren Kierkegaard, Edgar Allan Poe und Georges Bataille als Theoretiker des ästhetisch Bösen zu erwähnen, denen es um einen Bewusstseinszustand, nicht um Inhalte ging.

(...)

http://www.nzz.ch/2007/05/12/li/articleF41MT.html [Stand: November 2007]

Lebhafter Grenzverkehr

Wie deutsch ist unsere Literatur?

Von Ulrich Greiner

Kaum etwas bringt verständige Leser mehr auf die Palme als die unbedachte Einordnung etwa von Peter Handke oder Max Frisch in die Kategorie „deutsche Literatur". Natürlich weiß man, dass Handke ein Österreicher ist und Frisch ein Schweizer war. Aber es gibt keine österreichische oder schweizerische Sprache, sondern Frisch und Handke schreiben oder schrieben deutsch.

Navid Kermani, 1967 als Sohn iranischer Eltern in Siegen geboren, hat dieser Tage einen Vortrag für die Konrad-Adenauer-Stiftung über das Thema „Was ist deutsch an der deutschen Literatur?" verfasst, und gleich zu Beginn erwähnt er jenen Schriftsteller, der ihn als Schüler am meisten beeindruckt hat: Franz Kafka.

Ist Kafka ein deutscher Schriftsteller? Er lebte in Prag, das bis 1918 zu Österreich-Ungarn gehörte. Seine Muttersprache war Deutsch, aber mit den Dienstboten redete er tschechisch. Wir könnten ihn also einen österreichischen Schriftsteller nennen, zumal ihn, wie Kermani zeigt, mit Deutschland wenig oder nichts verband.

Es ist klar, dass die Bezeichnung „deutsch" im Fall der Literatur etwas anderes meint als die nationale Zuschreibung. Der deutsche Nationalstaat ist bekanntlich eine späte Erfindung. Als Schiller und Goethe schrieben, gab es ihn noch nicht. Von Wolfram von Eschenbach oder Hartmann von Aue ganz zu schweigen. Heute ist Deutsch die in Europa am häufigsten gesprochene Sprache, aber wir würden einen deutsch sprechenden Luxemburger oder Dänen oder Norditaliener niemals einen Deutschen nennen. Was aber, wenn er großartige Gedichte schriebe?

Kermani jedenfalls sagt in schöner Unbefangenheit, für ihn seien Robert Walser oder Heimito von Doderer Deutsche, „aber nicht im politischen Sinn, sondern als Angehörige der deutschen Literatur, die nicht identisch ist mit der deutschen Nation". Es ist nicht sicher, dass sich jeder Österreicher oder Schweizer über diese Bemerkung freut. Kermani will darauf hinaus, dass die Besonderheit der deutschen Literatur gerade darin besteht, solche Grenzen zu überschreiten. Zugespitzt könnte man sogar sagen: Die deutsche Literatur ist mehrheitlich gar nicht von Deutschen geschrieben worden, jedenfalls nicht von denen, die sich für besonders deutsch gehalten haben. Es waren überproportional viele Juden, es waren Bewohner der k. u. k. Monarchie, und oft kamen sie von den Rändern, wie Joseph Roth, der aus Galizien stammte, oder Ödön von Horváth, der einen ungarischen Vater hatte und in Rijeka geboren wurde.

Die Etymologie lehrt uns, dass „deutsch" vom althochdeutschen „diutisc" herkommt, was „zum Volke gehörig" heißt. Die Harmlosigkeit dieser Bedeutung ist nicht wiederherstellbar, und deshalb werden wir ohne die hässliche, aber exakte Bezeichnung „deutschsprachig" vermutlich auch in Zukunft nicht auskommen.

http://www.zeit.de/2006/51/Glosse-Literatur [Stand: November 2007]

Belletristik und Sachbuch

Von Evelyn Finger

Angelika Klüssendorf: Aus allen Himmeln

Das Kind, das in diesen Erzählungen die Rolle des tragischen Helden übernimmt, ist klein und schmächtig, sein Zorn jedoch ist so ungeheuerlich, dass er den Himmel verdüstert. Selbst an sonnigen Tagen, am Meer, wo das Kind sich [illegible] aufhält, scheint es, als müsste der gerechte Himmel nun endlich auf die unbarmherzigen Menschen herunterstürzen, als müsste ein gnädiger Blitz alle Erwachsenen erschlagen. Doch die erlösende Katastrophe bleibt aus. Denn hier handelt es sich um realistische Weltuntergangsprosa, und wie im richtigen Leben müssen die Schwachen ihr Martyrium ganz allein durchstehen. »Es gibt kein Entrinnen, auch das begriff ich damals zum erstenmal...«

Angelika Klüssendorf: Alle leben so

Was aus den geprügelten, missbrauchten oder ganz normal verwahrlosten Kindern des neuen Erzählbandes von Angelika Klüssendorf später wird, kann man in einem zuvor erschienenen Roman nachlesen: durchschnittliche Leute. In deren betont zuversichtlicher, aber zutiefst hoffnungsloser Welt, die der unseren unheimlich ähnelt, möchte man nicht begraben sein. Angelika Klüssendorf, die kühle Meisterin unter den Meistern der Gesellschaftsprosa, analysiert präziser als John Updike und konsequenter als Max Frisch, sie schreibt böser als Thomas Bernhardt und pointierter als Ingeborg Bachmann. Fürchterlich, aber grandios.

Evelyn Finger

Angelika Klüssendorf: Aus allen Himmeln
Fischer, 2004; 142 S., 14,90 EUR
Angelika Klüssendorf: Alle leben so
Fischer, 2004; 191 S., 18,90 EUR

DIE ZEIT 24.02.2005 Nr.9, http://www.zeit.de/2005/09/KA-B_9fti09 [Stand Juni 2008]

Marcel Reich-Ranickis späte Autobiographie

Von Thomas Anz

Was für ein Leben! Es war wie ein Wunder. Und was für eine Liebe! Sie ist immer noch wie ein Traum. Der Autor selbst kann es kaum fassen. Am Ende leiht er sich die Stimme eines Dichters: „Ist ein Traum, kann nicht wirklich sein,/daß wir zwei beieinander sein." Marcel Reich-Ranickis Autobiographie enthält viele Geschichten. Sie ist Liebesgeschichte, Freundschaftsgeschichte, Literaturgeschichte und Erfolgsgeschichte in einem. Überlagert aber sind sie alle von den Wundern einer Überlebensgeschichte. Deren triumphale Krönung ist dieses Buch, vor allem der zweite Teil. Mit ihm wird Marcel Reich-Ranicki lange weiter leben.

„Warum durften gerade wir überleben?" Die Frage lastete auf denen, die 1945 in Warschau von den Nazis befreit wurden, so stark, dass sie das Glück ihrer Befreiung nicht recht empfinden konnten. „Mein Bruder Alexander hatte ungleich bessere Chancen als ich gehabt, die deutsche Okkupation zu überleben." Doch der musste in einem Lager bei Lublin sterben. Durch den Besitz von Zyankali ist er der Ermordung zuvorgekommen. Keine Chance, die wiederkehrenden „Selektionen" zu überleben, hatten die Eltern. Der Sohn war dabei, als sie deportiert wurden. Die nüchterne Sachlichkeit, die bewundernswerte Würde, mit der und von der die Autobiographie hier erzählt, vermag weit mehr Emotionen beim Lesen zu evozieren als jedes Pathos: „Ich sagte ihnen, wo sie sich anstellen mußten. Mein Vater blickte mich ratlos an, meine Mutter erstaunlich ruhig. Sie war sorgfältig gekleidet. Sie trug einen hellen Regenmantel, den sie aus Berlin mitgebracht hatte. Ich wußte, daß ich sie zum letzten Mal sah. Und so sehe ich sie immer noch: meinen hilflosen Vater und meine Mutter in dem schönen Trenchcoat aus einem Warenhaus unweit der Berliner Gedächtniskirche. [...] Als sich die Gruppe, in der sie standen, dem Mann mit der Reitpeitsche näherte, war er offenbar ungeduldig geworden: Er trieb die nicht mehr jungen Leute an, doch schneller nach links zu gehen. Er wollte schon von seiner schmucken Peitsche Gebrauch machen, aber es war nicht mehr nötig: Mein Vater und meine Mutter – ich konnte es von weitem sehen – begannen in ihrer Angst zu laufen, so schnell sie konnten."

Angesichts der erzählten Todesarten wirkt die Überlebensgeschichte noch wunderbarer. Zumal sie mit einer Liebesgeschichte verbunden ist, in der Liebe und Tod so eng verwoben sind. Da ist die denkbar knapp erzählte Geschichte einer tödlichen Demütigung. Ein jüdischer Fabrikbesitzer wird nach dem Einmarsch der Wehrmacht enteignet, am nächsten Tag von einem deutschen Soldaten geohrfeigt: Das reicht für den psychischen Zusammenbruch. Der Gedemütigte verfällt in eine Depression, scheint sich davon zu erholen, doch eines Tages finden Mutter und Tochter ihn erhängt an seinem Hosengürtel. Die Tochter bemüht sich vergeblich, den Gürtel zu durchschneiden. Zehn Minuten später tröstet, streichelt, küßt die Neunzehnjährige ein gleichaltriger Mann; die beiden bleiben ein Leben lang verbunden: Theofila, geb. Langnas, und Marcel Reich, der sich nach dem Krieg Reich-Ranicki nennen wird. (...)

Zwei andere Antworten hätten vielleicht nahe gelegen. Die religiöse kommt für den bekennenden Atheisten nicht in Betracht. Die andere, die das Überleben zum eigenen Verdienst erklärt, weist Reich-Ranicki strikt von sich. Die Autobiographie erhält allerdings dadurch immer wieder eine doppelbödige Spannung, dass sie selbst unterläuft, was sie ausdrücklich behauptet. Es ehrt den Autor, daß er sich bescheiden, ja manchmal geradezu demütig gibt. Jenes selbstgefällige, triumphale Auftreten des Überlebenden, wie es Canetti einmal beschrieben hat, versucht er, wo es auch nur geht, zu vermeiden. Doch steht außer Zweifel, daß diese Überlebensgeschichte durchaus ihre Moral hat, eine Moral, die ihr Held vorbildlich verkörpert. Zum einen nämlich erzählt diese Autobiographie von den Wunderkräften der Kunst, die der Held geschickt anzuwenden versteht. Zum anderen vermittelt diese Lebensgeschichte unter der Hand ein Ethos, dessen Einhaltung belohnt wird. (...)

Welchen Ereignissen verdanken wir es also, dass es Reich-Ranicki zum Bedürfnis wurde, doch seine Autobiographie zu schreiben? Sie gibt lediglich an, 1993 habe er sich entschlossen, sein Leben darzustellen. Dies ist vermutlich eine falsche Datierung. Aber warum sollte er sie vorgenommen haben? Die Entstehungsgeschichte des Buches scheint für den Autor persönlich so wichtig zu sein, dass er gleich in den ersten beiden Sätzen seiner Danksagung betonen muss, wie unwichtig sie für die Öffentlichkeit sei: „Jedes Buch hat eine Entstehungsgeschichte. Freilich ist sie in den meisten Fällen für die Öffentlichkeit ohne Interesse." Es ist nicht anzunehmen, dass Reich-Ranicki diese Geschichte verbergen wollte. Im Gegenteil: Er hätte sie wohl am liebsten erzählt. Doch fürchtete er, er könnte seiner Autobiographie mit dem Eingeständnis schaden, sie verdanke sich auch einer persönlichen Kränkung. Dass Worte für die Öffentlichkeit durch allzu Privates und Menschliches an Autorität verlieren können, hat man vor einem Jahr erleben können, als Martin Walsers Rede in der Paulskirche als Ausdruck persönlicher Gekränktheit erkannt wurde. Literaturkritische Stimmen zu seinem autobiographischen Roman hatten ihn zutiefst verletzt.

Dass Reich-Ranicki in seiner Autobiographie versucht hat, allzu offensichtliche Spuren privater Verletzungen zu verwischen, ehrt ihn und kommt seinem Buch zugute. Dass solche Spuren nicht völlig getilgt sind, gibt dem Buch jedoch auch eine untergründige Spannung.

Von zwei Begebenheiten, die ihn in jüngerer Zeit persönlich stark bewegt haben, erzählt die Autobiographie sehr ausführlich: von zwei zerbrochenen Männerfreundschaften. Der erste Bruch liegt schon etwas länger zurück: der mit Joachim Fest. Dieser hatte, als er 1973 Mitherausgeber der Frankfurter Allgemeinen Zeitung wurde, dem Kritiker der „Zeit" die Leitung der Literaturredaktion in Frankfurt angeboten. Warum die Freundschaft in den späten achtziger Jahren zerbrach, darüber gibt Reich-Ranicki einfache und klare Antworten. Es war Fests Position im Historikerstreit, die Reich-Ranicki beschämend fand. Über die Gründe für den zweiten Freundschaftsbruch erfahren wir hingegen nichts.

Den Schöpfer von Winnetou und Old Shatterhand schätzt Reich-Ranicki nicht sonderlich. Es ging ihm auf die Nerven, „daß es immer ein Deutscher war, der in Karl Mays Romanen die Bedrängten heldenhaft rettete und die Bösewichter behandelte, wie sie es verdienten". Doch Reich-Ranickis Beschreibung seiner Freundschaft mit Walter Jens handelt ohne Scheu vor Sentimentalität von Qualitäten, wie sie ähnlich Karl May an seinen Helden in so empfindsamen Tönen schilderte. Zur Grundlage dieser Freundschaft gehörte nicht zuletzt die Einsamkeit des Kritikers, sein „monologisches Dasein" im Wechsel von Lesen und Schreiben. Existentiell notwendiges Gegengewicht dazu wurde die „Telefon-Freundschaft" mit Jens, eine höchst „seltsame", eine „ungewöhnliche Freundschaft", die „weitaus längste und wichtigste in meinem Leben". Sie sahen sich selten, doch telefonierten miteinander oft und lange. Knappe Andeutungen genügten, um sich zu verstehen. Man bestärkte sich gegenseitig in seinen Projekten, gab sich Versprechungen für den Fall, dass einer vor dem anderen sterben würde.

Als im Herbst 1990 die Beziehung ernsthaft gefährdet war, beteuerte Jens in einer Widmung deren Unzerstörbarkeit. Dass sie dann doch zerstört wurde, war „grausam". Der Autobiograph scheut sich nicht, Max Frischs Beziehung zu Ingeborg Bachmann zum Vergleich heranzuziehen. Er zitiert jenen Satz aus „Montauk", dessen Knappheit in so wirkungsmächtigem Kontrast zum Ausmaß dieser Tragödie der Trennung steht: „Das Ende haben wir nicht gut bestanden, beide nicht."

Man weiß: Dieses Ende blieb für Bachmann ein Trauma, von dem sie sich nicht mehr befreien konnte. Wie es zu dem Bruch zwischen Reich-Ranicki und Jens kam, ist kein Geheimnis. Der Konflikt wurde öffentlich ausgetragen. Der Autobiograph möchte darüber jedoch nicht sprechen. Was er sonst vermeidet, hier tut er es: Er redet in Andeutungen, spricht „jene" an, die zur Zerstörung der Freundschaft „grausam beigetragen haben"; sie „mögen dies mit ihrem Gewissen ausmachen". Es mag viele Gründe für Reich-Ranickis 1993 oder 1994 gefaßten Entschluß gegeben haben, seine Autobiographie zu schreiben, einer davon scheint jedenfalls in den hier verschwiegenen Umständen zu liegen.

In der Fernsehsendung „Kulturspiegel" vom 29. Mai 1994 gab Tilman Jens, der Sohn des Freundes, sich später erhärtende Hinweise auf Reich-Ranickis zeitweilige Arbeit für den polnischen Geheimdienst und seine Mitgliedschaft in der Kommunistischen Partei. Die Sendung war ein völlig deplazierter Racheakt für eine – zugegeben – ziemlich polemische Kritik Reich-Ranickis an Christa Wolf. Dass diese überzeugte Kommunistin war, hatte Reich-Ranicki allerdings nie kritisiert. Und auch über die lange zurückliegende, kurze Episode, in der Christa Wolf Informelle Mitarbeiterin des Staatsicherheitsdienstes war, hatte er sich nicht geäußert. Dennoch wurde in jener mittlerweile schon wieder so fernen, hysterisierten Atmosphäre, in der andauernd neue Entdeckungen über Stasi-Kollaborationen veröffentlicht wurden, so auch über die Christa Wolfs, gleichsam ein Parallelfall Reich-Ranicki konstruiert und zum Gegenstand öffentlicher Enthüllungen, Anschuldigungen und Debatten gemacht. Es gab damals enge Freunde, die sich von Reich-Ranickis Reaktionen auf die Vorwürfe öffentlich irritiert zeigten – und auch davon, dass er sogar engsten Vertrauten über diese Episode seiner Vergangenheit nie etwas erzählt hatte. Ein Passus in dem Kapitel über Walter Jens klingt wie eine nachträgliche Rechtfertigung dafür: Es habe „Bereiche" gegeben, „über die er mich, wenn ich mich recht entsinne, nie befragte, die stets ausgespart blieben: meine Erlebnisse im Warschauer Getto, meine Erfahrungen in der Kommunistischen Partei Polens und im auswärtigen Dienst."

Ausführlich erzählt darüber jetzt die Autobiographie. Es scheint, als seien ganze Teile des Buches eine wohl überlegte Antwort auf die damaligen Vorwürfe, nachholende Erzählungen über Dinge, über die zu erzählen ihm zuvor schwer fiel. Die hässliche Affäre von 1994 hatte den schönen Effekt, die Hemmungen herabzusetzen, über bestimmte Ereignisse der Vergangenheit zu reden. Wo andere begannen, Nachforschungen über sein Leben anzustellen, da wollte er ihnen seine eigene Version entgegenstellen. Das geschieht allerdings nur in wenigen Passagen noch ganz offensichtlich unter dem Rechtfertigungsdruck von 1994.

1945 suchte der polnische Geheimdienst junge Männer mit Fremdsprachenkenntnissen, die sich in Deutschland auskannten. Sie fanden auch Reich-Ranicki. „Wenn ich mich damals", so sieht er sich in der Autobiographie genötigt zu erklären, „noch im Krieg gegen das nationalsozialistische Deutschland, dem Ruf polnischer Behörden, im Auslandsnachrichtendienst zu arbeiten, verweigert oder entzogen hätte – ich hielte es für einen Fleck in meiner Biographie.“ Flecken in seiner Biographie will Reich-Ranicki nicht zulassen, die Autobiographie zumindest kennt keine. Sie vermeidet jedoch auch jedes selbstgefällige Prahlen. (…)

Mit welcher gewitzten Lockerheit dabei über die Geheimdienstepisode berichtet wird, ist schon frappierend. Es scheint, als habe sich der Autor sogar bei diesem Thema von der Zumutung, sich gegenüber öffentlichen Unterstellungen zur Wehr zu setzen, gänzlich befreit. Der Autobiographie ist das auch hier gut bekommen. Sie gewinnt streckenweise Qualitäten eines Schelmenromans. Eine Art Felix Krull gelangt in einem grotesken Apparat unversehens zu immer höheren Ehren und Posten. In Berlin weiß er nicht recht, was er für den Geheimdienst überhaupt zu tun hat, glaubt schließlich, von der Warschauer Zentrale vergessen worden zu sein, wird aber dann nach London in den Auswärtigen Dienst berufen. Der Konsul sollte dort zugleich weiter für den Geheimdienst tätig sein. In Warschau bekommt er von seinem Vorgesetzten die Aufgabe, seine Kollegen zu schulen. „Ich machte ihn darauf aufmerksam, daß ich von dieser Materie keine Ahnung hätte. Das sei ihm keineswegs neu – meinte er nicht ohne Ironie –, doch seien wir alle in dieser Hinsicht Anfänger. Ob ich etwa meine, daß die Parteimitglieder, die unlängst Minister geworden seien, irgend jemand auf ihre Aufgabe vorbereitet hätte?“ Im Nebenzimmer will der sowjetische Berater daraufhin wissen, wie er sich die geplante Schulung vorstelle. Die wortreichen Antworten schöpften vollständig „aus einer einzigen und für diesen Zweck wohl nicht immer zuverlässigen Quelle: aus Romanen, Erzählungen und Reportagen.“

Sogar als Mitarbeiter des polnischen Geheimdienstes agierte Reich-Ranicki fern aller Agenten- und Heldenklischees ganz als Liebhaber von Literatur. Ist das Dichtung oder Wahrheit? Das dürfte sich zumindest dort kaum trennen lassen, wo, wie hier, die Lust am Fabulieren unübersehbar wird. Leichter und wirksamer jedenfalls hätte Reich-Ranicki die Unerheblichkeit dieser Lebensepisode nicht demonstrieren können. Gewichtige Gründe führt er jedoch dafür an, dass er sogar engsten Freunden später nichts davon erzählt hat. Nach der Entlassung aus dem Außen- und aus dem Sicherheitsministerium wurde er noch einmal vorgeladen: „Ich hatte eine Erklärung zu unterzeichnen, derzufolge ich mich verpflichtete, niemals ein Wort über den polnischen Geheimdienst und über alles, was mit ihm zusammenhing, verlauten zu lassen. Sollte ich mich nicht daran halten, müsse ich – darüber wurde ich mit besonderem Nachdruck belehrt – die schlimmsten und schärfsten Konsequenzen gewärtig sein. Was damit gemeint sei, dessen sei ich mir wohl bewußt. Obwohl das Wort ‚Todesstrafe‘ nicht verwendet wurde, hatte ich keinen Zweifel, worauf meine Gesprächspartner anspielten. Ich habe die Drohung sehr ernst genommen.“

Um Missverständnisse auszuschließen: Dem Autor der Autobiographie wird hier nicht noch einmal vorgeworfen, etwas verschwiegen zu haben. Im Gegenteil: Zu den Qualitäten dieser Autobiographie gehören gerade die Verschwiegenheit und die Diskretion. Mit knappen Andeutungen, so führt sie gekonnt vor, läßt sich oft mehr sagen als mit vielen Worten. Die lapidare, schlichte, oft kunstlos wirkende Diktion, in der diese Autobiographie geschrieben ist, hat Methode. Das Buch handelt nicht nur andauernd von Literatur, es ist selbst Literatur, und zwar durch und durch, doch auf unauffällige Weise. Eines der Vorbilder literarischer Diskretion ist Dante mit jenem wiederholt zitierten Satz, der über das gemeinsam lesende und durch Lektüre verführte Liebespaar Francesca da Rimini und Paolo Malatesta alles sagt, ohne irgendetwas ausdrücklich zu benennen: „Wir lasen weiter nicht in jener Stunde." Es gibt viele diskrete Stellen dieser Art in diesem Buch, nicht nur dort, wo es von Liebe und Sexualität erzählt. Auch wo persönliche Wut im Spiel ist, hält es sich zurück: Zwei Schriftsteller habe er gekannt, die sich nachdrücklich zum Christentum bekannten. Doch nur einer habe ihn darin in seiner Redlichkeit überzeugt: Heinrich Böll...

Ähnlich verfährt der Autor mit seinen zahlreichen literarischen Anspielungen. Sie sind so eingesetzt, dass man sie zum Verstehen des Textes nicht unbedingt erkennen muss. Sie zu erkennen bringt der Lektüre jedoch zusätzlichen Gewinn. „Jemand mußte mich verleumdet haben, denn ohne daß ich etwas Böses getan hätte, bin ich verhaftet worden." Das war am frühen Morgen des 28. Oktober 1938. Mit der Festnahme, die mit Anspielung auf einen Autor erzählt wird, der damals noch kaum bekannt war, endete eine trotz der Zeitumstände relativ glückliche Jugend in Berlin. Und mit ihr der erste Teil des Buches. Der zweite Teil beginnt mit dem so traurigen wie wunderbar formulierten Satz: „So war ich nach Polen gekommen – in mein Geburtsland, das nun mein Exil wurde." Mit der Vertreibung ins Exil wurden alle Zukunftswünsche, die der junge Literaturliebhaber und Theaterenthusiast hatte, zunichte. Er wollte Germanistik studieren, wollte Hochschullehrer oder auch Literaturkritiker werden. Die schaurige Lebensgeschichte nahm später, wie wir wissen, eine wunderbare Wendung: Hochschullehrer wurde er auch ohne Studium; er wurde der berühmteste Kritiker Deutschlands – und in seinem 80. Lebensjahr zudem ein gefeierter Schriftsteller. Die Stoffe, aus denen Literatur gemacht wird: Reich-Ranicki hat sie durchlebt. Dafür dass er sie noch beschrieben hat, haben wir ihm zu danken.

http://www.literaturkritik.de/public/rezension.php?rez_id=623 vom 13.4.2008

„Nie wieder ekelhafte Altmännerliteratur!"

Interview mit Elke Heidenreich

Das Gespräch führte Christine Eichel

Emphatisch, euphorisch, radikal subjektiv, so avancierte Elke Heidenreich zur mächtigsten Frau des deutschen Literaturbetriebs. Und erfand ein neues Genre jenseits des akademisierten Feuilletons: die Talkshow für Leselust.

Glückwunsch, Sie sind in die Top Ten der 500 wichtigsten Intellektuellen Deutschlands aufgerückt!

Ich habe in meinem Umfeld sehr viel klügere Menschen als mich, aber die kommen mit Sicherheit nie auf Ihre Liste.

Sie haben eben Deutungsmacht im Lande, das prädestiniert nicht nur für Listen, auch für Preise. Welcher ist Ihnen der wichtigste: Der Bambi? Die „Kolbacher Klapperschlange"? Oder der Medienpreis für Sprachkultur?

Der Sprachkulturpreis, der hat mich gefreut! Denn er zeigt doch: Ich kann offenbar ganze Sätze bilden, mit Subjekt, Prädikat, Objekt. Und das ist doch was heutzutage, wo alles nur „geil" und „super" ist. Wenn ich jetzt bei Ihnen genannt werde auf der Liste, dann gibt es Einige, die werden darüber lächeln, oder sie werden mich gerade deshalb noch mehr zersägen als sonst: „Ach, das fehlte uns gerade noch, die jetzt auf Platz acht? Die auch noch auf der Liste?" Und wieder andere werden sagen: „Sieh an, die ist auf der Liste, das ist aber hochinteressant!" Mir als Elke ist das jedoch ganz egal, ich habe keinen einzigen meiner Preise hier zuhause rumstehen.

Auf den vordersten Plätzen liegen Grass & Co, und auch die politischen Debatten sind fest in der Hand der Großvätergeneration. Woran liegt denn das?

Das ist eine ganz ekelhafte Altmännerliteratur, die wir da jetzt haben: Grass, Walser – diese eitlen, alten Männer, die den Mund nicht halten können! Ich weiß nicht, woran das liegt: Mich interessiert die politische Debatte in der Literatur relativ wenig. Es muss in erster Linie gute Literatur sein. Und ich finde, dass Grass und Walser seit Jahren nichts Gutes geschrieben haben.

Haben die Herren gar keine Chance mehr bei Ihnen?

Ich habe aufgehört, Walser zu lesen seit „Dorle und Wolf" – ein grottenschlechter Roman über eine Ost-West-Liebe. Und bei Grass hat mich immer das Übermaß an Eitelkeit und Selbstgefälligkeit gestört. Er hat den Nobelpreis bekommen, gut, aber ich muss ja nicht alles lieben, was von oben kommt. Mich erreicht diese Art Literatur nicht. Mich erreichen aber übrigens auch die jungen Dreißigjährigen oft nicht, die dreihundert Seiten darüber schreiben, dass sie noch nichts erlebt haben. Das langweilt mich auch zu Tode. Ich habe schon einen richtig deftigen Erzähler am allerliebsten.

Fritz J. Raddatz sagte einmal, dass uns heute die großen charismatischen Intellektuellen deshalb fehlten, weil die Nachkriegsgenerationen die existentielle Erfahrung von Krieg, Bedrohung und Überlebensnöten nicht kennen.

Da hat Raddatz recht – Raddatz schreibt ja selbst so wunderbar, ich habe seine Biografie gelesen, die schillert, die ist intellektuell. Wir haben diese umfassend gebildeten Renaissancemenschen nicht mehr. Das hat sicherlich unter anderem mit dem Dritten Reich zu tun.

Mit dem Exodus und der Ermordung vieler Künstler

Ich sehe das auch in der Musik – durch die Nazis wurde radikal ein ganzer Zweig abgeschnitten, der sich blühend entwickelte, mit Komponisten wie Erich Wolfgang Korngold oder Carl Goldmark. Dann kam in den sechziger Jahren die Zerhackerei in der Literatur und in der Musik, alles wurde dekonstruiert und zerhackt, und danach hat man sich sehr, sehr schwer getan, wieder richtig zu erzählen oder wieder tonal zu komponieren.

War diese Art der Avantgarde eine Einbahnstraße?

Es muss endlich mal Schluss sein mit diesem ewigen: „Worüber grämen wir uns heute?" Das interessiert mich nicht mehr. Ich weiche ja momentan vor allem auf spanische, auf holländische und amerikanische Autoren aus und finde in der deutschen Literatur allzu viel nicht, was mich interessiert.

Dazu passt, dass Sie auch das deutsche Regietheater des unsinnlichen Modernismus bezichtigt haben und sich über die „Interpretationswut" und das barbarische „Sezieren" der deutschen Opernregisseure mokierten.

Ich habe nur für mehr Emphase plädiert. Wir erleben heute kulturell den Kampf zwischen Emphatikern und Gnostikern. Ich würde mir wünschen, es würde sich mehr mischen – es wäre wunderbar, wenn die sehr Intelligenten ein bisschen gefühlsstärker wären und die sehr Gefühlsstarken etwas intelligenter. Ich denke, dass ich mich auf der Mitte zwischen Beidem befinde: Ich weiß, was ich tue, aber ich habe mir meine Gefühle noch nicht versaut und bin nicht von Eitelkeit zerfressen.

Ist das Ihr Erfolgsgeheimnis für die Sendung „lesen!"?

Ich mache diese Sendung halt nicht für die Kollegen, sondern für die Leser, die Zuschauer,

Denn ich will auch einfache, furchtsame Leute erreichen, die nicht James Joyce's *Ulysses* für das wichtigste Buch der Welt halten.

Ist die Zeit reif, die autokratischen Deutungsmächtigen abzulösen, die großen Leitwölfe?

Ich glaube, dass wir zu lange Zeit lang verharrt haben in gnostischem Wichtiggetue.

Weil die Literaturkritik meist in den Händen anämischer Akademiker liegt?

Dort liegt sie ja nicht nur. Es gibt wunderbare Rezensenten wie Ulrich Greiner oder Volker Weidermann, der auch ein Emphatiker ist und dafür geprügelt wird. Es muss bei komplizierten Büchern zwar die differenzierte Auseinandersetzung mit dem Text geben, man muss sich dann nur klar sein, dass man damit die erreicht, die es ohnehin schon wissen, und nicht die, die man noch einfangen will. Ich bin ein Einfänger. Ich möchte Leute ans Lesen bringen, die sonst verloren sind ans grottenschlechte Fernsehen und möchte ihnen sagen: Hier geht's lang, das macht die Welt besser, und es macht euch glücklicher.

Sie gelten als mächtigste Frau des deutschen Literaturbetriebs – sind Ihre Emotionalität und Ihre radikale Subjektivität Schlüssel Ihres Erfolgs?

Ja, ich glaube das. Es ist zwar wichtig, sich auch intellektuell mit Texten und Büchern auseinanderzusetzen, und das kann nur das Feuilleton. Da kann man die Sätze nachlesen, da kann man schwierige Texte noch mal überprüfen. Aber wenn ich Literatur im Fernsehen präsentiere, muss ich mit den paar Sätzen, die ich spreche, das Publikum gewinnen. Und das geht nicht intellektuell, das geht nur emotional. Man wirft mir das ja oft vor, doch ich kann nicht Texte dekonstruieren und analysieren im Fernsehen und dann noch hoffen, dass mir jemand zuguckt und die Bücher liest. Ich kann es nur über Begeisterung und Sympathie und Empathie machen.

Marcel Reich-Ranicki ist der letzte Literaturpapst, der persönliche Geschmackskriterien zu gusseisernen Regeln formte – ein Roman solle nicht mehr als 300 Seiten haben, er solle nicht von Eskimos handeln, sondern möglichst von gebildeten Menschen. Sind Sie die entspannte Gegenpäpstin?

Das Wort von der Literaturpäpstin höre ich gar nicht gern. Ich gehe von einer Mischung aus meinem Empfinden und meinem Gefühl aus, Joachim Kaiser hat das einmal „Emotionsgewissheit" genannt. Das heißt: Ich muss mir meiner positiven oder negativen Gefühle ganz sicher sein. Bei einem Buch, einem Menschen, einem Lieblingsessen. Dann erst kommt der Kopf, dann kommen die Kriterien. Und da ist überhaupt nichts ausgenommen, weder dicke Bücher noch dünne Bücher, Bücher von Frauen oder über Eskimos, keine Kurzgeschichten oder Romane – ich lasse mich erst einmal auf alles ein. Aber wenn man sich seiner Gefühle nicht sicher ist, hat das ganze intellektuelle Gequatsche keinen Sinn, denn dann erreiche ich die Leute nicht. (...)

Sie sind ja gewissermaßen eine Doppelagentin des Literaturbetriebs – als Kritikerin und Autorin

... leider schon lange nicht mehr. Leider.

Warum?

Wenn man so viel liest wie ich, dann hat man erstens den Kopf voll mit den Geschichten anderer Leute, und zweitens hat man einen solchen Respekt! Ich lese gerade ein Buch von John Cheever, da denke ich: Das kann ich nie, warum soll ich schreiben? Man darf aber so nicht denken. Wenn man eine Geschichte in sich wachsen fühlt, muss sie raus.

Welche Erfahrungen haben Sie mit dem Literaturbetrieb als Autorin?

Eigentlich nur gute. Ich habe natürlich auch Verrisse bekommen, aber ich nehme einen Verriss nicht als schlechte Erfahrung, er gehört dazu. Wenn man in die Öffentlichkeit geht, dann muss man die Meinung der Öffentlichkeit ertragen. Ich habe aber, als ich 1992 begann zu schreiben, die solide Bürde der Else Stratmann auf dem Buckel gehabt…

die Kunstfigur, mit der Sie berühmt wurden, eine resche Metzgersgattin aus Wanne-Eickel

… und hatte Angst, dass man mein Schreiben als Else-Stratmann-Literatur abtut. Zum Glück ist das nicht passiert. Das Schärfste hat Hubert Winkels in „Tempo" geschrieben, ungefähr so: „Wir können sie zwar nicht leiden, und sie ist Else Stratmann, aber, alle Achtung: Schreiben kann sie!" Ich habe mich da immer gut und richtig behandelt und sehr prominent beachtet gefühlt. Ich habe das auch nie ausgenutzt, habe nie in meinen Sendungen mit meiner eigenen Literatur herumhantiert.

Für die Frauenzeitschrift „Brigitte" haben Sie eine Buchedition herausgegeben. Lesen Frauen anders?

Ich finde – ja! Das hat mich Ruth Klüger gelehrt, die einen Essay mit genau diesem Titel geschrieben hat: „Frauen lesen anders". Frauen schreiben nicht nur anders, sie suchen andere Dinge in Büchern. Frauen sind grundsätzlich mehr an Fiktion interessiert als Männer, die hauptsächlich Sachbücher spannend finden. Und: Fast alle Buchhändler sind Frauen.

Doch beim Schreiben wird es wieder überwiegend maskulin

Stimmt, die Autoren sind in der Mehrzahl Männer, aber zu den Lesungen kommen viel mehr Frauen. Die kaufen dann ein Buch und sagen zu Hause zu ihren Männern: „Das solltest du auch mal lesen." Es sind die Frauen, die die Kinder und die Männer an die Literatur heranführen. Sie haben einen Bedarf nach Gedichten, nach Geschichten, nach Welterklärungen, nach Menschen – mehr als Männer, die lieber mit Sachwissen beschäftigt sind.

Haben Frauen mehr emotionale Intelligenz?

Auf jeden Fall entwickeln sie durch intensives Lesen mehr emotionale Kompetenz als Männer, die immer nur Sachbücher darüber lesen, wie man ein Auto zusammenschraubt oder die Karriere vervollkommnet.

Viele junge Leute lesen heute keine Bücher mehr – sie sind in Chats und Blogs im Internet unterwegs. Auch junge Schriftsteller. Normal oder fatal?

Das ist hochgefährlich. Wer nicht liest, kann auch nicht schreiben. Ich merke sofort bei der Lektüre eines Buches, ob der Autor literarische Erfahrungen hat oder nicht. Die können dann keine Sätze bilden, die haben keine Ironie, die können nicht ein Kapitel so aufbauen, dass man am Ende eine Motiv wieder findet. Die klotzen alles mögliche hin, Literatur ist das nicht.

Und was halten Sie von Blogs? Können sie die Empathieleistungen des literarischen Lesens ersetzen?

Nein. Da heißt es doch immer: „Ich, ich, ich! Ich erzähle von mir, und ich rechne damit, dass jeder andere das liest, sehr her, ich entblöße mein Inneres so wie in den Nachmittagstalkshows". Ich glaube, dass die stille Konfrontation zwischen einem Menschen und einem Buch wichtiger ist, als immer nur von sich zu erzählen.

(…)

Werden Bücher, die man oft liest, zu einer Art biografischem Spiegel?

Ja, ganz stark geht mir das so mit Christa Wolfs „Kein Ort, nirgends". Das ist eine fiktive Begegnung zwischen Karoline von Günderrode und Heinrich von Kleist. Die haben sich ja beide umgebracht, die Günderrode mit 26, Kleist mit 34. Zwei Künstler, denen nicht zu helfen war, weil sie nicht in einer Gesellschaft leben konnten, die sie nicht anerkannte. Das beschäftigt und bewegt und berührt mich immer wieder sehr, und das lese ich immer wieder – wenn ich mal verzweifelt bin, tröstet's mich.

Zwei suizidal gefährdete Zweifler als Trostspender, wie geht das?

An einer Stelle sieht Kleist die Günderrode an und denkt: „Wäre das die Frau, die man lieben könnte, ohne Angst zu haben?“ Sie sieht ihm an, was er denkt, und sagt: „Ach, Kleist, die Berührung, nach der uns so unendlich verlangt, die gibt es doch gar nicht.“ Solch ein Satz begeleitet mich auch durch mein Leben, das tröstet mich. Wenn ich verwirrt bin oder nicht weiß, wo es lang geht, zeigen mir die Bücher den Weg. Und vielleicht ist das der Impetus meiner Sendung: Ich will kein Bildungsgetue, ich will einfach in diesem Achtzigtausend-Neuerer-scheinungs-Urwald pro Jahr den Leuten sagen: Hier geht's lang, ich kann euch helfen.

http://www.cicero.de/97.php?item=1807&ress_id=7 [Stand: November 2007]

Wenn Literatur zum Geschwätz verkommt

Plädoyer für die Wiedereinführung des Begriffs Trivialliteratur

Von Dorothea Dieckmann

(...) Scham ist der Hof des Schweigens ums wirksame Tabu. Das Geschrei um unwirksame Tabus hingegen ist gang und gäbe. Es ist nicht „tabu“, sich beim Wohnzimmerstrip fürs Massenpublikum filmen zu lassen oder Groschensätze wie „Der Conte bemerkte, wie sehr ihn der Gedanke an die Bilder erregte“ (Hanns-Josef Ortheil) beziehungsweise Girlie-Stärkungsmittel à la „Wenn mir der Schweißgeruch eines Mannes gefällt, ist es einfach schon zu spät“ (Tanja Dückers) zu veröffentlichen[,] verboten ist es, in der Öffentlichkeit - wenn keine Kamera zuschaut - in Tränen auszubrechen, kopfzustehen oder Selbstgespräche zu führen.

(...) Scham markiert die Grenzen der Normalität, des öffentlichen Gesprächs also mit dem Freund der besten Freundin zu schlafen, gebietet allerdings die Nachmittagstalkshow genauso wie die zurzeit obligatorische „kühle Sinnlichkeit“ junger Autorinnen, die hinter den vollendeten Tatsachen herschreiben und dafür von alten Kritikerinnen gelobt werden, die dergleichen Planerfüllung für subversiv halten. Die graumelierten Juroren im Literaturmachtkampf meinen, ihre verlorene Schlacht gegen wirksame Tabus im Scheingefecht gegen Pseudotabus noch einmal zu schlagen. Es sind diese ihrer eigenen Lebensmüdigkeit müden Literatursachbearbeiter, diese an der eigenen Reflexion krank und an der eigenen Aufgeklärtheit irre gewordenen Verleger, Lektoren und Kritiker, die die Preise für Massenware hochtreiben.

Vom Kunstgewerbe der „Fräuleinwunder“ über die wachsende Zahl „literarischer“ Thriller und Krimis, von pubertären Popgeständnissen und Szenegeplärr bis zu den anschwellenden Liebesromanen mit Titeln wie Liebespaare (Ulrich Woelk), Liebesleben (Zeruya Shalev), Liebesperlen (Mariana Leky) oder Liebediener (Julia Franck) reicht die Palette programmierter Schamlosigkeiten, die die herrschende Moral einer begrenzten Freizügigkeit schlankweg und dummdreist bestätigen - vorzugsweise in den Rollen der via Liebeserfahrung & Weltläufigkeit selbstverwirklichten Frau und des durch Reise & Abenteuer gestählten Mannes.

Nun ist noch das trivialste Thema neu und seine Lektüre eine unterschwellige oder bewusstseinshelle Erkenntnis, sofern die Sprache, in der es erscheint, nicht trivial ist. Doch die Schamlosigkeit der neueren Literaturerzeugnisse ist eine ästhetische. Abgesunkene Metaphern, vernutzte Wortgesten, gespreizte Feuilletonwendungen, Sentimentalitäten, Jugendlichkeitsattitüden, lakonisches Imponiergehabe, coole Manierismen, sensibles Betroffenheitsgetue, bluttriefendes Pathos, hohler Zynismus et cetera, alles, was dem Gesetz von Effekt, Trend, Serie, Pose, kurz der Trivialität gehorcht, gehört zu dem Handwerk, das die Berge dessen, was als Literatur gehandelt wird, in massige Höhen wachsen lässt.

Als billiges Vergnügen ist jede Trivialliteratur legitim - so legitim wie alle Sonderposten, die in modernen Basaren wie „Schauen und Kaufen“, „Rudis Reste-Rampe“ oder Tchibo-Grabbelkisten verschleudert werden, wo Trash und Kult, Wegwerf- und Nippesprodukte zum Spottpreis angeboten werden. Man besucht diese Raritätenkästen mit Dauerausverkauf, weil man den schrillen Charme von Schnellverbrauchsware mit roten Preisschildern genauso genießt wie Modeschmuck, Big Macs, TV-Zappen oder das Blättern im Lesezirkel-Sammelsurium der [illegible] kaufsmoral jener Branchen ist jedoch mittlerweile höher als die des Buchmarkts, denn sie unterscheiden sichtbarer zwischen Kaufhausangebot und solidem Handwerk, Fabrikserie und Schöpfung. Die Trennlinie aber zwischen Kunstwerk und Trivialliteratur ist aus dem Diskurs getilgt worden[,]Buchläden werden unter der Hand zusehends zu Discountern, Zeitungen zu Werbeflyern, Rezensionen zu Anzeigentexten oder bestenfalls Infomaterial der Stiftung Warentest.

Seit es einen Markt für die Zerstreuungsmedien gibt, ist das Verhältnis zwischen Massenwirksamkeit und Qualitätsanspruch ausschlaggebend für Konzeption und Kritik der Produkte, die sie anbieten. Der Profitmechanismus zwingt die Werbestrategen mit jeder neuen Sendung, jeder neuen Zeitschrift, jedem neuen Film oder neuen Buch zu dem Versuch, zu versöhnen, was eigentlich ein Widerspruch in sich ist: hohe Qualität, die sich gut verkauft. Es mag ein Lügenspiel sein - doch wenn es aufgegeben wird, herrscht der bittere Ernst der puren Quantität. Lange hat das Fernsehen cineastische Ansprüche erhoben und drohte dem Kino den Rang abzulaufen[,]im Zeitalter der Privaten schließlich erübrigte das Kriterium der Einschaltquote die Konkurrenz ums bessere Angebot.

Als Massenware ist das Buch demselben Verfall ausgeliefert. Das verlegerische Gebot, dem Diktat der Quantität (Dieter Wellershoff, Lektor und Autor in einer Person, nannte es „ökonomische Zensur“) abweichende Vorstellungen entgegenzuhalten, ist nur noch in Nischen zu finden - etwa in dem Programmsatz „Wir machen nicht die Literatur, die die Leute lesen wollen, sondern solche, die sie lesen sollen“ (der im Wagenbach-Verlag eine Wand schmückt). Maximen wie der „Ausbruch [illegible]“, der Schritt aus dem „Abseits“ zum „Erfolg“ durch höheren Unterhaltungswert, messbar am Verzicht auf spezifisch ästhetisch-formale zugunsten zeitgeistig-inhaltlicher Schwerpunkte, wurden im Fischer Verlag gepredigt, als es längst so weit war - 1993, also lange bevor MacKinsey Fakten schaffte. Die Imperative des Marktes wurden von den Literaturvermittlern nicht mehr verbrämt, sondern offensiv weitergetragen. Außer- beziehungsweise vorliterarische, durch Populärkritiker wie Marcel Reich-Ranicki etablierte Kriterien wie Aktualität, Handlungsreichtum, Plastizität, „Welthaltigkeit“ wurden umstandslos als Verkaufsargument verwendet, um der deutschsprachigen Literatur zum kommerziellen Durchbruch zu verhelfen - als

„spannende“, „gegenwartsorientierte“ Erzählliteratur.

Bei den Produzenten, genannt Autoren, ist inzwischen durchgedrungen, dass man diese Aufforderung zur Trivialität nur um ein wenig „Literarizität“ anreichern muss, um in den erweiterten Verkaufsbereich „Kunst“ vorzurücken.

Ein paar Hermetismen, ein paar Anleihen an formal leicht kopierbaren Mustern wie etwa der Bernhardschen Satzmühle, ein paar erzählerische Methodenwechsel et cetera sind Standards aus dem Creative-Writing-Repertoire, die dem Kaufhausprodukt als Ornament aufgestempelt werden, als Geste, mit der „Poetizität“ zitiert wird.

So verkommt in der Trivialliteratur, die keine sein will, die poetische Sprache zur Phrase. Das hindert jene Bücher nicht daran, in einem Eins-zu-eins-Verhältnis bei den Lesern „anzukommen“. Die im Netz installierten „Leserrezensionen“, die der Qualitätskontrolle dienen, zeugen von dieser Übereinstimmung zwischen Konsumwünschen und Angebot (etwa: „Nur eine Frau kann so echt über Frauen schreiben“) und somit davon, dass solche Texte wie alle Commercials bloßes Lebensgefühl und konditionierte Bedürfnisse abbilden, nicht anders als Tiefkühlkost den Appetit von Supermarktkunden.

Dass der Begriff „Literatur“ selbst einen schalen Geschmack hat, dass er auch hier nicht ohne Überwindung positiv verwendet wird, hat seine Ursache in der bedeutungsvollen Aura, mit dem das poetische Schreiben seine Abgelöstheit und Widerständigkeit bezahlt. Diese Aura ist eben auch da zum bloßen Ornament geworden, wo es um die „richtige“, „große“ Literatur geht. Brigitte Kronauer hat dies den „Missbrauch durch eine so genannte Bildungselite“ genannt, die die Weltliteratur „zu ihrem standesgemäßen Eigentum erklärt“. Die Rede ist von den Literaturbetrieblern, die „ständig teure Namen jedes Kalibers zu gesellschaftlicher Machtausübung und kultureller Autoritätsgewinnung ins Gefecht schicken und unter diesem Deckmantel ganz nach den Maßstäben der Zerstreuungsindustrie, zeitgeistkonform und also erfolgreich, ihr kritisch feuilletonistisches Geschäft praktizieren“.

Kronauer bezweifelt, dass solche „routinierten Liebhaber von Literatur“ die „Belästigungen durch ein Kunstwerk“ vom „Figurenreichtum eines Telefonbuchs“ unterscheiden können. Auf diese Kehrseite - dass die entscheidenden Instanzen die prätentiöse Attitüde trivialer Telefonbücher als literarisch absegnen - kommt es mir an. Vielleicht ließe sich die Literatur aus ihrem Museumsgefängnis ein wenig herauslösen, wenn man sie wenigstens dem Begriff nach von ihrer eigenen Karikatur unterschiede, sodass nicht länger neben Reinhard Jirgl und Elfriede Jelinek eine Zoe Jenny, neben Wolfgang Hilbig oder Peter Handke eine Judith Hermann, neben W. G. Sebald die Platitüden eines Dietrich Schwanitz oder ein Romänchen von Elke Schmitter und neben Brigitte Kronauer etwa der Berufspubertäre Christian Kracht oder die Altmännerbekenntnisse eines Hellmuth Karasek stehen.

Wer nicht über Trivialliteratur als Trivialliteratur spricht, kann auch nicht über Kunstwerke sprechen, ohne sie zu verraten. Trivialliteratur verdient ihren Namen genauso wie das, was im emphatischen Sinn Literatur ist. Warum nicht den Feuilletons, den Universitätsseminaren, den Verlagsprogrammen ihren Löwenanteil an Trivialliteratur zubilligen? Man sollte ihr nur endlich wieder den guten alten Namen zurückgeben.

DIE ZEIT, 48/2001, http://www.zeit.de/2001/48/Wenn_Literatur_zum_Geschwaetz_verkommt [Stand Juni 2008]

5. Anmerkungen

1 Und nicht, wie die wörtliche Bedeutung nahelegt, „Wertung durch, in bzw. mittels Literatur". Weniger missverständlich wären „Wertung von Literatur" bzw. „literaturkritische Wertung".

2 Peter Panter: *Die Aussortierten*. In: Die Weltbühne, Nr. 2/1931, S. 58.

3 Vgl. Börsenverein des Deutschen Buchhandels, S. 62.

4 Es gibt auch nichtsprachliche literarische Wertungen, vgl. Kap. 1.3.

5 Vgl. Heydebrand; Winko, S. 62; Winko, S. 586.

6 Heydebrand und Winko bezeichnen diese Wertmaßstäbe auch als „axiologische Werte", von „Axiologie": Wertlehre.

7 Heydebrand und Winko bezeichnen die konkrete Werteigenschaft auch als „attributiver Wert" (von Attribut: Eigenschaft, Wesensmerkmal, Beifügung).

8 Ein Kontext ist der Zusammenhang, in dem eine Äußerung steht.

9 Friedrich Schlegel: *Schriften zur Literatur*. Hg. v. Wolfdietrich Rasch, München: dtv, 1972, S. 14.

10 Mecklenburg, S. 537.

11 Im Teil 3 wird ein solcher Fall am Beispiel der naturalistischen Kurzprosasammlung *Papa Hamlet* von Arno Holz und Johannes Schlaf analysiert, die bei zeitgenössischen naturalistischen Kritikern durchaus umstritten war. (▶ vgl. Kap. 3.2.1, S. 115 ff.)

12 Porombka, S. 158.

13 In Zeiten eines zunehmenden religiösen Fundamentalismus sei an das Todesurteil erinnert, das 1989 der damalige iranische Staatschef Khomeini gegen den indisch-britischen Autor Salman Rushdie aussprach, da dessen Roman *Die satanischen Verse* als Beleidigung des Islams aufgefasst wurde. Alle Moslems waren zur Vollstreckung aufgerufen, ein Kopfgeld von drei Millionen Dollar war auf Rushdie ausgesetzt. Der Autor muss bis heute an geheimen Orten unter Polizeischutz leben.

14 Darüber informiert umfassend: Jürgen Serke: *Die verbrannten Dichter.* Weinheim: Beltz, 2003.

15 Christa Wolf: *Reden im Herbst*. Berlin, Weimar: Aufbau, 1990, S. 61.

16 Vgl. Heydebrand; Winko, S. 111–133. Die Liste wurde von mir leicht ergänzt.

17 Ebd., S. 119.

18 Vgl. zum „Kitsch"-Begriff und seine Geschichte die Beiträge in Dettmar.

19 Um Verwirrungen vorzubeugen: „Realismus" meint hier nicht jene Literaturepoche zwischen ca. 1840 und 1880, die in heutigen literaturgeschichtlichen Darstellungen als „Realismus" firmiert (mit Autoren wie Jeremias Gotthelf, Wilhelm Raabe oder Gottfried Keller), sondern den (epochenunabhängigen) Wertmaßstab „Realismus", auf den sich die Naturalisten nach ca. 1885 unentwegt beriefen.

20 Als Goldschnitt- oder Butzenscheibenlyrik beschimpften die Naturalisten die sentimentalen, historisierenden Gedichte, die mit altertümlichen Phrasen und Reimen die deutsche Vergangenheit (Rittertum, Kaisertum usw.) verklärten und die in der zweiten Hälfte des 19. Jahrhunderts massenhaft entstanden.

21 Conrad, Michael Georg: *Zur Einführung*. In: Die Gesellschaft, 1. Jg. 1885, S. 1.

22 Karl Bleibtreu: *Revolution der Literatur*. Leipzig: Friedrich, 3. Aufl. 1886, S. 13.

23 Karl Bleibtreu: *Andere Zeiten, andere Lieder!* In: Die Gesellschaft, 1. Jg. 1885, S. 891.

24 Detlev von Liliencron: *Aus einem Gespräch*. In: Die Gesellschaft, 4. Jg. 1888, S. 479 f.

25 Hermann Bahr: *Zur Kritik der Moderne*, Zürich: Schabelitz, 1890, S. 250.

26 Oscar Bie: *Bücher zum Sehen und zum Lesen*. In: Die neue Rundschau, 17. Jg. 1906, S. 378.

27 Kurt Pinthus: *Über Kritik*. In: Die Aktion, 7. Jg. 1917, Nr. 20/21, Sp. 264 u. 267.

28 Paul Kraft: *Literarische Neuerscheinungen*. In: Die Aktion, 3. Jg. 1913, Nr. 26, Sp. 643.

29 Egon Erwin Kisch: *Der rasende Reporter*, Berlin: Erich Reiss, 1925, S. VIII.

30 Erich Kästner: *Paragraph 218. Cyankali*. In: Neue Leipziger Zeitung, 14.9.1929.

31 Vgl. dazu auch Heydebrand; Winko, S. 69–77.

32 Vgl. Anz; Baasner, S. 210 f.

33 Synonyme: Wörter, mit gleicher oder ähnlicher Bedeutung (z. B. Samstag und Sonnabend).

34 Konnotation: Emotionale Nebenbedeutung.

35 Kurt Tucholsky: Literaturkritik. Mit einer Vorbemerkung von Fritz J. Raddatz. Reinbek bei Hamburg 1985, S. 23.

36 Auf diese beiden literaturkritischen Techniken hat Stephan Porombka in seinem Buch *Kritiken schreiben. Ein Trainingsbuch* aufmerksam gemacht (S. 89–144).

37 Thomas Medicus: *Seismograph. Günter Grass' neues Buch*. In: Frankfurter Rundschau, 5. 2. 2002.

38 Volker Hage: *Ganz schön abgedreht*. In: Der Spiegel, Nr. 12/1999, S. 244–246, hier S. 245.

39 Vgl. dazu Porombka, S. 62–69 u. S. 164.

40 Robert Musil: *Prosa und Stücke. Kleine Prosa, Aphorismen, Autobiographisches, Essays und Reden, Kritik*. Hg. v. Adolf Frisé. Reinbek bei Hamburg: Rowohlt, 1978, S. 1555 f.

41 Vgl. Sonja Bonin, Jochen Leffers: *Bücher-Giftschrank: Was US-Schüler nicht lesen sollen*. In: Spiegel Online, 28.9.2006.

42 Vgl. Maxim Billers *„Esra" bleibt verboten*. In: Focus Online, 12.10.2007

43 Ursprünglich war der Kanon die Auswahl der im Alten und Neuen Testament gesammelten Schriften. Neben den vier kanonisierten Evangelien gab es in der Frühzeit des Christentums noch zahlreiche weitere, die jedoch von der Überlieferung ausgeschlossen wurden, die so genannten apokryphen (verborgenen) Evangelien.

44 2004 veröffentlichte das ZDF unter dem Titel *Unsere Besten – Das große Lesen* eine demokratisch erstellte Liste der 100 „besten" Bücher. Auf Platz 1 landete *Der Herr der Ringe* von J. R. R. Tolkien, gefolgt von der Bibel und Ken Folletts *Die Säulen der Erde*.

45 Zitiert nach o. A.: *Empfehlung der Kritikerin: „Lesen Sie, was Sie wollen!"* In: Hamburger Abendblatt, 16.4.2002.

46 Jaumann, S. 462.

47 Anz; Baasner, S. 194. Zu den Funktionen vgl. ebd., S. 195 f.

48 Johann Gottlieb Fichte: *Über den Gelehrten*. Hg. v. Peter Goldammer, Berlin (Ost), 1956, S. 193.

49 Vgl. Börsenverein des Deutschen Buchhandels, S. 58: 2006 waren es 81.177 Neuerscheinungen sowie 13.539 Neuauflagen. Der Anteil der Belletristik betrug 13,9 Prozent.

50 Zitiert nach Anz, *Marcel Reich-Ranicki*, S. 115.

51 Auf ähnliche Weise vom herrschenden Regime funktionalisiert wurde die Literaturkritik auch in der DDR, vgl. Kap. 2.3.7.

52 Georg Christoph Lichtenberg: *Aphorismen*. Ausgew. u. eing. v. Friedrich Sengle, Stuttgart: Reclam, 2004, S. 90.

53 Als Beispiel ein Porträt des ostdeutschen Lyrikers Volker Braun aus dem Jahr 2000 von Fritz J. Raddatz in der *ZEIT: http://zeus.zeit.de/text/2000/44/200044_l-braun-portraet.xml* [Stand: November 2007].

54 Im Internet unter: http://www.swr.de/bestenliste/ [Stand: November 2007]

55 Beispiele aus der Ausgabe vom 24. 5. 2005 von Evelyn Finger (▶ vgl. Kap. 4, S. 163) und Benedikt Erenz, komplett abrufbar unter: http://www.zeit.de/2005/09/KA-B_9fti09 [Stand: November 2007].

56 Komplett abrufbar unter: http://www.zeit.de/2007/14/L-McCarthy [Stand: November 2007].

57 Eine Sammlung bedeutender literaturkritischer Essays der deutschen Literaturgeschichte hat Hans Mayer herausgegeben (s. Literaturverzeichnis). Ein aktuelles Beispiel wäre der Essay *Die Ästhetik des Bösen. Oder gibt es eine böse Kunst?* von Karl Heinz Bohrer, erschienen in der *NZZ* v. 12. 5. 2007, ▶ Kap. 4, S. 160–162, komplett abrufbar unter http://www.nzz.ch/2007/05/12/li/articleF41MT.html [Stand: November 2007]

58 Als Beispiel die Glosse *Lebhafter Grenzverkehr* von Ulrich Greiner aus der *ZEIT* v. 14. 12. 2006, ▶ vgl. Kap. 4, S. 162 f., komplett abrufbar unter http://www.zeit.de/2006/51/Glosse-Literatur [Stand: November 2007]

59 Als Beispiel ein Interview mit dem ungarischen Literaturnobelpreisträger Imre Kertész aus der *Süddeutschen* v. 16. 9. 2006.

60 Als Beispiel die Laudatio von Navid Kermanis zum Büchner-Preis 2007 für Martin Mosebach, abrufbar unter http://www.perlentaucher.de/artikel/4247.html [Stand: April 2008].

61 Abrufbar unter http://www.zeit.de/2006/14/Debatte1_neu [Stand: November 2007].

62 Beispiele lassen sich auf der Homepage des Klagenfurter Literaturwettbewerbs abrufen: www.bachmannpreis.at [Stand: November 2007].

63 Als Beispiel ein Nachruf auf den am 2. 6. 2007 verstorbenen ostdeutschen Autor Wolfgang Hilbig, den Susanne Messmer für die *tageszeitung (taz)* geschrieben hat: ▶ Kap. 4, S. 149–150, komplett abrufbar unter: http://www.taz.de/index.php?id=archiv&dig=2007/06/04/a0188 [Stand: November 2007].

64 Über die spannende Geschichte dieser Textsorte informiert umfassend: Rolf-Bernhard Essig: *Der offene Brief. Geschichte und Funktion einer publizistischen Form von Isokrates bis Günter Grass.* Würzburg: Königshausen und Neumann, Würzburg 2000.

65 Auszüge aus diesem offenen Brief finden sich im Netzarchiv der *Berliner Morgenpost*, 30. 5. 2002: ▶ Kap. 4, S. 154 f., komplett abrufbar unter http://www.morgenpost.de/content/2002/05/30/feuilleton/523209.html?redirID [Stand: November 2007].

66 So spricht der *ZEIT*-Rezensent Eberhard Falcke Selma, der fiktiven Protagonistin von Marlene Streeruwitz' Roman *Entfernung*, sein Mitgefühl aus, weil ihre Autorin sie so viel erleiden lässt. In: *DIE ZEIT*, 28. 9. 2006, ▶ Kap. 4, S. 158 f., abrufbar unter: http://images.zeit.de/text/2006/40/L-Streeruwitz [Stand: November 2007].

67 Gustav Seibt: *Das Gift kommt am Ende.* In: *DIE ZEIT*, 21. 9. 2000, S. 62, abrufbar unter: http://www.zeit.de/2000/39/Das_Gift_kommt_am_Ende [Stand: November 2007].

68 Georg Christoph Lichtenberg: *Schriften und Briefe I.* Hrsg. v. Wolfgang Promies. Frankfurt am Main: Zweitausendeins, 1994, S. 771.

69 Ein Beispiel dafür ist Thomas Anz' Besprechung von Marcel Reich-Ranickis Autobiografie *Mein Leben* in literaturkritik.de ▶ s. Kap. 4, S. 164–168 (komplett abrufbar unter: http://www.literaturkritik.de/public/rezension.php?rez_id=623, [Stand: April 2008].

70 Zum Schiller-Jahr 2005 erschienen zahlreiche neue Biografien über Schiller, die von den Medien meist in Sammelrezensionen gebündelt besprochen wurden, z. B.: Homann, Ursula: Weltbürger, kein Untertan. Gut gerüstet ins Schiller-Jahr 2005: Gleich fünf neue Biografien laden dazu ein, uns mit dem 1805 verstorbenen Genie zu befassen. In: literaturkritik.de Nr. 1/2005, ▶ Kap. 4, S. 151–154, komplett abrufbar unter: http://www.literaturkritik.de/public/rezension.php?rez_id=7741&ausgabe=200501 [Stand: November 2007].

71 Die beiden Besprechungen finden sich in Thomas Anz, *Es geht nicht um Christa Wolf.*

72 Vgl. Porombka, S. 207 ff.

73 Vgl. Essig.

74 Vgl. dazu Anz; Baasner, S. 218.

75 Helge Timmerberg war von den Tagebüchern des US-amerikanischen Erzählers Charles Bukowski so begeistert, dass er seine Besprechung (*DIE ZEIT*, 16.3.2006) nach einer Einleitung fast ausschließlich aus Zitaten aus dem Buch montierte: http://www.zeit.de/2006/12/L-Bukowski-TAB [Stand: November 2007].

76 Kurt Tucholsky: *Literaturkritik*. Mit einer Vorbemerkung von Fritz J. Raddatz. Reinbek bei Hamburg 1985, S. 223.

77 Ebd., S. 226.

78 Alfred Kerr: *So liegt der Fall. Theaterkritiken 1919–1933 und im Exil*. Hrsg. v. Günther Rühle. Frankfurt am Main: S. Fischer, 2001, S. 228.

79 Persuasion: Überredungskunst.

80 Zitiert nach Schirrmacher, S. 407 f.

81 Musil, Robert: *Prosa und Stücke. Kleine Prosa, Aphorismen, Autobiographisches, Essays und Reden, Kritik*. Hg. v. Adolf Frisé. Reinbek bei Hamburg: Rowohlt, 1978, S. 1229.

82 Zitiert nach Nickel, S. 31.

83 Wenn Verlage Kritikern neue Bücher schicken, so liegen diesen Info-Blätter, so genannte Waschzettel, bei, die über Inhalt, Autor und Preis informieren.

84 Vgl. zum Unterschied von Literaturwissenschaft und Literaturkritik Anz; Baasner, S. 198–204.

85 Kraus, Karl: *Sprüche und Widersprüche*. Frankfurt am Main: Suhrkamp, 1988, S. 140.

86 Vgl. Anz, *Marcel Reich-Ranicki*, S. 109.

87 Marcel Reich-Ranicki: *Günter Grass. Aufsätze*. Frankfurt am Main: Fischer Taschenbuch Verlag, 1994, S. 24 f.

88 Hermann Bahr: *Zur Überwindung des Naturalismus. Theoretische Schriften 1887–1904*. Ausgewählt, eingeleitet und erläutert von Gotthart Wunberg. Stuttgart u. a.: Kohlhammer, 1968, S. 67.

89 Vgl. zum Medium Rundfunk Schütz u.a., S. 318–322.

90 Vgl. zum Medium Fernsehen Loquai; Mühlfeld sowie Schütz u. a., S. 121–125.

91 Zitiert nach Jeanette Otto: *Kritik als Beruf*. In: DIE ZEIT 2.10.2002, S. 71

92 Jürgen Lodemann: *Literatur in diesem unserem Fernsehen*. In: Heinz Ludwig Arnold (Hrsg.): Literaturbetrieb in der Bundesrepublik Deutschland. Ein kritisches Handbuch. München: Ed. Text + Kritik, 2., völlig veränd. Aufl. 1981, S. 61 u. 69.

93 Vgl. zum Medium Internet Anz, Baasner, S. 185–191 sowie Schütz u.a., S. 147–152.

94 Zitiert nach: Miller; Stolz, S. 171.

95 Vgl. zum Folgenden die einschlägigen Kapitel in Schmidt und Hohendahl sowie den historischen Teil in Anz; Baasner.

96 Kant, Immanuel: *Kritik der reinen Vernunft*. Hrsg. v. Wilhelm Weischedel. Bd. 1. Frankfurt am Main: Suhrkamp, 1995, S. 13.

97 Vgl. Schmidt, S. 372.

98 Ebd., S. 335.

99 Ebd., S. 338.

100 Während in der Tragödie nur hohe Standespersonen wie Könige oder Fürsten auftreten sollten, so in der Komödie nur niedere Standespersonen wie Bürgerliche. Letzteren, so die Begründung, fehlte es an Größe und Bedeutung und damit an der für die Tragödie nötigen „Fallhöhe".

101 Ebd., S. 292.

102 Friedrich Schiller: *Über Bürgers Gedichte*. In: Friedrich Schiller: Werke in drei Bänden, Bd. II. Hrsg. v. Herbert G. Göpfert. München: Hanser, 1992, S. 627–643.

103 Schlegel, Friedrich: *Schriften zur Literatur*. Hg. v. Wolfdietrich Rasch, München: dtv, 1972, S. 22.

104 Ebd., S. 71.

105 Ein ausführliches Porträt Alfred Kerrs mit Textbeispielen findet sich im Internet unter: http://cgi-host.uni-marburg.de/~omanz/forschung/modul_main.php?f_mod=Ah07 [Stand: November 2007].

106 Kerr, Alfred: *Einleitung zu den Gesammelten Schriften*. In: Ders.: Essays. Theater, Film. Hg. v. Hermann Haarmann u. Klaus Siebenhaar, Berlin: Argon, 1991, S. 311.

107 Kerr, Alfred: *Das neue Drama. Erste Reihe der Davidsbündler-Schriften,* Berlin: S. Fischer, 1905, S. X.

108 Seine Tochter Judith Kerr erzählt vom Leben ihrer Familie im Exil in ihrem autobiographischen Roman Als Hitler das rosa Kaninchen stahl (Ravensburg: Ravensburger Buchverlag, 16. Aufl. 2004).

109 Ein ausführliches Porträt über den Kritiker Hesse findet sich im Internet unter: http://cgi-host.uni-marburg.de/~omanz/forschung/modul_main.php?f_mod=Ai02 [Stand: November 2007]. (Das Porträt ist nur Abonnenten des Informations- und Lernsystem Literaturkritik in Deutschland – Theorie und Praxis vom 18. Jahrhundert bis zur Gegenwart, Universität Marburg, zugänglich.)

110 Zitiert nach Kym, Annette: Hermann Hesses Rolle als Kritiker. Eine Analyse seiner Buchbesprechungen im „März", „Vivos Voco" und „Bonniers Litterära Magasin", Bern, Frankfurt am Main: Lang, 1984, S. 21.

111 Ein ausführliches Porträt über den Kritiker Bartels findet sich im Internet unter: http://cgi-host.uni-marburg.de/~omanz/forschung/modul_main.php?f_mod=Ah08 [Stand: November 2007].

112 Die um 1890 entstandene Heimatkunstbewegung mit ihren Bauernromanen und Dorfgeschichten entstand aus einem verbreiteten Unbehagen an der („entarteten", „jüdischen") Moderne, die überwiegend in den Großstädten beheimatet war, und mündete um 1930 in die völkische „Blut- und Boden"-Dichtung der Nationalsozialisten.

113 Bartels, Adolf: Kritiker und Kritikaster. Pro domo et pro arte, Leipzig: E. Avenarius, 1903, S. 97.

114 Ein ausführliches Porträt über den Kritiker Benjamin findet sich im Internet unter: http://cgi-host.uni-marburg.de/~omanz/forschung/modul_main.php?f_mod=Ai03 [Stand: November 2007]. (Das Porträt ist nur Abonnenten zugänglich.)

115 Benjamin, Walter: *Gesammelte Schriften, Bd. III: Kritiken und Rezensionen.* Hg. v. Rolf Tiedemann u. Hermann Schweppenhäuser, Frankfurt am Main: Suhrkamp, 1980, S. 294 f.

116 Benjamin, Walter: *Einbahnstraße*, Frankfurt am Main: Suhrkamp, 2003, S. 52.

117 Vgl. zu diesem Kritiker auch Thomas Anz, *Reich-Ranicki*, sowie das Internet-Portal http://www.literaturkritik.de/reich-ranicki/index.php [Stand: November 2007].

118 Reich-Ranicki, Marcel: *Deutsche Literatur in Ost und West,* München: dtv, 2. Aufl. 1993, S. 11.

119 Vgl. zur Kritikerin Heidenreich Mühlfeld, S. 230–249.

120 Eichel, Christine: *„Nie wieder ekelhafte Altmännerliteratur!" Interview mit Elke Heidenreich.* ▶ Kap. 4, S. 168–172, komplett abrufbar unter: http://www.cicero.de/97.php?item=1807&ress_id=7 [Stand: November 2007]

121 Ebd., S. 136.

122 Zitiert nach Mühlfeld, S. 247.

123 Vgl. dazu Anz; Baasner, S. 144–159, sowie Emmerich.

124 Christa Wolf: *Komplikationen aber keine Konflikte*. In: Neue deutsche Literatur. 2. Jg. 1954. Nr. 6. S. 140-145, hier S. 142.

125 Emmerich, S. 40. Im Original kursiv.

126 Karasek, Hellmuth: *Die schönsten Bücher für diesen Herbst.* In: TV Hören und Sehen, Nr. 37/2001, S. 18.

127 *Das Literarische Quartett. Gesamtausgabe aller 77 Sendungen von 1988 bis 2001. Dritter Band.* Berlin: Directmedia, 2006, S. 605. Vgl. dazu auch: Jähner, Harald: *Ein unglaublich starker Abgang.* In: Berliner Zeitung, 24. 10. 2001, S. 11, abrufbar unter: http://www.berlinonline.de/berliner-zeitung/archiv/.bin/dump.fcgi/2001/1024/feuilleton/0055/index.html [Stand: November 2007].

128 Ein entsprechender „Pressekodex", der die „Regeln für fairen Journalismus" formuliert, ist vom Deutschen Presserat aufgestellt worden. abrufbar unter: http://www.presserat.de/Pressekodex.8.0.html [Stand: November 2007].

129 Name nicht ermittelt.

130 Name nicht ermittelt.

131 Oskar Welten (1844–1894), deutsche Autor im Umkreis des Frühnaturalismus.

132 Huebners Text findet sich als Faksimile-Datei im Internet: http://cgi-host.uni-marburg.de/~omanz/forschung/Eh/Th4401gr.gif sowie http://cgi-host.uni-marburg.de/~omanz/forschung/Eh/Th4402gr.gif [Stand: November 2007].

133 Das ältere Atli-Lied um den grausamen Hunnen Atli (Etzel, Attila) aus der Lieder-Edda ist um 900 n. Chr. entstanden.

134 Pablo Picasso (1881–1973), spanischer Künstler, eine der Zentralgestalten der Kunst der Moderne.

135 Vereinigung österreichischer und deutscher Maler um 1810, die eine Reform der Kunst auf religiöser Grundlage anstrebten.

136 Karl Gutzkow (1811–1878), deutscher Schriftsteller und eine der führenden Persönlichkeiten des Jungen Deutschland.

137 Anatole France (1844–1924), französischer Schriftsteller, verkörperte den politisch engagierten Intellektuellen.

138 Hermann Bahr (1863–1934), österreichischer Kritiker und Wortführer von Jung-Wien

139 Hauptfigur von Heinrich Manns Roman *Die Jagd nach Liebe* (1903).

140 Wieder abgedruckt in Thomas Anz: *Es geht nicht um Christa Wolf*, S. 71–76.

141 Mann, Thomas: *Achtung, Europa! Essays 1933–1938.* Hg. v. Hermann Kurzke und Stephan Stachorski. Frankfurt am Main: S. Fischer Verlag, 1995, S. 65.

142 Die Debatte ist dokumentiert in Anz, *Es geht nicht um Christa Wolf.* Die Einleitung des Herausgebers bietet eine genaue Analyse des Streites.

143 Zitiert nach: ebd., S. 213.

144 Vgl. Sigrid Löffler: *Ich will authentisch erzählen. Ein ZEIT-Gespräch zum 70. Geburtstag von Christa Wolf.* In: DIE ZEIT, Nr. 12/1999; Evelyn Finger: *„Wir leben verkehrt"*. In: DIE ZEIT, Nr. 44/2007.

145 ► Kap.4, S. 172–174, komplett abrufbar unter: http://www.zeit.de/2001/48/Wenn_Literatur_zum_Geschwaetz_verkommt. Zu Dorothea Dieckmann vgl. auch die Link-Liste unter http://www.single-generation.de/kohorten/dorothea_dieckmann.htm [beide Stand: November 2007].

146 Dieckmann, Dorothea: *Wenn Literatur zum Geschwätz verkommt. Plädoyer für die Wiedereinführung des Begriffs Trivialliteratur.* In: DIE ZEIT, 22. 11. 2001, S. 49.

147 Ebd.

6. Literaturverzeichnis

Albrecht, Wolfgang: *Literaturkritik.* Stuttgart, Weimar: J. B. Metzler, 2001.

Anz, Thomas: *Literatur und Lust. Glück und Unglück beim Lesen.* München: DTV, 2002.

Anz, Thomas (Hrsg.): *„Es geht nicht um Christa Wolf". Der Literaturstreit im vereinten Deutschland.* Frankfurt am Main: Fischer-Taschentuch-Verlag, erw. Neuausgabe 1995.

Anz, Thomas: *Marcel Reich-Ranicki.* München: DTV, 2004.

Anz, Thomas; Baasner, Rainer (Hrsg.): *Literaturkritik. Geschichte – Theorie – Praxis.* München: C. H. Beck, 5. Aufl. 2008.

Börsenverein des Deutschen Buchhandels e. V. (Hrsg.): *Buch und Buchhandel in Zahlen 2007.* Frankfurt am Main: MVB, 2007.

Dettmar, Ute; Küpper, Thomas (Hrsg.): *Kitsch. Texte und Theorien.* Stuttgart: Reclam, 2007.

Emmerich, Wolfgang: *Kleine Literaturgeschichte der DDR.* Berlin: Aufbau Taschenbuch-Verlag, erw. Neuausgabe, 2. Aufl. 2005.

Essig, Rolf-Bernhard (Hrsg.): *Kreativ kritisieren. Achtzehn unterhaltsame Varianten zur Standardrezension am Beispiel von Sibylle Bergs „Herrengeschichten"* Das Unerfreuliche zuerst. Marburg: LiteraturWissenschaft.de, 2002.

Gelfert, Hans-Dieter: *Was ist gute Literatur? Wie man gute Bücher von schlechten unterscheidet.* München: C. H. Beck, 2. überarb. Auflage 2006.

Grübel, Rainer: *Wert, Kanon und Zensur.* In: Heinz Ludwig Arnold; Heinrich Detering (Hrsg.): Grundzüge der Literaturwissenschaft. München: DTV, 5. Aufl. 2002, S. 601–622.

Grübel, Rainer; Grüttemeier, Ralf; Lethen, Helmut: *BA-Studium Literaturwissenschaft. Ein Lehrbuch.* Reinbek bei Hamburg: Rowohlt, 2005.

Heß, Dieter (Hrsg.): *Kulturjournalismus. Ein Handbuch für Ausbildung und Praxis.* München, Leipzig: List Verlag, 2., akt. Auflage 1997.

Heydebrand, Renate von; Winko, Simone: *Einführung in die Wertung von Literatur. Systematik – Geschichte – Legitimation.* Paderborn u.a.: Schöningh, 1996.

Hohendahl, Peter Uwe (Hrsg.): *Geschichte der deutschen Literaturkritik (1730–1980).* Stuttgart: J. B. Metzler, 1985.

Jaumann, Herbert: *Literaturkritik.* In: Harald Fricke (Hrsg.): Reallexikon der deutschen Literaturwissenschaft. Berlin, New York: de Gruyter, 2000, S. 463–468.

Jung, Werner: *Von der Mimesis zur Simulation. Eine Einführung in die Geschichte der Ästhetik.* Hamburg: Junius, 1995.

Jung, Werner: *Kleine Geschichte der Poetik.* Hamburg: Junius, 1997.

Loquai, Franz: *Das literarische Schafott. Über Literaturkritik im Fernsehen.* Eggingen: Edition Isele, 1995.

Lorenz, Dagmar: *Journalismus.* Stuttgart: J. B. Metzler, 2002.

Mecklenburg, Norbert: *Literarische Wertung.* In: Helmut Brackert; Jörn Stückrath (Hrsg.): Literaturwissenschaft. Ein Grundkurs. Reinbek bei Hamburg: Rowohlt, 8. Aufl., erw. u. durchg. Ausg. 2004, S. 532–546.

Miller, Norbert; Stolz, Dieter (Hrsg.): *Positionen der Literaturkritik. Sonderheft der Zeitschrift „Sprache im technischen Zeitalter".* Köln: SH-Verlag, 2002.

Mühlfeld, Emily: *Literaturkritik im Fernsehen.* Wien: LIT Verlag, 2006.

Neuhaus, Stefan: *Literaturkritik. Eine Einführung.* Göttingen: Vandenhoeck & Ruprecht, 2004.

Nickel, Gunther (Hrsg.): *Kaufen! statt Lesen! Literaturkritik in der Krise?* Göttingen: Wallstein Verlag, Sonderausgabe 2006.

Noelle-Neumann, Elisabeth; Schulz, Winfried; Wilke, Jürgen (Hrsg.): *FischerLexikon Publizistik Massenkommunikation.* Frankfurt am Main: Fischer-Taschenbuch-Verlag, akt., vollst. überarb. u. erg. Aufl. 2002.

Pfohlmann, Oliver: *Kleines Lexikon der Literaturkritik.* Marburg: LiteraturWissenschaft.de, 2005.

Porombka, Stephan: *Kritiken schreiben. Ein Trainingsbuch.* Konstanz: UVK Verlagsgesellschaft, 2006.

Reich-Ranicki, Marcel: *Die Anwälte der Literatur.* München: DVT, 2. Aufl. 1999.

Schirrmacher, Frank: *Literaturkritik.* In: Helmut Brackert; Jörn Stückrath (Hrsg.): Literaturwissenschaft. Ein Grundkurs. Reinbek bei Hamburg: Rowohlt, 8. Aufl., erw. u. durchg. Ausg. 2004, S. 407–416.

Schmidt, Siegfried J.: *Die Selbstorganisation des Sozialsystems Literatur im 18. Jahrhundert.* Frankfurt am Main: Suhrkamp, 1992.

Schütz, Erhard u.a. (Hrsg.): *Das BuchMarktBuch. Der Literaturbetrieb in Grundbegriffen.* Reinbek bei Hamburg: Rowohlt Taschenbuch Verlag, 2005.

Seibt, Gustav: *Literaturkritik.* In: Heinz Ludwig Arnold; Heinrich Detering (Hrsg.): Grundzüge der Literaturwissenschaft. München: DTV, 5. Aufl. 2002, S. 623–637.

Winko, Simone: *Literarische Wertung und Kanonbildung.* In: Heinz Ludwig Arnold; Heinrich Detering (Hg.): Grundzüge der Literaturwissenschaft. München: DTV, 5. Aufl. 2002, S. 585–600.

Wittmann, Reinhard: *Geschichte des deutschen Buchhandels im Überblick.* München: C. H. Beck, 2., durchges. Aufl. 1999.

7. Links zum Thema

http://cgi-host.uni-marburg.de/~omanz/forschung/modul.php [Stand: November 2007]
(Webseite des BMBF geförderten multimedialen Lern- und Informationssystems Literaturkritik in Deutschland. Geschichte – Theorie – Praxis *an der Universität Marburg, erforscht und dokumentiert die deutschsprachige Literaturkritik von der Literarischen Moderne bis zur Gegenwart. Teilweise Zugang nur mit Abonnement möglich.)*

http://www.phf.uni-rostock.de/institut/igerman/forschung/litkritik/litkritik/start.htm?/institut/igerman/forschung/litkritik/litkritik/Epochen/epochen.htm [Stand: November 2007]
(Webseite des BMBF geförderten multimedialen Lern- und Informationssystems Literaturkritik in Deutschland. Geschichte – Theorie – Praxis *an der Universität Rostock, erforscht und dokumentiert die deutschsprachige Literaturkritik von der Zeit der Aufklärung bis zur Epoche des Realismus.)*

http://www.literaturkritik.de/reich-ranicki/index.php [Stand: November 2007]
(Webseite mit umfassenden Informationen über Marcel Reich-Ranicki.)

http://www.literaturkritik.de [Stand: November 2007]
(Rezensionsforum, Internet-Zeitschrift, die seit 1999 am Institut für Neuere deutsche Literatur und Medien der Universität Marburg erscheint.)

http://www.nachtkritik.de [Stand: November 2007]
(Informiert seit 2007 über die deutschsprachige Theaterkritik.)

http://www.lit07.de/cms [Stand: November 2007]
(Magazin für Literaturkritik und kritische Öffentlichkeit, von Studierenden des Studienganges für Kreatives Schreiben und Kulturjournalismus an der Universität Hildesheim.)

http://www.perlentaucher.de [Stand: November 2007]
(Informiert durch tägliche Presseschauen und „Rezensionsnotizen" umfassend über die aktuelle Literaturkritik der großen Zeitungen und Zeitschriften.)

http://www.uibk.ac.at/iza [Stand: November 2007]
(Webseite des Innsbrucker Zeitungsarchivs, *dokumentiert die deutschsprachige Literaturkritik seit 1960, umfassende Recherchemöglichkeiten.)*

http://www.faz.net/s/Rub1C660973612C47CCBA1D9E4967F313B2/Tpl~Ecommon~Ssuche.html [Stand: November 2007]
(Das Rezensionsarchiv der FAZ, *ermöglicht die Suche in über 25.000 Buchbesprechungen.)*

http://www.zeit.de/archiv/index [Stand: November 2007]
(Das Archiv der ZEIT, *ermöglicht Zugriff auf alle Ausgaben seit 1994 sowie einige ausgewählte ältere Jahrgänge.)*

http://www.literaturen.de [Stand: November 2007]
(Webseite der Literaturzeitschrift Literaturen.*)*

http://podcast.wdr.de/radio/buchrezensionen.xml [Stand: November 2007]
(Podcast-Seite von WDR3, *enthält aktuelle Buchbesprechungen als abrufbare Sounddateien.)*

http://www.dradio.de/dlf/sendungen/buechermarkt/ [Stand: November 2007]
(Webseite der Sendung Büchermarkt *des* Deutschlandradios.*)*

http://www.sf.tv/sf1/literaturclub/index.php [Stand: November 2007]
(Webseite der Sendung Literaturclub *des Schweizer Fernsehens* SF1, *aktuelle Sendungen sind als Videodateien abrufbar.)*

http://www.zdf.de/ZDFde/inhalt/20/0,1872,2042868,00.html [Stand: November 2007]
(Webseite der ZDF-*Sendung* Lesen! *mit Elke Heidenreich, aktuelle Sendungen sind als Videodateien abrufbar.)*